Michael Klonovsky/Jan von Flocken

Stalins Lager in Deutschland 1945–1950

MICHAEL KLONOVSKY/JAN VON FLOCKEN

Stalins Lager in Deutschland 1945-1950

Dokumentation · Zeugenberichte

ULLSTEIN

CIP-Titelaufnahme der Deutschen Bibliothek

Klonovsky, Michael:
Stalins Lager in Deutschland: 1945–1950;
Dokumentation, Zeugenberichte/Michael Klonovsky;
Jan von Flocken. – Berlin; Frankfurt am Main: Ullstein, 1991
ISBN 3-550-07488-3
NE: Flocken, Jan von

1. Auflage August 1991
2. Auflage November 1991
3. Auflage Januar 1993

Satz: Ostsee-Druck, Rostock
Druck und Bindung: Wiener Verlag, Himberg bei Wien
Printed in Austria 1993
ISBN 3 550 07488 3

INHALT

VORWORT

Gut dreißig Kilometer südlich von Berlin liegt das kleine Städtchen Halbe. Auf den ersten Blick scheint es keine besonderen Sehenswürdigkeiten zu bieten. Doch der Schein trügt. An der Hauptstraße, unauffällig zwar, ein Wegweiser: »Zum zentralen Waldfriedhof«. Wenige hundert Meter nur, und man steht inmitten eines sieben Hektar großen Geländes typischer märkischer Kiefern- und Heidelandschaft. Hier befindet sich der einzige Friedhof auf dem Gebiet der ehemaligen DDR, der offiziell für gefallene deutsche Soldaten des Zweiten Weltkrieges errichtet wurde. Mehr als 22000 Opfer der Ende April 1945 tobenden Schlacht um Berlin fanden auf diesem Areal ihre letzte Ruhestätte – bekannte und unbekannte. Die Grabsteine nennen allesamt das Jahr 1945 als Todesdatum. Doch das ist nur die halbe Wahrheit von Halbe.

Als der Waldfriedhof 1951 nach hartnäckigen Bemühungen des örtlichen Gemeindepfarrers Ernst Teichmann angelegt wurde, ahnte noch niemand, was ein Jahr später geschehen würde. »Vom März bis zum Mai kamen mehr als dreißigmal Lastwagen mit Holzkisten nach Halbe«, erinnert sich der damalige Bahnhofsvorsteher Karlheinz Schulze. »In diesen Kisten befanden sich Überreste von Menschen in stark verwestem Zustand – ein entsetzlicher Anblick. Die Leichen wurden, ohne daß man sie sorgfältig zählte oder gar identifizierte, in Massengräbern verscharrt. Beamte des Staatssicherheitsdienstes überwachten das Ganze. Schließlich erfuhren wir auf Umwegen, woher die Toten kamen: aus Ketschendorf.«

Im Frühjahr 1952 sollten im Fürstenwalder Ortsteil Ketschendorf Wohnhäuser gebaut werden. Als Arbeiter die Fundamente ausschachteten, stießen sie auf die Überreste Hunderter von Leichen. Um Aufsehen zu vermeiden, wurde das Gelände abgeriegelt; ein großer Teil der Toten sollte möglichst unauffällig abtransportiert und umgebettet werden. Viele Fürstenwalder wußten aber, wer da unter der Erde lag: Häftlinge des sowjetischen Internierungslagers Ketschendorf, die dort von 1945 bis 1947 an Hunger, Kälte und Seuchen zugrunde gegangen waren. Doch darüber zu sprechen, konnte lebensgefährlich werden. Denn offiziell hatte es solche Lager und ihre in die Zehntausende gehende Zahl an Opfern nie gegeben. Deshalb wurden die Massengräber von mehr als 3000 aus Ketschendorf überführten Lagertoten auf dem Friedhof Halbe auch mit falschen Inschriften versehen. »Unbekannt. † April 1945«, ist auf den Steinen im Gräberfeld 9 zu lesen. Eine Lüge, die das Ende des SED-Regimes nicht überdauerte.

Noch heute erinnern sich ältere Fürstenwalder voller Entsetzen an das Lager am Südrand der Stadt, auf dessen Gelände sich jetzt – welch bittere Ironie – ein »Platz der Freiheit« befindet. Kaum bekannt ist die Tatsache, daß seinerzeit nicht alle Ketschendorf-Opfer umgebettet wurden und ein Teil der Neubauten an diesem Platz auf einem Fundament aus Hunderten von Leichen steht: düstere Symbolik der Erblasten neuerer deutscher Geschichte.

Das vorliegende Buch entstand auf der Grundlage von Recherchen der Berliner Tageszeitung »Der Morgen« in der ersten Hälfte des Jahres 1990. Nach den Veröffentlichungen dieser Zeitung und anderer Medien sowie in Verbindung mit darauf folgenden Massengräberfunden bei Fünfeichen, Sachsenhausen und Jamlitz wurde in der damaligen DDR erstmals öffentlich über die sowjetischen Internierungslager in Deutschland gesprochen. Die Mehrzahl der DDR-Bürger erfuhr nach jahrzehntelang verordnetem Stillschweigen auf diese Weise zum ersten Mal etwas über die näheren Umstände der Internierungen nach Kriegsende.

Reaktionen darauf blieben nicht aus. Den »Morgen« erreichte eine Flut von Briefen aus dem In- und Ausland. Bei den meisten Absendern handelte es sich um unmittelbar von den sowjetischen Internierungspraktiken betroffene Personen oder ihre Angehörigen, bei denen furchtbare Erinnerungen geweckt worden waren. Viele Briefeschreiber erinnerten an verschleppte und verschollene Familienmitglieder. Im Rahmen einer Tageszeitung war der Informationsfülle nicht mehr Herr zu werden. Deshalb entstand dieses Buch. Es läßt die Opfer selbst berichten, geht außerdem in kurzen Darstellungen der beiden Herausgeber auf die historisch-politischen Gründe für die Errichtung der Stalinschen Lager in Ostdeutschland ein und beschreibt das System dieser Lager und ihre herrschaftssichernde Funktion. Weitere Kapitel schildern die späte Auflösung der Lager, die sogenannten Waldheimer Prozesse und die bedrückenden Erfahrungen der Überlebenden in der damaligen DDR.

Mit Dutzenden ehemaliger Lagerhäftlinge und Zeitzeugen haben die Herausgeber persönlich gesprochen. Darüber hinaus wurden – neben verfügbaren Quellen, historischer Standardliteratur und aktuellen Publikationen – rund 250 Zuschriften ausgewertet. Da die übergroße Mehrheit der zwischen 1945 und 1950 in NKWD/MWD-Lagern festgehaltenen Menschen inzwischen gestorben ist, stellen die hier zu Wort kommenden Augenzeugen keinen repräsentativen Querschnitt der damaligen Lagerinsassen dar, vielmehr handelt es sich zwangsläufig fast ausschließlich um Personen, die seinerzeit Jugendliche waren. Das schränkt allerdings den dokumentarischen Wert ihrer Aussagen nicht ein.

Natürlich können auf diesem Wege nur einige der uns bekanntgewordenen Schicksale an die Öffentlichkeit gelangen. Sie sollen stellvertretend für die Leiden der vielen nicht genannten Betroffenen stehen.

I DAS LAGERSYSTEM IN OSTDEUTSCHLAND

Die Austreibung des Faschismus mit dem Stalinismus

Nach dem Ende des Zweiten Weltkrieges wurde im Osten Deutschlands der Teufel mit Beelzebub ausgetrieben.

Besiegt und zerstört, ausgeblutet und blutbesudelt, moralisch auf unabsehbare Zeit diskreditiert und auf Gnade und Ungnade den Siegern ausgeliefert – das war die Lage des Deutschen Reiches im Frühling des Jahres 1945. Aufgebrochen, um die Welt zu beherrschen, war es nun selbst ein beherrschtes Land, ein Fremdkörper in der europäischen Zivilisation, der fortan unter strenger Kontrolle gehalten werden mußte.

Nach der totalen militärischen Niederlage lag das Geschick des Landes ausschließlich in den Händen der Alliierten. Die Greueltaten des Nationalsozialismus hatten den Abscheu der gesamten zivilisierten Welt auf Deutschland gerichtet. Die an der Zerschlagung des Hitlerregimes beteiligten Staaten konnten somit von vornherein den Befreierstatus für sich in Anspruch nehmen. Sämtliche Maßnahmen der Besatzungsmächte waren legitimiert, sofern sie nur unter dem Vorzeichen des Antifaschismus standen. Auch der Stalinschen Sowjetunion fiel infolge ihrer antifaschistischen Orientierung automatisch eine historisch progressive Rolle zu. Dieses verhängnisvolle Zusammenfallen von Antifaschismus und Stalinismus wurde der entscheidende Faktor bei der Installierung eines neuen Unrechtssystems im Ostteil Deutschlands. Während sich in den westlichen Besatzungszonen nach Kriegsende allmählich demokratische Verhältnisse durchzusetzen begannen, geriet der Osten in das importierte Räderwerk einer quasikommunistischen Diktatur. Von einer selbständigen oder gar demokratischen Entwicklung konnte keine Rede sein.

Was zwischen 1945 und 1949 wirklich stattfand, war die Annexion

Ostdeutschlands mit dem Ziel, den sowjetkommunistischen Machtbereich bis an die Elbe auszudehnen und die eroberten deutschen Gebiete entweder zu »slawisieren« (Schlesien, Pommern, Posen, Ostpreußen) oder zu kolonialisieren (Mitteldeutschland). Bei dieser Eroberung Ostdeutschlands durch die Stalinsche UdSSR und die von dort zurückkehrenden domestizierten deutschen Exilkommunisten diente der Antifaschismus als Vorwand für eine Welle politischer Repressionen. Unter dem Deckmantel der »antifaschistisch-demokratischen Umwälzung« wurde dem Land ein Regime oktroyiert, welches zwar durchaus antifaschistisch, nichtsdestoweniger aber ein undemokratisches Regime war. Um diese gewaltsame »Revolution von oben« als historisch notwendig zu begründen, verbreiteten die neuen Machthaber die These, der Faschismus sei ein gesetzmäßiges Resultat der kapitalistischen Entwicklung, der Parlamentarismus habe versagt, und jeder bürgerliche Staat trage den Keim einer neuerlichen faschistischen Variante gleichsam in sich. Demgegenüber verkörpere der Sozialismus, wie sich der Stalinismus nannte, eine höhere Stufe der Menschheitsentwicklung und die einzige Alternative zu einem Rückfall in die faschistische Barbarei.

Nach den Schrecken des Krieges waren viele Menschen geneigt, solchen Darstellungen Glauben zu schenken. Doch im Ostteil Deutschlands sollten sie schnell am eigenen Leibe spüren, mit welcher Rigorosität und Menschenverachtung die »Sieger der Geschichte« ihre Herrschaftsansprüche durchzusetzen gedachten. Noch vor der ideologischen Rechtfertigung hatte bereits deren praktische Realisierung begonnen. Millionen Deutsche wurden – mit Billigung der Westalliierten – aus ihren angestammten Heimatgebieten östlich der Oder vertrieben. In der Sowjetischen Besatzungszone, die sich selbst gern als demokratischer Teil Deutschlands titulierte, erstickten die Eroberer Hand in Hand mit den deutschen Kommunisten alle ihrer Gleichschaltungspolitik zuwiderlaufenden Bestrebungen im Keime. Eine Hauptrolle in diesem Prozeß spielten die Internierungspraktiken des sowjetischen Geheimdienstes NKWD/MWD.

Als Resultat des Zweiten Weltkrieges war ganz Osteuropa unter die Herrschaft des Stalinschen Machtapparates geraten. Der Stalinismus hatte sich somit von einer spezifisch russischen zu einer internationalen Erscheinung ausgeweitet, die sich unabhängig von nationalen Besonderheiten quer durch alle Staaten Osteuropas zog. Die anfängliche Freude dieser Völker über die Befreiung vom Hitlerjoch währte nur kurz. Stalins Repressionsapparat folgte der Roten Armee auf dem Fuße. In den besetzten Ländern wurden moskauhörige Satellitendiktaturen installiert.

Den eroberten Gebieten auf dem Territorium des ehemaligen Deutschen Reiches widmeten die Sowjets besonderes Augenmerk. Zum einen saß der Schock des deutschen Überfalls von 1941 mit seinen verheerenden Folgen sehr tief, zum anderen stand die Sicherung der neuen Herrschaftsform an der Nahtstelle der beiden Weltsysteme im sowjetischen strategischen Kalkül an erster Stelle. In den deutschen Kommunisten, die zum Teil bereits im sowjetischen Exil entsprechend gedrillt worden waren, besaßen die neuen Machthaber willfährige Mitstreiter.

Die sowjetischen Besatzer gingen von Beginn an weitaus radikaler vor als die Alliierten im Westen. Dabei, wie überhaupt bei der unterschiedlichen Entwicklung in Ost- und Westdeutschland, spielte neben den verschiedenen Staatsformen der Siegermächte natürlich auch das unterschiedliche Ausmaß der in ihren Ländern entstandenen Kriegsschäden und verübten Nazi-Verbrechen eine gewichtige Rolle. Daß die Nazis vor allem über die Sowjetunion unermeßliches Leid brachten, ist bekannt. Insofern stehen individuelle Racheakte sowjetischer Militärangehöriger hier nicht zur Debatte. Angesichts der Greueltaten, die SS und Wehrmacht in der UdSSR verübt hatten, nahmen sich die sowjetischen Vergeltungsmaßnahmen sogar relativ geringfügig aus. Der Stalinismus kam aber nicht als Sammelsurium individueller Aktivitäten nach Deutschland, sondern als in sich geschlossenes System. Es wäre verfehlt, in der sowjetischen Besatzungspolitik lediglich eine Reaktion auf die deutschen Kriegsverbrechen in der UdSSR zu sehen. Im Mittelpunkt dieser Politik stand vielmehr die Herrschaftssicherung in einem okkupierten Gebiet, was sich mit wachsender zeitlicher Distanz zum Kriegsende immer deutlicher zeigte.

So schloß die Verfolgung ehemaliger Nazis zugleich die Verfolgung von mutmaßlichen oder tatsächlichen Gegnern der kommunistischen Umwälzung ein. Typisch für diese Parallelität war die Instrumentalisierung des Antifaschismus gegen Nichtfaschisten: Da sich nach 1945 Menschen am besten diskreditieren ließen, indem man Nazis aus ihnen machte, wurden Tausende Gegner der stalinistischen Neuordnung zu Hitleranhängern erklärt und verschleppt. Dieser Aspekt spielte auch bei den sowjetischen Internierungspraktiken in Deutschland eine zentrale Rolle. Alle politisch motivierten Säuberungen geschahen unter dem Deckmantel der Entnazifizierung.

Die Errichtung der NKWD/MWD-Lager läßt sich also keinesfalls nur auf die Existenz der Nazi-Konzentrationslager zurückführen. Vielmehr war mit der Roten Armee auch das Stalinsche Lagersystem nach Deutschland gelangt. Die sibirischen GULAGs, in denen der Sowjetdiktator ganze Bevölkerungsgruppen verschwinden ließ, existierten bereits zu einer Zeit, als an die Machtergreifung Hitlers noch gar nicht zu denken war.

Nichtsdestoweniger war die Internierung zunächst tatsächlich ein Mittel der Entnazifizierung, das alliierten Regelungen entsprach. In einer nach der deutschen Kapitulation von Präsident Roosevelt erlassenen Weisung an den Oberkommandierenden der US-Streitkräfte in Deutschland heißt es unter anderem: »Personen werden als mehr als nominelle Parteimitglieder [...] betrachtet, wenn sie ein Amt oder irgendeine andere Aktivität auf irgendeiner Ebene [. . .] ausgeübt haben [...]. Alle Personen, die, wenn man sie weiter in Freiheit ließe, die Erreichung Ihrer Ziele gefährden würden, werden [...] verhaftet und bis zu einem Gerichtsverfahren vor einem entsprechenden, von Ihnen zu errichtenden halbjuristischen Forum in Haft gehalten.« Ähnliches besagt das am 1. August 1945 unterzeichnete Protokoll der Berliner Dreimächte-Konferenz, wo unter Punkt 5 des Abschnitts über politische Grundsätze für die Behandlung Deutschlands folgendes festgelegt wird: »Kriegsverbrecher und alle diejenigen, die an der Planung und Verwirklichung nazistischer Maßnahmen, die Greueltaten oder Kriegsverbrechen nach sich zogen oder als Ergebnis hatten, teilgenommen haben, sind zu verhaften und dem Gericht zu übergeben. Nazistische Parteiführer, einflußreiche Nazianhänger und Leiter der nazistischen Ämter und Organisationen, die für die Besetzung und ihre Ziele gefährlich sind, sind zu verhaften und zu internieren.«

Auch in den Westzonen wurden Internierungslager in Betrieb genommen. Formell entsprachen sowohl die Lager im Osten als auch die im Westen der Direktive Nr. 38 des Alliierten Kontrollrats vom 12. Oktober 1946 über die »Verhaftung und Bestrafung von Kriegsverbrechern, Nationalsozialisten und Militaristen und Internierung, Kontrolle und Überwachung von möglicherweise gefährlichen Deutschen«.

An der Interpretation freilich schieden sich die Geister. Da die neuen Machthaber in der Sowjetischen Besatzungszone die selbsternannten »eigentlichen« Antifaschisten waren, galt quasi jeder ihrer Gegner als potentieller Faschist. Interniert wurden keineswegs nur Nazi-Anhänger und Kriegsverbrecher. Die Lager fungierten zusätzlich als ein in Rußland bereits seit langem bewährtes Mittel zur Ausschaltung von Oppositionellen und »Klassenfeinden« sowie zur Verbreitung von Angst in der Bevölkerung. Längerfristig half ihre Existenz bei der Lancierung deutscher Kommunisten in alle wichtigen Machtpositionen der späteren DDR. In der parallel stattfindenden Internierung ehemaliger Nazis auf der einen sowie möglicher oder tatsächlicher Gegner des kommunistischen Kurses auf der anderen Seite offenbarte sich das eingangs angesprochene Zusammenfallen von Antifaschismus und Stalinismus auf deutliche Weise.

Internierung als Mittel der Herrschaftssicherung

Als die Rote Armee – mit dem Geheimdienst NKWD (seit 1946 MWD) im Troß – Anfang 1945 in Deutschland einmarschierte, war von Hitlers »Tausendjährigem Reich« nur noch ein Trümmerhaufen übrig. Die ersten Maßnahmen der Besatzer galten der Zerschlagung letzter Widerstandsnester, der allmählichen Normalisierung des öffentlichen Lebens und dem Aufspüren von NS-Verbrechern. Es herrschte sowjetisches Kriegsrecht. Übergriffe gegen die Zivilbevölkerung waren an der Tagesordnung. Hunger, Chaos und Angst bestimmten das tägliche Leben des ruinierten Landes.

Die Chefs der Besatzungstruppen erließen ihre ersten Verordnungen in Form von Befehlen. Neben der Warnung vor jeglichem Widerstand gegen die sowjetischen Organe und ihre Maßnahmen hatten diese zunächst die Aufforderung an alle ehemaligen Nazis zum Inhalt, sich zur Registrierung bei den Besatzungsbehörden zu melden. So ordnete beispielsweise der Stadtkommandant von Berlin, Generaloberst Bersarin, in seinem Befehl Nr. 1 vom 28. April 1945 an, daß sich »das gesamte führende Personal aller Dienststellen der NSDAP, Gestapo, Gendarmerie, des Sicherheitsdienstes, der Gefängnisse und aller übrigen staatlichen Dienststellen« binnen 48 Stunden und »alle in der Stadt Berlin verbliebenen Angehörigen der deutschen Wehrmacht, der SS und der SA« binnen 72 Stunden zur Registrierung einzufinden hätten. Mit diesen Erfassungen begannen auch die ersten Verhaftungen. »Zusammen mit den während der Kampfhandlungen auch unter der Zivilbevölkerung gemachten Gefangenen bildeten die bei der Registrierung Festgenommenen gleichsam das ›erste Kontingent‹ von Häftlingen. Außer aus ehemaligen Wehrmachtsangehörigen rekrutierte es sich aus ehemaligen Funktionsträgern der NSDAP und ihrer Gliederungen, sonstigen politisch Belasteten, aber auch aus Bürgermeistern, Beamten, Polizeiposten. Sie alle waren Zivilgefangene, Internierte«, schreibt der Historiker Karl Wilhelm Fricke.[1]

Mit den Verhafteten verfuhren die Sowjets auf verschiedene Weise. Die Kriegsgefangenen wurden mehrheitlich in großen Lagern auf sowjetischem Territorium festgehalten. Zivilgefangene internierte man in der Regel ohne Verurteilung in Deutschland, oder man verschleppte sie in die UdSSR. Letzteres geschah vor allem, wenn es sich um technische Experten handelte, die sich beim Wiederaufbau der zerstörten sowjetischen Wirtschaft einsetzen ließen. Ein Teil der Festgenommenen wurde von sowjetischen Militärtribunalen (SMT) verurteilt und danach zumeist in russische Straflager deportiert. Vielfach fungierten die Internierungslager auf deutschem Gebiet als Zwischenstation für den Abtransport in die UdSSR. Vor allem das ehemalige Nazi-KZ Sachsenhausen und die Horn-Kaserne in Frankfurt/Oder dienten als solche Umschlagplätze. Da die Militärtribunale nach der Auflösung der Lager weiterarbeiteten, belieferten sie später auch den DDR-Strafvollzug mit Gefangenen.

Schätzungen von Fricke zufolge wurden in den Jahren bis 1950 etwa 25 000 bis 30 000 Menschen aus ost- und mitteldeutschen Lagern in die Sowjetunion verschleppt. Rund 10 000 weiteren Verhafteten widerfuhr dieses Schicksal ohne Zwischenaufenthalt unmittelbar nach der Festnahme. Mehr als die Hälfte der Deportierten waren SMT-Verurteilte. »Mit ihrer Deportation in die Zwangsarbeitslager der UdSSR«, schreibt Fricke, »verloren die Internierten ihren Sonderstatus – sie wurden mit der aus Strafgefangenen, Kriegsgefangenen und Zivilverschleppten zahlreicher europäischer und asiatischer Völker gebildeten Masse unzähliger Zwangsarbeiter ›amalgamiert‹. Ihr Schicksal unterschied sich in nichts von dem ihrer Leidensgefährten.«[2] Das Gros der Internierten verblieb allerdings auf deutschem Territorium.

An dieser Stelle muß noch auf den Unterschied zwischen Internierungs- und Kriegsgefangenenlagern hingewiesen werden. Kriegsgefangene wurden vor allem außerhalb Deutschlands auf dem Gebiet der Siegermächte festgehalten, für eine kurze Zeit nach dem Krieg allerdings auch in Deutschland. Erinnert sei an die berüchtigten Rheinwiesenlager der US-Armee, wo Zehntausende unter freiem Himmel kampieren mußten und unzählige von ihnen an Hunger und Seuchen zugrunde gingen. Dieser Unterschied gilt ebenfalls für die sowjetischen Lager, auch wenn es bei dem oftmals systemlosen Vorgehen der Sowjets dazu kam, daß gefangengenommene Wehrmachtsangehörige in Deutschland gemeinsam mit Zivilinternierten eingesperrt wurden. Die Kriegsgefangenenlager sind aber nicht Gegenstand dieser Darstellung.

Insgesamt durchliefen nach westlichen Schätzungen etwa 180 000 Häftlinge die Internierungslager Ost- und Mitteldeutschlands. Etwa jeder Dritte von ihnen fand den Tod. Natürlich ist die Exaktheit solcher Schätzungen schwer nachzuprüfen. Die verschiedenen Zahlenangaben sind oft widersprüchlich. Sie beruhen zum Teil auf heimlich geführten Totenlisten, die durch freigekommene Lagerhäftlinge nach draußen geschmuggelt und später in den Westen gebracht wurden, und auf verallgemeinerten Aussagen ehemaliger Lagerinsassen über Belegungsstärke und Sterblichkeit.

Lange Zeit hatte man angenommen, daß von den Sowjets keine diesbezüglichen Statistiken geführt wurden. Nachdem aber im Zuge des politischen Umsturzes in der DDR das Lagerthema enttabuisiert worden war, meldeten sich erstmals auch sowjetische Stellen zu Wort. In einer Denkschrift des sowjetischen Innenministeriums vom Juli 1990 wurden auf Archivdokumenten basierende Zahlen zu den Internierungslagern veröffentlicht.[3] Diesen Dokumenten zufolge sollen von 1945 bis 1950 insgesamt 122671 Deutsche in NKWD/MWD-Sonderlagern auf dem Territorium der Sowjetischen Besatzungszone eingesessen haben, von denen 45262 wieder auf freien Fuß gesetzt wurden; 42889 Häftlinge seien dort verstorben, 12770 Personen in die UdSSR gebracht und 6680 in Kriegsgefangenenlager überführt worden. Des weiteren ginge aus den Unterlagen hervor, daß 14202 Internierte an die ostdeutschen Behörden übergeben und 756 durch Militärgerichte zum Tode verurteilt wurden. 212 Personen soll die Flucht aus den Lagern gelungen sein.

Die sowjetischen Angaben erscheinen jedoch im Vergleich zu den Schätzungen westlicher Zeithistoriker deutlich untertrieben. Zum einen ist kaum anzunehmen, daß bei den chaotischen Zuständen während der ersten Nachkriegsmonate und angesichts der bekanntermaßen oberflächlichen sowjetischen Protokollführung exakte Statistiken ermittelt wurden. Zum anderen ist es fraglich, ob diese Dokumente geschlossen in die UdSSR gelangten. Zweifelhaft erscheint auch die angeblich jeden einzelnen Häftling einschließende Genauigkeit der Angaben allein schon angesichts der Tatsache, daß sich beispielsweise die genannte Zahl der an die ostdeutschen Behörden übergebenen Häftlinge nicht mit jener deckt, die von den Sowjets Anfang 1950 veröffentlicht wurde. (Vgl. S. 195)

Von allen ehemaligen Lagerinsassen wurde übereinstimmend die Zeit bis Ende 1947/Anfang 1948 hinsichtlich der Haftbedingungen als besonders schrecklich und chaotisch geschildert. In diese Periode fiel das größte Massensterben. Es war keinesfalls die Regel, daß die Toten vor ihrem Abtransport in die Massengräber gezählt oder gar namentlich registriert wurden. Erst 1948 normalisierten sich die Zustände in den Lagern etwas. Bezeichnenderweise stammen die jetzt vom sowjetischen Innenministerium veröffentlichten Archivdokumente, die »eine Vorstellung über die Ereignisse jener Tage« geben sollen, aus dem Jahre 1948. Im »Sanitätsbericht über den Krankenstand und die Sterblichkeit im Sonderlager Nr. 3 [Bautzen – d. Verf.] im Zeitraum vom 27. Oktober bis 26. November 1948«, unterzeichnet vom Kommandanten des Sonderlagers, Oberst Kasakow, wird für den Berichtszeitraum der Tod von vierzehn Häftlingen vermeldet. Interessant ist jedoch eine Notiz über »192 Neuzugänge«, die entweder aus dem Lager Mühlberg oder aus dem Lager Fünfeichen gekommen sein müssen. Unter diesen 192 Neuzugängen befanden sich 139 Kranke, davon beispielsweise 13 mit Lungentuberkulose und 54 mit mehr oder weniger starken Abmagerungssymptomen. Dieser enorm hohe Prozentsatz von der Haft gezeichneter Personen verweist mit ziemlicher Deutlichkeit auf die Zustände, denen diese Gefangenen vor ihrer Überführung ausgesetzt waren, und läßt ganz andere Rückschlüsse auf die Sterblichkeitsrate zu. Die im Dokument genannten relativ hohen Verpflegungssätze im »Sonderlager Nr. 3« können ebenfalls nicht für den gesamten Zeitraum der Internierung verallgemeinert werden.

Die Tiefstapelei in der Darstellung des sowjetischen Innenministeriums reicht bis zur Entstellung der Tatsachen. So heißt es in der Denkschrift unter anderem:

> Die verfügbaren [!] Dokumente belegen, daß in den Lagern der Sowjetischen Besatzungszone für jene Zeit erträgliche Haftbedingungen geschaffen wurden und die Behandlung der Häftlinge auf der Grundlage des Gesetzes erfolgte. Die hohe Sterblichkeit unter den gefangenen Deutschen ist vor allem auf Krankheiten zurückzuführen (insbesondere Tuberkulose). Die gegenüber der sowjetischen Besatzungsmacht erhobenen Anschuldigungen der zielgerichteten physischen Massenvernichtung von Häftlingen wurden durch die Archivdokumente nicht bestätigt. Die Anzahl der Deutschen, die wegen ihrer Verbrechen zum Tode verurteilt wurden, betrug 0,6 Prozent der Häftlinge in den Sonderlagern. Die Verluste machen betroffen. Aber sie stehen in keinem Verhältnis zu den Millionen sowjetischer Menschen, die ohne Gericht und ohne Untersuchung von der Hand der Nazisten umgekommen sind.
>
> Zu allen in die Lager eingewiesenen Personen wurden sorgfältige Untersuchungen durchgeführt, in deren Folge viele wieder frei-

gelassen wurden. Das belegen die angegebenen Ziffern. Es ist jedoch nicht ausgeschlossen, daß sich unter den Internierten auch Personen befanden, die lediglich auf der Grundlage von Anzeigen oder in Folge tragischer Verknüpfungen in Haft genommen wurden.

Die Unverhältnismäßigkeit zwischen deutschen und sowjetischen Kriegsverbrechen wird hier zwar zu Recht in Erinnerung gerufen, kann aber kaum als Argument für die faktische Verniedlichung der Bedingungen in den NKWD-Lagern akzeptiert werden. Neben der schwer nachvollziehbaren Behauptung, in den Lagern hätten »erträgliche Haftbedingungen« geherrscht, muß vor allem die Erklärung zurückgewiesen werden, daß zu allen Internierten »sorgfältige Untersuchungen« durchgeführt worden seien. Untersucht wurde in den Lagern überhaupt nicht. Selbst gegen diejenigen Häftlinge, die man später zur Aburteilung an die DDR-Behörden übergab, war während der gesamten Haftzeit nicht ermittelt worden. Als Grundlage für ihren Prozeß dienten lediglich die unmittelbar nach der Verhaftung angefertigten Vernehmungsprotokolle. Insofern wäre den sowjetischen Behörden – bei allem verständlichen Haß auf die Nazis – nachträglich ein realistischerer Umgang mit den Tatsachen anzuraten, zumal ja die als Vergeltungsschlag hingestellte Annexion Ostdeutschlands von demselben Apparat inszeniert wurde, der auch in der Sowjetunion Zehntausende unschuldiger Menschen willkürlich einsperren ließ.

Die Einrichtung der sowjetischen Internierungslager orientierte sich an der politischen Grenzziehung in der unmittelbaren Nachkriegszeit. In den ehemaligen deutschen Ostgebieten bestanden für den relativ kurzen Zeitraum vom Einmarsch der Roten Armee bis Ende 1945/Anfang 1946 die Lager Graudenz (Westpreußen), Landsberg/Warthe, Posen und Tost (Oberschlesien). Tost war das Lager mit der höchsten Todesrate im Osten, dort starben weit über 3000 Gefangene. Insgesamt kamen an diesen vier Orten etwa 9000 Menschen ums Leben. Am längsten existierte das Lager Graudenz, das im Februar 1946 aufgelöst wurde.

Die überlebenden Häftlinge transportierte man entweder in die Sowjetunion oder in die Lager nach Mitteldeutschland. Dort befanden sich die Internierungslager Ketschendorf, Frankfurt/Oder, Jamlitz/Lieberose, Weesow, Bautzen, Berlin-Hohenschönhausen, Sachsenhausen und Fünfeichen; nach der vertragsgemäßen Räumung Westmecklenburgs, Sachsen-Anhalts, Westsachsens und Thüringens durch die West-Alliierten kamen die Lager Buchenwald, Torgau und Mühlberg (Elbe) dazu. Darüber hinaus existierten noch einige kleinere Gefangeneneinrichtungen mit provisorischem Charakter, die aber allesamt bis Ende 1945 aufgelöst wurden.

Die ständigen Internierungslager waren spätestens seit dem Herbst 1945 in Betrieb. Die meisten von ihnen hatten schon während der Nazi-Zeit ähnlichen Zwecken gedient und wurden dann von den Sowjets übernommen. Es handelte sich um ehemalige Konzentrationslager wie Sachsenhausen, Buchenwald und Jamlitz, um Kriegsgefangenenlager wie Fünfeichen und Mühlberg oder Strafanstalten wie Bautzen und Torgau. Der naheliegende Terminus »KZ« verbietet sich dennoch, weil damit unzulässige Parallelen zu den Einrichtungen während der Herrschaft der Nationalsozialisten gezogen würden. Weder handelte es sich hier um Vernichtungslager (es gab keinerlei Anlagen zur Massentötung) noch um Zwangsarbeitslager (die meisten Häftlinge durften nicht arbeiten). Bestialische Folterungen, wie sie in den Nazi-KZ an der Tagesordnung waren, sind aus sowjetischen Lagern höchstens in Ausnahmefällen bekannt. Aber auch die Bezeichnung »Internierungslager« ist problematisch, weil die haarsträubenden hygienischen Bedingungen und die miserable Verpflegung nicht den Vorstellungen entsprechen, die man gemeinhin von einem Lager für Zivilinternierte hat. Die »Speziallager des NKWD« – so die interne Bezeichnung – stellten quasi eine Mischform verschiedener Lagerarten dar. Wir behalten allerdings in dieser Darstellung den Begriff »Internierungslager« bei, da er uns am sachlichsten erscheint.

Selbstredend wurden in den sowjetischen Lagern auch Personen festgehalten, die das nationalsozialistische Regime aktiv unterstützt hatten. Ein durchaus repräsentatives Bild von der Zusammensetzung dieses Personenkreises dürfte der folgende Bericht aus einer Publikation von Hans-Peter Range geben: »Der Schreiber der Quarantäne-Baracke war Oberstaatsanwalt in der Reichskanzlei und für Begnadigungen zuständig gewesen; mehrere jüngere Frauen hatten als

Aufseherinnen der SS im Nazi-KZ Ravensbrück Dienst getan; ein Häftling [. . .] war Gauamtsleiter für Kultur, ein anderer Kreisleiter der NSDAP, mehrere sind NS-Ortsgruppenleiter und Blockwart, höhere Führer im Reichsarbeitsdienst und Chef der Feuerlöschpolizei gewesen; manche waren hohe Offiziere in der Wehrmacht, sogar Generäle saßen dort ein, auch sprach man von einem SS-Standartenführer. Doch befassen tat man sich mit diesen wohl kaum, denn auch sie saßen in ihren Baracken Monat für Monat unbehelligt, bis sie schließlich, wie jeder Überlebende, irgendwann entlassen wurden, oder, wie dies in Sowjet-KZ's leider die Regel war, an Typhus, Ruhr oder Dystrophie verstarben.«[4]

Die DDR-Geschichtsschreibung, die sich dieses Themas, wenn überhaupt, stets nur indirekt annahm, hat später die Legende ausgestreut, die Internierung nach dem Krieg habe ausschließlich die Entnazifizierung unterstützt und von ihr betroffene Personen seien durchweg Nazi- und Kriegsverbrecher gewesen. Ihre spätere Freilassung sei einzig auf die Gnade der Sieger zurückzuführen. Dieselbe Auffassung spricht auch aus zeitgenössischen Pressemitteilungen, wo im Zusammenhang mit den Entlassungen von 1948 und 1950 ständig von »begnadigten Verbrechern« die Rede ist.

Die Wahrheit aber sah anders aus. Nur ein relativ geringer Prozentsatz der Internierten hatte eine aktive nazistische Vergangenheit. Wirkliche NS-Größen gab es in den Lagern sehr selten. Diese hatten sich entweder, der gegen Kriegsende einsetzenden Fluchtbewegung gen Westen folgend, vorher abgesetzt, oder sie wurden von Militärtribunalen verurteilt und in die UdSSR abtransportiert. Daß man nahezu alle Internierten – auch die später an die DDR-Behörden überstellten – bis Ende der fünfziger Jahre wieder auf freien Fuß setzte, bewies im nachhinein ihre mehrheitliche Unschuld. (Überführte Nazi-Verbrecher sind bekanntlich in der DDR stets ihrer gerechten Strafe zugeführt und keineswegs freigelassen worden.) Natürlich haben die SED-Machthaber diesen Umstand nie offiziell eingestanden und lieber den Mantel des Schweigens über das Lagerkapitel gebreitet.

Die Mehrheit der Lagerinsassen war also unschuldig im juristischen, wiewohl oftmals »feindlich« im ideologischen Sinne. Die Verhaftungswelle der Nachkriegsmonate erfaßte »mehr und mehr Menschen, die ›objektiv‹ als ›Klassenfeinde‹ zu gelten hatten – nämlich aufgrund ihrer sozialen Herkunft, ihrer Klassenzugehörigkeit. Betroffen waren also nicht nur große und kleine Nazis sowie ehemalige HJler, sondern Beamte und Verwaltungsangestellte, Richter und Rechtsanwälte, Journalisten, Lehrer, Wissenschaftler, Kaufleute und Fabrikanten, Großbauern und Großgrundbesitzer, ›Junker‹ [. . .]. Zur Sicherung der neuen Macht sollte die alte Elite isoliert, womöglich dezimiert werden, um ›konterrevolutionären Aktivitäten‹ vorzubeugen.« (Fricke)[5]

Auch Ärzte, Geistliche und Angestellte der Rüstungsindustrie befanden sich unter den Häftlingen. Eine besondere Kategorie von zeitweilig oder dauerhaft Internierten bildeten aus alliierter Gefangenschaft entlassene Kriegsgefangene, die sogenannten POWs (»prisoners of war«). Anfang 1946 meldete die katholische Kirche in Westdeutschland, daß 40000 freigekommene Kriegsgefangene bei ihrer Heimkehr in die Sowjetische Besatzungszone Deutschlands vom NKWD wieder verhaftet worden seien. Die meisten »POWs« wurden in sowjetische Arbeitslager deportiert, oftmals über den Zwischenaufenthalt Internierungslager. (Siehe dazu den Erlebnisbericht von Herbert Zimpel.)

Das Unrechtssystem verselbständigte sich so sehr, daß sich sogar Widerstandskämpfer gegen die Nazi-Diktatur unversehens in sowjetischen Lagern wiederfanden. Zu ihnen gehörten Männer des 20. Juli 1944 wie Justus Delbrück und Ulrich Freiherr von Sell, die in Jamlitz starben. Horst von Einsiedel, Angehöriger des »Kreisauer Kreises«, kam 1946 in Sachsenhausen ums Leben. Herzog Joachim Ernst von Anhalt, den die Nazis im KZ Dachau gefangenhielten, starb 1947 im NKWD-Lager Buchenwald.

Selbst Kommunisten, die sich unter ihrem Gesellschaftsideal etwas anderes vorgestellt hatten als das, was die Sowjets und ihre deutschen Helfershelfer praktizierten oder zumindest stillschweigend duldeten, gehörten zu den Lagerhäftlingen. In der bereits zitierten Darstellung aus dem Lager Fünfeichen werden beispielsweise kommunistische Häftlinge erwähnt, die den Methoden der Besatzer Widerstand geleistet hatten und dafür die Quittung von ihren sowjetischen Genossen bekamen: »Ein Barackenältester im Nordlager war Bürgermeister einer Stadt in Vorpommern geworden, weil die Russen ihn als Mitglied der KPD einsetzten; sie vergaßen nur, daß der Mann zwar überzeugter Kommunist, nicht aber Verteidiger russischer krimineller Übergriffe auf seine Landsleute war; so kam er als Häftling nach Fünfeichen. Und auch ein kommunistischer Stadtrat aus Ost-Berlin, der als uralter Kommunist beim russischen Stadtkommandanten gegen die zahllosen Vergewaltigungen deutscher Frauen durch russische Soldaten protestiert hatte, erschien eines Tages im KZ Fünfeichen als Häftling des NKWD.»[6] Sein Name: Ewald Pieck, Bruder des späteren DDR-Staatspräsidenten.

Ab 1946 wurden zunehmend Opponenten des eben erst aus der Taufe gehobenen SED-Regimes inhaftiert. Die Herrschaft dieser Partei beruhte von Anfang an auf sowjetischen Bajonetten. Daß die Lager unter dem Kommando der UdSSR-Behörden standen, ändert nichts an der Tatsache, daß die ostdeutschen Kommunisten zugleich Zutreiber und Nutznießer des Lagersystems waren. Noch schärfer formulierte der bundesdeutsche Zeitgeschichtler Gerhard Finn: »Eine völlig korrupte und kaltherzige Parteiführung bediente sich der Geheimpolizei der Sowjetunion, um ›unsichere Elemente‹ und oppositionelle Genossen ins KZ oder in die Sowjetunion bringen zu lassen.«[7] Die Übernahme von rund 15000 NKWD/MWD-Häftlingen durch Ulbrichts Regierung Anfang 1950 verdeutlicht das reibungslose Zusammenwirken von deutschen und sowjetischen Stalinisten.

So gerieten vornehmlich Sozialdemokraten, die von der Vereinigung ihrer Partei mit der KPD zur SED am 21./22. April 1946 überrumpelt worden waren, sowie Mitglieder der bürgerlichen Parteien LDP und CDU in das Räderwerk stalinistischer Verfolgung. Vor allem im Zusammenhang mit den ersten und bis 1990 auch letzten freien Kreis- und Landtagswahlen in Ostdeutschland am 20. Oktober 1946 lief die aus politischen Gründen in Gang gesetzte Verhaftungsmaschinerie auf Hochtouren. Trotz von den Sowjets unterstützter ständiger Terrorisierung ihrer Wahlgegner erreichte die SED nur 47,5 Prozent der abgegebenen Stimmen. Nirgends besaß sie die absolute Mehrheit, in Sachsen-Anhalt wurde die Einheitspartei durch eine bürgerliche Koalition sogar in die Oppositionsrolle gedrängt. Bei den zum selben Zeitpunkt abgehaltenen Wahlen zur Gesamtberliner Stadtverordnetenversammlung landete die SED mit 19,8 Prozent der Stimmen auf Platz drei hinter der SPD (48,7) und der CDU (22,2). Eine derartige Zurücksetzung gefiel den kommunistischen Besitzern der absoluten Wahrheit natürlich ganz und gar nicht. Die Internierungslager ihrer Verbündeten füllten sich mit bürgerlichen Oppositionellen und widerspenstigen Sozialdemokraten. Besonders »gefährliche» Gegner verschwanden in Richtung Sibirien, wie zum Beispiel 33 Angehörige der jungliberalen Opposition um den Leipziger Studentenratsvorsitzenden Wolfgang Natonek und den LDP-Landesjugendreferenten Arno Esch. Sieben von ihnen, darunter Arno Esch, wurden 1949 zum Tode verurteilt und später erschossen, die anderen verurteilten die Sowjets zu je 25 Jahren Zwangsarbeitslager.

Fricke unterscheidet zwei Grundtendenzen der politischen Verfolgung in Ost- und Mitteldeutschland während der ersten Nachkriegsjahre: den »unmittelbar bei Kriegsende einsetzende[n] kollektive[n] Terror mit primär präventiver Zielsetzung« und den »darauf folgende[n] justizielle[n] Terror zur Herrschaftssicherung. Während sich die erste Phase als Masseninternierung deutscher Staatsangehöriger vollzog, wurde die zweite Phase einmal durch die Strafjustiz der sowjetischen Militärtribunale und – wenn auch in geringerem Umfang – zum anderen durch die Administrativ-Justiz des NKWD/MWD geprägt. Zwar setzten Verurteilungen deutscher Staatsangehöriger bereits unmittelbar nach Kriegsende ein, aber das wesentliche Moment bildete zunächst die Internierung.«[8]

Verhaftung, Verhör, Verschleppung

Bevor die Häftlinge in die Lager gebracht wurden, verschleppte man sie meist erst in provisorische Gewahrsame des NKWD (oftmals fälschlich »GPU-Keller« genannt). Die Verhaftungen erfolgten teilweise bei Razzien oder Hausdurchsuchungen. Nicht selten wurden Personen auch auf offener Straße oder vom Arbeitsplatz weg verhaftet. Begründungen gaben die Sowjets den Opfern und ihren Angehörigen in der Regel nicht.

Um festgenommen zu werden, genügten bereits die geringfügigsten Verdachtsmomente einer früheren Verbindung zum NS-Regime. Pure Anschuldigungen erschienen den Sowjets ausreichend; in der »Untersuchungshaft« wurden dann hin und wieder Geständnisse aus den Gefangenen herausgeprügelt. Häufig fielen die Betroffenen auch Denunziationen zum Opfer. Um die eigene Haut zu retten oder sich persönlich Vorteile zu verschaffen, schwärzten Deutsche, die bereits festgenommen worden waren, beziehungsweise denen man mit der Festnahme gedroht hatte, beliebige Personen aus ihrer Umgebung bei den Besatzern an.

Oftmals kam es auch zu Verwechslungen oder Fehlinterpretationen, die sich aus der Unkenntnis deutscher Amtsbezeichnungen ergaben. So wurde beispielsweise im Kreis Bautzen ein Mann aufgrund seiner Namensgleichheit mit einem SS-Einsatzgruppenleiter verhaftet und auch dann nicht freigelassen, als sich die Verwechslung eindeutig herausgestellt hatte. Man sagte der Frau des zu Unrecht Festgenommenen vielmehr, ihr Mann werde erst dann wieder freikommen, wenn sie den Sowjets den SS-Namensvetter brächte. Aus Fünfeichen wurde berichtet, daß man dort einen Mann drei Jahre als »SS-Bannführer« einsperrte, der tatsächlich nur »S-Bahn-Führer« gewesen war. Diese Aufzählung ließe sich beliebig fortsetzen.

Die Verhaftungen fanden so nach einem für die Deutschen nicht zu durchschauenden System statt (welches in Wirklichkeit keines war). Das spurlose Verschwinden von Angehörigen, Nachbarn und Kollegen erzeugte in der Bevölkerung ein Klima der Angst und Unsicherheit – die schon aus der Hitlerzeit bekannte und auch vom Sowjetdiktator als bewährt erkannte Voraussetzung zur reibungslosen Durchsetzung repressiver Maßnahmen. Nicht zuletzt muß hier erwähnt werden, daß die Verhafteten als »Kriegsschuldige« und »Verbrecher« oftmals umgehend enteignet wurden, was mit Sicherheit auch zu den Kriterien ihrer Auswahl zählte.

Eine besondere Gruppe unter den Festgenommenen bildeten Jugendliche, die von den Sowjets verdächtigt wurden, der durch SS-Leute geführten HJ-Zweigorganisation »Werwolf« anzugehören.

Diese von den Nazis in den letzten Kriegsmonaten ins Leben gerufene Partisanenkampf- und Terrororganisation genoß bei den Besatzern einen Ruf, der in keinem Verhältnis zum eher geringfügigen Ausmaß ihrer Tätigkeit stand. So wurden Tausende Jugendliche im Alter zwischen zwölf und achtzehn Jahren unschuldig in die NKWD-Lager gebracht, wo viele von ihnen elend umkamen.

Ein Zeitzeuge erinnert sich: »Als das Leben nach dem Krieg sich wieder zu ordnen begann und Arbeit nötig war zur Überwindung der Not, als sich die politischen Parteien mit einem Aufruf an das aus dem Gleichgewicht gekommene Volk wandten, als die Jugend wieder zu singen und zu tanzen begann und die Schulen ihre Türen öffneten, zählte ich zu dem Teil der Jugend, der Denunziationen zum Opfer fiel und wegen haltloser, unbegründeter Anschuldigungen seine soeben errungene Freiheit verlor. Wir mußten doch noch erleben, was die Nazi-Propaganda dem kriegsmüde gewordenen Volke um die Ohren legte, um es durch Ängste vor Sibirien und der GPU zum Durchhalten und zum letzten Opfer zu bewegen. Es gehört zu den Schandtaten dieser Zeit, daß junge Menschen, fast noch Kinder oder tatsächlich noch im Kindesalter, ohne Beweis beschuldigt wurden, sich an verbrecherischen Handlungen beteiligt zu haben, und jahrelang dem Elend der Zuchthäuser und Lager der Besatzungsmacht ausgesetzt waren. Ihr Tod wurde schließlich unverdiente Sühne für die Untaten anderer.«[9]

In provisorischen Gefängnissen – Kellern, Schuppen, Garagen, Arrestlokalen, Polizeidienststellen, abseits gelegenen Villen und kleineren Haftanstalten – wurden die Verhafteten verhört. Während aus den Internierungslagern kaum Übergriffe des sowjetischen Wachpersonals bekannt sind, gehörte dergleichen bei den Vernehmern zum Handwerk. Die NKWD-Offiziere versuchten mit allen Mitteln, Geständnisse aus ihren Gefangenen herauszupressen: mit Schlägen und anderweitigen Torturen, Schlafentzug und nächtelangen Verhören; sie sperrten ihre Opfer in Dunkel- und Wasserzellen und drohten mit sofortiger Erschießung oder dem Abtransport nach Sibirien. Während der Verhöre wurden Protokolle in russischer Sprache angefertigt, die der Beschuldigte zu unterschreiben hatte. Da die anwesenden Übersetzer selten richtig deutsch sprachen, blieb dem Gefangenen der genaue Wortlaut des Protokolls in der Regel unbekannt. Keiner der späteren Internierten erhielt jemals eine Anklageschrift oder ein Urteil.

Nach der mehr oder weniger kurzen Zwischenstation bei den NKWD-Vernehmern wurden die Häftlinge mit Lastkraftwagen in die Lager transportiert. Dort fanden sich aber auch Personen wieder, die zuvor nicht einmal verhört worden waren. Ein Neubrandenburger Augenzeuge berichtet dazu folgenden bezeichnenden Vorfall: »In dieser Zeit [im Sommer 1945 – d. Verf.] wurden über die Mecklenburger Landstraßen Gruppen von verhafteten ehemaligen Soldaten und Zivilisten nach Fünfeichen geschafft, die in Größenordnungen von etwa 50 bis 150 Personen zusammengestellt worden waren. Wenn in einer derartigen Marschkolonne die Anzahl der Marschierenden durch Flucht oder Erschöpfungstod geschrumpft war, wurden beliebige Passanten gewaltsam eingegliedert, damit die Vollständigkeit des Konvois bei der Einlieferung in das dortige Todeslager wieder hergestellt war.«[10] Es war nicht zuletzt dieses skrupellose Vorgehen der sowjetischen Besatzungsmacht, das manche Interpreten zu der im großen und ganzen indiskutablen Gleichsetzung sowjetischer und deutscher Gefangenenlager verleitet hat.

Das stalinistische Rechtsbild und seine Vollzugsorgane

Staatsterror ist das wichtigste Herrschaftsinstrument des Stalinismus, juristische Nichtachtung der Persönlichkeit eines seiner Hauptmerkmale. Die verhängnisvolle These des sowjetischen Staatsführers Stalin von 1929, daß sich der Klassenkampf im Inneren *gesetzmäßig* verschärfe, führte in der UdSSR zu bürgerkriegsähnlichen Zuständen. So war die »Kollektivierung der Landwirtschaft« 1930/31 von terroristischen Ausschreitungen begleitet, die selbst manchen Parteigrößen in der Moskauer Zentrale unangemessen schienen. Gegen Recht und Strafgesetz, das ohnehin von überharten Paragraphen wimmelte, wurden ganze Bevölkerungsgruppen deportiert und vernichtet. Wie zur Zarenzeit diente ein ausgedehntes System von Straflagern zur Kontrolle und Isolierung vermeintlicher Staatsfeinde.

Neu war allerdings, daß in der sowjetischen Rechtsprechung schon die Zugehörigkeit zu einer bestimmten sozialen Schicht (altes Offizierskorps, Groß- und Mittelbauernschaft, zaristisches Beamtentum, Geistlichkeit, Unternehmerschaft) ausreichte, um als »Klassenfeind« kriminalisiert und abgeurteilt zu werden. Wer einmal – schuldig oder nicht – in den Ruf geriet, Gegner der herrschenden Sowjetmacht zu sein, mußte mit härtester Bestrafung rechnen. Nach Untersuchungen des sowjetischen Historikers Dimitri Wolkogonow wurden allein in den Jahren 1937/38 mehr als 4,5 Millionen Menschen politisch verfolgt; 600 000 wurden hingerichtet. Nach einer Mitteilung des Volkskommissars für Inneres an Stalin vom 1. Januar 1945 befanden sich zu diesem Zeitpunkt 2 550 275 Bürger in Straflagern.

Nirgendwo in der Welt gab es ein derartig weitgefächertes und umfassendes politisches Gesinnungsstrafrecht wie in der UdSSR. Das erklärt sich aus dem ununterbrochenen Handlungszwang des totalitären Staates, der zu seiner Machterhaltung ständig Opfer brauchte und folglich auch produzierte. Diesen Opfern fiel die Doppelfunktion zu, gleichermaßen als Abschreckung potentieller Systemgegner und als Sündenbock für nie eingelöste Versprechen von Staat und Partei zu dienen. Somit unterlagen Anschuldigungen und Bestrafungen letztlich nicht juristischen, sondern rein statistischen Kriterien: Das quantitative Soll an überführten Staatsfeinden mußte erfüllt werden. Wer dazu nicht beitrug, konnte selbst ein Gegner sein. Im Unterschied zum Rechtsverständnis bürgerlicher Demokratien, das vom Individuum ausgeht, verschwand in der stalinistischen Rechtsauffassung der einzelne hinter der Partei, die Partei hinter ihrem Apparat und der Apparat schließlich hinter dem Führer, der sich als einziger juristisch sicher fühlen konnte.

Schon Ende der zwanziger Jahre tauchten in politischen Prozessen immer häufiger Bezeichnungen wie »Agent«, »Spion« und »ideologischer Saboteur« auf. Richter und Staatsanwälte, deren Gerechtigkeitssinn nicht in die politische Landschaft paßte, wurden als »Doppelzüngler und Volksfeinde« diffamiert und durch seelenlose Parteibürokraten ersetzt. Resultate dieser negativen Auslese zeigten sich in den Moskauer Schauprozessen der Jahre 1936 bis 1938, als Dutzende von namhaften Politikern und Militärs (Nikolai Bucharin, Alexej Rykow, Grigori Sinowjew, Michail Tuchatschewski und andere) nach entwürdigender Verhandlungsprozedur zum Tode verurteilt und hingerichtet wurden.

Welch unglaublichen Deformationen sowjetisches Rechtssystem und -empfinden ausgesetzt waren, wird an der Person des eiskalten Juristen Andrej Wyschinski (1883–1954) deutlich. Dieser Mann, den die anschwellende Woge der Gesetzlosigkeit 1935 ganz nach oben auf den Platz des Generalstaatsanwaltes der UdSSR spülte, galt als führender Rechtstheoretiker Stalins. Sein Rezept lautete: Gerichte müssen in »unfehlbare Waffen gegen die Klassenfeinde verwandelt werden, welche sie erbarmungslos unterdrücken, und Recht ohne Gnade walten lassen«.[11] Solche Maximen schufen die Grundlage für den Bruch mit sämtlichen allgemein anerkannten Rechtsnormen. Nicht mehr Menschen und der Schutz ihrer Rechte standen im Mittelpunkt. Recht sei vielmehr, so Wyschinski, dazu bestimmt, »die gesellschaftlichen Verhältnisse zu festigen und zu entwickeln, die der herrschenden Klasse (dem Proletariat) vorteilhaft und genehm sind«. Praktisch sah dies so aus, daß Wyschinski am laufenden Band für Vergehen, die keine waren, die Todesstrafe forderte und in den Schauprozessen der dreißiger Jahre die Angeklagten als »Dreckskerle«, »stinkende Kadaver«, »Bastarde von Fuchs und Schwein« oder »übelriechenden menschlichen Abschaum« bezeichnete. Von diesem Mann holte sich im Sommer 1949 Hilde Benjamin, stellvertretende Chefin des Obersten Gerichts und später DDR-Justizministerin, Vorgaben für den Aufbau eines sogenannten sozialistischen Rechtssystems.

Was an der sowjetischen Rechtsprechung besonders auffällt, ist eine völlige Unfähigkeit, die Schuld von Tätern oder Angeklagten zu differenzieren. Grundsätzlich hieß es: »Die Sowjetmacht verhaftet keine Unschuldigen.« Demnach war allein schon die Tatsache, daß ein Mensch festgenommen wurde, hinreichendes Indiz für das Vorliegen einer Schuld. Verhaftung, Anklage und Schuldspruch gerieten zum Automatismus. Objektive Beweise spielten kaum eine Rolle, dafür wurde das subjektive Schuldgeständnis (oft mit gewaltsamen Mitteln herbeigeführt) zur Krönung des gerichtlichen Beweises erklärt. Das Recht auf Verteidigung erfuhr extreme Beschränkungen und geriet oft zur reinen Farce.

Während der Nürnberger Prozesse 1945/46 zeigte sich die ganze Fragwürdigkeit des stalinistischen Rechtsdenkens. Für die von Wyschinski geschulten sowjetischen Richter und Ankläger konnte es nur darum gehen, die als erwiesen geltende Schuld der Täter möglichst spektakulär und möglichst schnell mit Höchststrafen zu sühnen. Im Stil der Moskauer Schauprozesse forderte das Abschlußplädoyer der UdSSR-Vertreter denn auch summarisch die Todesstrafe für alle Angeklagten, ohne Umschweife und Differenzierungen. Aber in Nürnberg konnte sich das angelsächsische Rechtsempfinden mit seiner geradezu unbestechlichen Korrektheit durchsetzen. In der Sowjetischen Besatzungszone gab es ein solches Korrektiv nicht.

Im UdSSR-Strafrecht spielten Gesinnungstatbestände eine unverhältnismäßig große Rolle. Eine Schlüsselfunktion kam in dieser Hinsicht dem berüchtigten Artikel 58 (»Konterrevolutionäre Verbrechen«) zu, der am 25. Februar 1927 in das Strafgesetzbuch der Russischen Sozialistischen Föderativen Sowjetrepublik eingefügt und durch eine Verordnung vom 8. Juni 1934 ergänzt wurde. Die Straftatbestände dieses vierzehn Absätze umfassenden Artikels waren absichtlich unklar definiert und somit höchst auslegungsfähig. Sie konnten in jeder politisch zweckdienlich erscheinenden Weise angewandt werden. Drakonische Strafen wie Erschießung, langjährige Zwangsarbeit, Vermögenskonfiszierung oder Erklärung zum »Feind der Werktätigen« wurden für nahezu jedes politische Delikt obligatorisch. 1934 kam die Verordnung über Sippenhaft hinzu, wonach zum Beispiel jeder Familienangehörige eines desertierten Soldaten (ganz gleich, ob er von dem Vorhaben wußte oder nicht) seiner »Wahlrechte für verlustig erklärt und auf fünf Jahre in entlegene Bereiche Sibiriens verschickt« wurde.

Die Bestimmungen des Artikels 58 bildeten eine wesentliche Arbeitsgrundlage der sowjetischen Militärtribunale in Deutschland und waren bis zum 31. Dezember 1960 auch für die DDR geltendes Recht. Demnach konnten Deutsche nach strafrechtlichen Bestimmungen verurteilt werden, die in hohem Maße juristisch verbrämten Staatsterrorismus darstellten. Langjährige Freiheitsstrafen zog beispielsweise die »Unterhaltung von Beziehungen zu einem ausländischen Staat oder zu einzelnen Vertretern desselben in konterrevolutionärer

Absicht« nach sich (Artikel 58/3). Schwere Strafen gab es für »jegliche Art der Unterstützung desjenigen Teils der internationalen Bourgeoisie, der die Gleichberechtigung des [. . .] kommunistischen Systems nicht anerkennt« (58/4), für »Sammlung von wirtschaftlichen Nachrichten« (58/6) und »Unterhöhlung der staatlichen Industrie, des staatlichen Verkehrswesens, Handels, Geldverkehrs oder Kreditsystems sowie des Genossenschaftswesens« (58/7).

Vollendetes Gesinnungsstrafrecht verkörperte Artikel 58/10, der »Propaganda oder Agitation, die zu Sturz, Unterhöhlung oder Schwächung der Sowjetherrschaft [. . .] auffordern«, unter hohe Strafen stellte. Denunziation konnte juristisch erzwungen werden, indem für »Nichtanzeige eines in Vorbereitung befindlichen oder vollendeten konterrevolutionären Verbrechens« eine Mindeststrafe von sechs Monaten Gefängnis angedroht wurde (58/12). Ein besonders unklar gehaltener Passus fand sich schließlich in Artikel 58/14: »Konterrevolutionäre Sabotage, d.h. bewußte Nichterfüllung bestimmter Verpflichtungen [. . .] in der speziellen Absicht, die Macht der Regierung und das Funktionieren des Staatsapparates zu beeinträchtigen«. Alle diese sehr dehnbaren Rechtsvorschriften dienten vorrangig dazu, politisch Andersdenkende zu kriminalisieren und zu isolieren oder nötigenfalls zu vernichten.

Um möglichst viele Staatsbürger solchen Maßnahmen zu unterwerfen, wurde am 10. April 1934 auf Initiative Stalins ein Gesetz verabschiedet, das die strafrechtliche Verantwortlichkeit schon mit Beginn des zwölften Lebensjahres einsetzen ließ. Gemäß dieser Verfügung konnten auch Zwölfjährige zum Tode verurteilt werden. Es mußte also sowjetischen Bewachern durchaus normal vorkommen, wenn in ihrer Besatzungszone in Deutschland vierzehn- bis achtzehnjährige Jugendliche hinter Lagermauern verschwanden. An diesem Beispiel wird deutlich, in welchem Maße die weitgehende Rechtlosigkeit im sowjetisch-stalinistischen Alltag das Rechtsbewußtsein auch der kleinen Mittäter verformt hatte.

Interessant ist, daß die Todesstrafe durch ein Dekret des Präsidiums des Obersten Sowjets am 26. Mai 1947 abgeschafft, aber bereits am 12. Januar 1950 für politische Delikte wieder eingeführt wurde. Diese Veränderungen waren für die meisten internierten Häftlinge insoweit irrelevant, als in den Lagern auch ohne Todesurteil gestorben wurde. Die überwiegende Mehrzahl bekam, wie erwähnt, ohnedies weder Anklageschrift noch Gerichtsurteil; viele wußten den Grund ihrer Verhaftung überhaupt nicht.

Jene vergleichsweise wenigen Häftlinge, die von sowjetischen Militärtribunalen (SMT) verurteilt wurden, erfuhren die Praktiken stalinistischer Rechtsprechung am eigenen Leibe. Diese Sondergerichte arbeiteten von 1945 bis 1955. Höhepunkt ihres Wirkens war das Jahr 1948, als nach Berechnungen von Fricke 25 Prozent aller Verurteilungen in der Sowjetischen Besatzungszone durch SMT erfolgten. Auch nach Gründung der DDR am 7. Oktober 1949 erledigten sie zahlreiche weitere Fälle. 1950 kamen immerhin dreizehn Prozent aller Verurteilten aus dem SMT-Bereich, erst 1954 sank diese Zahl unter ein Prozent. Gelegentlich fällten auch Sonderkollegien des NKWD in Moskau sogenannte Fernurteile. Diese ergingen nach Prüfung der Aktenlage ohne mündliche Verhandlung oder Anhörung von Zeugen. Einspruch dagegen war ausgeschlossen. Erst nach Stalins Tod 1953 wurden die Sonderkollegien aufgelöst.

Sowohl die Westalliierten als auch die sowjetischen Militärtribunale arbeiteten ursprünglich nach gemeinsam festgelegten Prinzipien, zum Beispiel nach dem Kontrollratsgesetz Nr. 10 vom 20. Dezember 1945. Die Beurteilung aller vor dem 8. Mai 1945 begangenen Straftaten, wie Verbrechen gegen den Frieden, Kriegsverbrechen, Verbrechen gegen die Menschlichkeit, Zugehörigkeit zu faschistischen Organisationen und so weiter, war insoweit problematisch, als ihre juristische Bewertung auf rückwirkend angewandtem Recht fußte. Angesichts der Verbrechen des Nationalsozialismus schien das jedoch gerechtfertigt. Alle nach der Kapitulation vom 8. Mai 1945 begangenen Straftaten wurden gemäß dem jeweiligen nationalen Recht der Besatzungsmacht geahndet.

Die Verhandlungen der sowjetischen Militärtribunale waren in der Regel äußerst kurz und nicht öffentlich, sie fanden oft gegen ganze Gruppen statt. Galt die Anklage als »genügend bewiesen«, wurde kein Verteidiger zugelassen. Anfangs richteten sich die Strafverfahren tatsächlich gegen Kriegsverbrecher. Doch schon 1946 wurde ihre spezifische politische Zielsetzung deutlich. Meist waren es »Verbrechen gegen die demokratische Neuordnung«, die vor den SMT verhandelt wurden. Dazu zählten beispielsweise jugendlicher Widerstand, Opposition bürgerlicher Politiker oder aus den Reihen der SED, Widerstand ehemaliger Sozialdemokraten, Spionage und Sabotage sowie Nichtanzeige von Verbrechen. Das Urteil für politische Straftaten lautete in den meisten Fällen auf 25 Jahre Zwangsarbeitslager. So wurden nach einem Prozeß im Februar 1950 von 34 wegen »Bildung einer Widerstandsgruppe« angeklagten Personen 26 zum Strafmaß von 25 Jahren Zwangsarbeit verurteilt.

Standen wirklich einmal Nazi-Verbrecher vor dem SMT, wie im Oktober 1947 beim Verfahren gegen sechzehn SS-Wachmänner des KZ Sachsenhausen, dann wurde der Prozeß wegen der Popagandawirkung öffentlich geführt. Die überwältigende Zahl der Verurteilten fiel jedoch politisch motiviertem Gesinnungsterror zum Opfer, der aller rechtsstaatlichen Grundlagen entbehrte. Justiz und Verwaltung dienten unter sowjetischer Besatzung als Instrumente der radikalen Umgestaltung des politischen Regimes und des sozialökonomischen Gefüges nach dem Muster der UdSSR und konnten insofern keinen demokratischen Inhalt besitzen. Zum Schutz des der SBZ künstlich aufgepfropften Sowjetsystems samt seiner Wirtschaftsordnung wurden Anordnungen erlassen wie der Befehl Nr. 160 der SMAD vom 3. Dezember 1945, der für eine »Durchkreuzung von wirtschaftlichen Maßnahmen der deutschen Selbstverwaltungsorgane« Freiheitsstrafen von bis zu fünfzehn Jahren oder sogar den Tod durch Erschießen androhte. Aufgrund derartiger Befehle konnten geringfügige Wirtschaftsvergehen zur Sabotage und verbaler Widerstand zum Staatsverbrechen erklärt und dementsprechend bestraft werden. Diese Umqualifizierung eigentlich nebensächlicher Tatbestände zu todeswürdigen Verbrechen gehört zu den charakteristischen Wesensmerkmalen stalinistischer Rechtsprechung.

Die Verflechtung von Innenministerium und Staatssicherheit ist eines der kompliziertesten Kapitel sowjetischer Verwaltungsgeschichte. 1937, auf dem Höhepunkt der innenpolitischen Verfolgungen, wurde die Geheimpolizei GPU dem Volkskommissariat für Innere Angelegenheiten (Narodnyj Komissariat Wnutrennych Djel – NKWD) unterstellt. Die Abkürzung NKWD wurde bald zum Synonym für ein gestapo-ähnliches staatliches Terrorinstrument. Dem NKWD unterstanden unter anderem die Polizei und die mehr als 125 Zwangsarbeitslager in allen Gebieten der Sowjetunion. Letztere wurden von der NKWD-Hauptverwaltung für Lager (Gossudarstwennye Uprawlenije Lagerach – GULAG) überwacht. Das Innenkommissariat war nach militärischen Grundsätzen organisiert und mit eigenen Panzerfahrzeugen sowie Artillerie ausgerüstet.

Ständige Rivalitäten zwischen NKWD und Staatssicherheit, von Stalin nach dem Prinzip »Teile und herrsche« schlau gefördert, führten 1945 zur organisatorischen Trennung von Innenkommissariat und dem Volkskommissariat für Staatssicherheit (Narodnyj Komissariat Gossudarstwennoj Besopasnosti – NKGB). Im März 1946 wurden alle sowjetischen Volkskommissariate in Ministerien umgewandelt, so daß an die Stelle der alten Bezeichnungen nun MWD und MGB für Innenministerium und Staatssicherheitsministerium traten. Die Kompetenzen der beiden Dienststellen (die im März 1953 schon wieder vereinigt wurden) waren kaum gegeneinander abgegrenzt, und ihre Verflechtung stellt sich nach heutiger Aktenkenntnis derartig eng dar, daß es sinnvoll scheint, den Terminus NKWD beziehungsweise MWD als generelle Bezeichnung für die sowjetische Geheimpolizei zu wählen.

In der Sowjetischen Besatzungszone erfolgte die innere Sicherung und Abschirmung des Besatzungsregimes nach ähnlichen Prinzipien wie in der UdSSR. Beim obersten Regierungsorgan, der Sowjetischen Militäradministration in Deutschland (SMAD) in Berlin-Karlshorst, existierte eine »Verwaltung für innere Angelegenheiten«. Ihr unterstand der gesamte Sicherheitsapparat, sie steuerte die Tätigkeit von NKWD und NKGB. Abteilungen für innere Angelegenheiten gab es auf Länderebene sowie in Bezirken, Kreisen und Städten. Sie arbeiteten eng mit den Militärkommandanturen der Roten Armee zusammen. Jede Dienststelle der mittleren Ebene verfügte über ein eigenes konspiratives Überwachungssystem.

Als Hilfsorgan des NKWD für Ermittlungen, Fahndungen und Festnahmen dienten seit der Jahreswende 1945/46 die Abteilungen »K 5« (Kommissariat 5) bei den deutschen Landes- und Kreispolizeiverwaltungen. Die K 5-Abteilungen durften mit Erlaubnis der örtlichen sowjetischen Sicherheitsoffiziere auch politische Delikte, von denen die Besatzungsmacht sich nicht getroffen fühlte, in eigener Verantwortung bearbeiten.

Nominell war der gesamte Sicherheitsapparat in Gestalt der »Verwaltung für innere Angelegenheiten« dem obersten Chef der SMAD unterstellt. Diese Funktion bekleideten von Juni 1945 bis April 1946 Marschall Georgi Schukow, von April 1946 bis März 1949 Marschall Wassili Sokolowski und von März bis Oktober 1949 General Wassili Tschuikow. Es kann jedoch kaum Zweifel darüber bestehen, daß die Dienststellen von NKWD und NKGB aus Moskau gesteuert wurden. Die zuständigen Minister Kruglow und Awakumow sowie Stalins Sicherheitsexperte Lawrenti Berija vertrauten den in Deutschland agierenden NKWD/NKGB-Apparat ab 9. Juni 1945 Generaloberst Iwan Serow an. Er erhielt den eher unauffälligen Titel eines Stellvertreters des obersten Chefs der SMAD »in Sachen der Ziviladministration«. Sein Auftrag bestand darin, neben der deutschen Bevölkerung auch die Mitarbeiter der sowjetischen Zivilverwaltung zu kontrollieren und zu überwachen. Vor allem aber kümmerte sich Serows Dienststelle um die ideologischen Gegner; von ihr gingen die Befehle zur Errichtung der gefürchteten Speziallager aus.

Leben und Sterben in den Lagern

Obwohl in den sowjetischen Internierungslagern keine Massentötungen und Folterungen stattfanden, war in ihnen doch, wie Fricke feststellt, eine »erschreckend hohe Sterblichkeit« zu verzeichnen. Vor allem in der Zeit von 1945 bis Ende 1947 hielt der Tod unter den Häftlingen reiche Ernte. Die Ursache dafür bestand im komplexen Wirken mehrerer Faktoren. An erster Stelle muß hier die Unterernährung genannt werden. Von den nach Kriegsende überall in Deutschland wütenden Hungersnöten waren gerade die Lagerinsassen besonders hart betroffen. Die täglich ausgeteilten Rationen reichten für viele nicht zum Überleben. Zusätzliche Möglichkeiten der Lebensmittelbeschaffung existierten nicht.

Es gab in den Lagern keinerlei feste Ernährungssätze. Die Brotrationen gingen, vor allem im größten Hungerjahr 1946, teilweise bis auf 300 Gramm pro Person und Tag zurück. Zum Brot gab es Wassersuppe, in der sich allenfalls Spuren von Rüben, Sauerkraut, Kartoffeln, Graupen oder Grütze fanden. Fleisch und Fett fehlten fast völlig.

Zum Hunger gesellten sich Krankheiten. Die meisten Baracken und Unterkünfte waren total überbelegt. Die auf engstem Raum zusammengepferchten Häftlinge lebten unter katastrophalen hygienischen Bedingungen. Es bestanden völlig unzureichende Waschmöglichkeiten. Toilettenartikel wie Seife und Zahnbürsten gab es nicht. Die meisten Lager verfügten über keine ordentlichen Aborte. Tausende von Menschen verrichteten ihre Notdurft nachts in Fässer und Tonnen, tagsüber in Latrinen oder auf Donnerbalken. Toilettenpapier oder Watte für die Monatshygiene der inhaftierten Frauen existierten nicht. Bis zu den Verlegungen in die sanitär etwas besser ausgestatteten Lager Buchenwald, Sachsenhausen und Bautzen war es den Häftlingen im allgemeinen nicht möglich, die Wäsche zu waschen oder gar zu wechseln. Angesichts der völligen hygienischen Verwahrlosung und des Nachlassens der körperlichen Widerstandskräfte als Folge des ständigen Hungerns waren Krankheiten nur eine Frage der Zeit. Zuerst traten vorwiegend Haut-, Infektions- und Darmerkrankungen auf, später folgten Lungenentzündungen, Ödeme, Furunkulose, Wassersucht und regelrechte Epidemien von Ruhr, Typhus und vor allem Tuberkulose. Letztere gehörte zu den Haupttodesursachen. Die medizinische Betreuung genügte nicht einmal den elementarsten Anforderungen. Die eingerichteten Krankenreviere waren quasi nur Umschlagplätze auf dem Weg in die Massengräber.

Eine weitere Ursache des Massensterbens bildete die Kälte in den unverhältnismäßig harten Wintern 1945/46 und 1946/47. Viele Baracken konnten aus Mangel an Brennstoffen nicht oder nur ungenügend beheizt werden. Die Häftlinge besaßen anfangs kaum Decken oder Strohsäcke. Winterbekleidung trug nur auf dem Leibe, wer zufällig im Winter verhaftet worden war; die Unglücklichen, die dem NKWD in den heißen Sommermonaten in die Hände gefallen waren, mußten mit ihren leichten Sachen auch den Winter überstehen. Hinzu kam, daß die Kleidung infolge der zahlreichen Entlausungen brüchig und dünn wurde. Derart unzureichend bekleidet, mußten die Lagerinsassen bei den täglichen Zählappellen mitunter stundenlang in eisiger Kälte stehen. So nimmt es nicht wunder, daß die Bekleidungsstücke der Verstorbenen ein begehrtes Gut waren. Eine gewisse Verbesserung stellte sich erst im Laufe der Jahre ein, als an die Gefangenen Armeeuniformen aus sowjetischen und deutschen Beständen ausgegeben wurden. In Buchenwald und Sachsenhausen trugen die Internierten auch die gestreifte Sträflingskleidung aus den ehemaligen Nazi-Konzentrationslagern.

War der Winter glücklich überstanden, brach eine neue Plage über die Häftlinge herein. Invasionen von Flöhen, Wanzen, Läusen, Filzläusen und Holzböcken peinigten sie bis aufs Blut und übertrugen gleichzeitig ansteckende Krankheiten. Es gab kein Mittel, dieser Plage Herr zu werden; das gelegentliche Ausgasen der Baracken schaffte nur für kurze Zeit Linderung.

Die jahrelange Unterernährung bewirkte einen Zustand völliger Abmagerung, der von den Sowjets als »Dystrophie« bezeichnet wurde. (Der Begriff Dystrophie ist vermutlich eine Zusammensetzung aus den griechischen Worten »dys« und »trophein« = auseinanderernähren.) Der chronische Eiweiß- und Vitaminmangel führte zu schweren Störungen und Veränderungen in den Organen sowie im Eiweißgehalt von Blut und Gewebe, später zu Muskelschwund und Herzmuskelschwäche, zu Störungen der Herz-Kreislauf-Tätigkeit, zum Erlahmen und Aussetzen der Darmtätigkeit (das heißt, man verhungerte trotz Nahrungsaufnahme) bis hin zum geistigen Verfall des Betroffenen. Bei Frauen waren teilweise ein Schrumpfen der Geschlechtsorgane und das Aussetzen der Periode zu beobachten. Ein Sachsenhausen-Häftling erinnert sich: »Manche magerten bis zur Unkenntlichkeit ab. Andere wurden immer dicker und füllten sich mit Wasser. Zuerst die Unterschenkel, dann die Oberschenkel und dann die gefürchtete Bauchwassersucht. Dann steigt das Wasser bis in die Lungen, und unter tagelangem Röcheln ertrinkt der Kranke. Es ist furchtbar, im Nebenbett liegen zu müssen und mit anzuhören, wie das Wasser in der Brust des Kranken arbeitet. [. . .] Oft platzen die Glieder, und das Wasser läuft literweise hinaus. Bei Punktierungen wurden bis zu acht Liter Wasser abgelassen.«[12]

Aus Fünfeichen wurde berichtet, daß die tägliche Ausgabe von Sauerkrautsuppe tödliche Geschwüre im Darmbereich hervorrief, wie sich bei der Prosektion von verstorbenen Häftlingen ergab. In Jamlitz aßen vor Hunger halb wahnsinnige Gefangene die Rinde von den Bäumen auf dem Lagergelände und starben unter entsetzlichen Magenkrämpfen. Ein NKWD-Major in Sachsenhausen soll, auf die Meldung einer besonders hohen Zahl von Toten hin, einem Häftling gegenüber geäußert haben: »Die Ernährung ist so gehalten, daß es täglich weiter abwärts geht, dem Ende zu. Für uns sind Sie Verbrecher.«[13]

»Konnte es da so gänzlich unverständlich sein«, fragt Fricke, »wenn vielen Häftlingen die Aushungerung als eine Art lautloser Vernichtung erschien?«[14] Und Finn stellt, diesen Gedanken ergänzend, fest: Das massenhafte Sterben in den NKWD-Lagern »beruhte auf der teuflischen Basis einer Art Selbstvernichtung der Häftlinge«.[15]

Die Toten wurden von Häftlingskommandos in Massengräbern unweit der Lager verscharrt. In der Regel wählten die Sowjets dazu die späten Nacht- oder frühen Morgenstunden: Die in der Umgegend lebende Zivilbevölkerung durfte davon nichts erfahren. Die Begräbnisorte wurden später planiert und aufgeforstet. Niemand sollte die Stellen jemals wiederfinden. Doch bereits in den fünfziger Jahren stießen Bauarbeiter bei Schachtarbeiten in Ketschendorf und Jamlitz auf die sterblichen Überreste von NKWD-Opfern. Nach der friedlichen Revolution in der DDR 1989/90 wurden bei Fünfeichen, Sachsenhausen und Jamlitz Massengräber freigelegt, andere durch Luftaufnahmen und Bodenuntersuchungen lokalisiert. Ein makabres Beispiel bildet in diesem Zusammenhang das Lager Buchenwald. Als man dort in der zweiten Hälfte der fünfziger Jahre das Denkmal für die Opfer des Nationalsozialismus errichtete, wurden die Gebeine der im Lagerbereich verstreut verscharrten Leichname zusammengesucht und in den bekannten Ringgräbern vereinigt. Die Erbauer des Mahnmals und die Internationale Vereinigung ehemaliger Buchenwald-Häftlinge ahnten nicht, daß sie anstelle der vermeintlichen Nazi-Opfer viele Tote des NKWD/MWD-Lagers auf diese Art ihrer letzten Ruhestätte zuführten. Die Spuren der von den Nazis Ermordeten hatte das Krematorium des KZ Buchenwald nahezu ausgetilgt. Durch diesen Zufall kam es, daß die Opfer der beiden größten Unrechtssysteme des 20. Jahrhunderts als mahnendes Zeichen für die Nachgeborenen symbolisch vereint wurden.

Über den Verbleib der Häftlinge aus den Beerdigungskommandos existieren verschiedene Darstellungen. Während aus den sowjetischen Lagern in Deutschland allgemein keine Fälle von Erschießungen bekannt sind, gibt es jedoch Mutmaßungen, daß die Mitglieder der Beerdigungskommandos als »Mitwisser« deportiert beziehungsweise gleich an Ort und Stelle umgebracht worden sind. In seinem Fünfeichen-Report schreibt Range: »Das Totengräberkommando erhielt die doppelte Brotration, wußte aber nicht, daß es jeweils nach einiger Zeit am Massengrab von den Russen erschossen wurde: ‚Mitwisser' waren nicht erwünscht.«[16] Und Fritz Göhler, ehemaliger Buchenwald- Insasse und Bundesbeauftragter des Waldheim-Kameradschaftskreises, erklärte in einer Publikation: »Nachrichten aus den Reihen des Beerdigungskommandos sind selten. [. . .] Das Buchenwalder Beerdigungskommando wurde zu Anfang des Jahres 1950 geschlossen in die Sowjetunion abtransportiert, es wußte zuviel.«[17] Dem widerspricht die Tatsache, daß der Buchenwald-Häftling Ernst-Emil Klotz, ehemals Leiter des Beerdigungskommandos, trotz dieser Funktion wieder freikam. (Auszüge aus seinem Erlebnisbericht sind bei Fricke nachzulesen[18]). Ein weiterer solcher Fall ist den Verfassern bekannt. Offenbar gab es also auch in diesem Punkte keine einheitliche Verfahrensweise.

Der ständig nagende Hunger ruinierte die Häftlinge nicht nur körperlich, sondern auch geistig. Viele von ihnen litten unter Gedächtnisschwund und Zwangsvorstellungen. Essen wurde der Gegenstand, um den sich alle Gedanken und Gespräche drehten. Manche Gefangene stilisierten ihre tägliche Brotration zum Kultobjekt: Sie begannen mit der Nahrung zu spielen, kauten stundenlang an einem Stück Brot, bildeten sich ein, etwas anderes zu essen, redeten unentwegt vom Essen und so weiter. Das Brotschneiden wurde zum argwöhnisch beäugten Zeremoniell. Bei zahlreichen Häftlingen bildeten sich Züge eines animalischen Egoismus und Egozentrismus heraus, zu dem der Mensch herabsinkt, wenn die äußeren Lebensumstände sein gesamtes Sinnen und Trachten auf das rein Biologische, aufs nackte Überlebenwollen reduzieren. »Bis auf wenige Ausnahmen glichen die Kameraden mehr gierigen Tieren«, erinnert sich ein Buchenwald-Insasse. »Es war furchtbar zu sehen, wie Männer, die draußen hohe Stellungen bekleidet und Ansehen genossen hatten, Opfer des Hungers wurden. Vom gierigen Blick in die Nachbarschüssel bis zum Diebstahl war es nur ein kleiner Schritt . . .«[19] Die Folge solchen Diebstahls waren Selbstjustizaktionen unter den Häftlingen. Der durch Hunger hervorgerufene Verfall der sittlichen Normen äußerte sich zum Beispiel auch in der Bereitschaft, Spitzeldienste für die Sowjets zu leisten, um dafür an zusätzliche Nahrungsmittel zu gelangen. Aus dem gleichen Grunde kam es vor, daß sich weibliche Internierte dem Wachpersonal sexuell anboten.

Neben Hunger, Kälte und Krankheiten trat, von allen Überlebenden als schlimmste psychische Qual geschildert, die völlige Isolierung von der Außenwelt. Den Gefangenen war verboten, ihren Angehörigen Briefe zu schreiben oder von ihnen Post zu empfangen. Weder die Häftlinge noch ihre Familien besaßen irgendeine Nachricht voneinander, da die NKWD/MWD-Behörden den Verwandten zu Hause konsequent jede Information über den Verbleib ihrer Angehörigen verweigerten. Auch sonst drang – von sehr seltenen Ausnahmen abgesehen – keinerlei Nachricht aus den Lagern heraus oder in sie hinein. Aus diesem Grunde hatte sich in der Bevölkerung der Begriff »Schweigelager« eingebürgert. Bis zu den ersten Entlassungen 1948 waren die Häftlinge hermetisch von der Außenwelt abgeschlossen. Mütter warteten noch auf ihre Söhne und Frauen auf ihre Männer, als diese längst nicht mehr am Leben waren. Vereinzelte Verzweiflungstaten mit dem Ziel, direkt oder über sowjetische Dienststellen zu internierten Familienangehörigen vorzudringen, waren niemals von Erfolg gekrönt. (Einziger den Verfassern bekannter Ausnahmefall: Die Frau des Schauspielers Heinrich George durfte ihren Mann im Sachsenhausener Lazarett besuchen.) Die Geschlechtertrennung innerhalb der Lager wurde so strikt gehandhabt, daß selbst Eheleute oder Verwandte voneinander isoliert leben mußten.

Abgesehen von den Tätigkeiten, die für die Aufrechterhaltung der Lagerfunktion benötigt wurden, war den Internierten jegliche Arbeit verwehrt. »Das Prinzip der Zwangsarbeit wurde durch das Prinzip erzwungener Untätigkeit ersetzt.«[20] Den Häftlingen war darüber hinaus weder gestattet, Radio zu hören, noch durften sie – bis zum Herbst 1947 – Zeitungen lesen. Nicht erlaubt war außerdem – mit verschiedenen Abstufungen in den jeweiligen Lagern –, zu singen, zu schreiben, zu malen, Bücher zu lesen, Vorträge zu halten, Gedichte zu rezitieren, Karten zu spielen oder sich auf ähnliche Weise zu beschäftigen. Verboten war der Besitz von Uhren, Spiegeln, Bildern, Schreibutensilien, Metallgegenständen, ja selbst von Toilettenpapier (wegen des »Verdachts einer möglichen Verbindungsaufnahme zur Außenwelt«). Natürlich erledigte sich ein Teil dieser Verbote von selbst, weil die Gefangenen die wenigen privaten Gegenstände, die sie bei der Verhaftung bei sich trugen, schon während der üblichen Fledderei durch Vernehmer und Wachpersonal verloren hatten und an eine Neubeschaffung nicht zu denken war.

Verboten war ferner, tagsüber auf den Pritschen zu liegen, den vorgeschriebenen Barackenbereich ohne Befehl zu verlassen und »politische Themen zu diskutieren oder die sowjetischen Maßnahmen in irgendeiner Form zu kommentieren«[21]. Dagegen war, wie übereinstimmend aus mehreren Lagern berichtet wurde, das Schachspiel erlaubt. Es blieb eine dubiose Ausnahme.

Verstöße gegen die Lagerordnung wurden mit Bunkerstrafen geahndet. Der Weg in den Bunker, wo man lediglich die halbe Essenration erhielt und auf dem blanken Betonfußboden schlafen mußte, war für viele der entkräfteten Häftlinge der letzte. Lockerungen dieses strengen Lagerreglements traten erst 1948 ein.

So vegetierte das Gros der Internierten in stumpfsinniger Untätigkeit dahin. Allein die täglichen Zählappelle und die Mahlzeiten sorgten für »Abwechslung«. Häftlinge, die irgendeine Arbeit verrichten durften, wurden von ihren Mitgefangenen geradezu beneidet. In Verbindung mit der Ungewißheit über das weitere Schicksal erzeugten die in scheinbar endloser Monotonie verstreichenden Wochen und Monate ein Klima der Lethargie und allgemeinen Hoffnungslosigkeit unter den Lagerinsassen. Hin und wieder kursierten Gerüchte über eine angeblich bevorstehende baldige Entlassung. Ihr Nichtzutreffen steigerte die Apathie und nahm vielen mit der letzten Hoffnung auch die Kraft zum Überleben. Die Zahl derer, die an der psychischen Marter zugrunde gingen, dürfte nicht unbeträchtlich gewesen sein.

Trotz aller Verbote griffen zahlreiche Internierte zur Selbsthilfe. Sie versuchten, sich durch geistige Aktivitäten am Leben zu halten, und improvisierten aus dem Gedächtnis Lesungen, Vorträge, Rezitationen, veranstalteten insgeheim politische Diskussionen oder erzählten sich Reiseerlebnisse. Manche Gefangene fertigten mit primitivsten Mitteln kleine handwerkliche Produkte, andere malten, dichteten oder komponierten Lieder. Im Laufe der Zeit und je nach internen Gegebenheiten wurden solche Beschäftigungen von der sowjetischen Lagerführung sogar gefördert. Es entstanden Lagertheater und -ensembles, die natürlich vor allem zur Unterhaltung der Sowjets auftraten. So inszenierte beispielsweise der später in Sachsenhausen verstorbene Schauspieler Heinrich George in Hohenschönhausen den »Urfaust« und trat – mit einer 16jährigen Gefangenen als Gretchen – selbst in der Titelrolle auf. In Sachsenhausen brachte George dann eine Version von Puschkins »Postmeister« auf die improvisierte Bühne. Man kann sich aber ausrechnen, wieviel Prozent der Häftlinge bei einer durchschnittlichen Belegungsstärke von 15000 Mann die Chance hatten, über Puschkin für kurze Zeit ihre Lage zu vergessen.

Ein geradezu aberwitziges Ausmaß erreichte die Kulturtätigkeit in Mühlberg, wo die Häftlingskapelle sogar außerhalb des Lagers auftrat und Gefangene unter Bewachung nach Hause fahren durften, um von dort Instrumente oder Theaterrequisiten herbeizuschaffen (Ausführliches dazu im Erlebnisbericht von Gottfried Becker). Die Auftritte des Lagerensembles waren für die Internierten natürlich eine hochwillkommene und motivierende Abwechslung, die sie in ihrer menschlichen Würde bestärkte und für einen Moment Hunger und Heimweh verdrängte. Die Bühnendarsteller sollen auch, obwohl selber dem Zusammenbruch nahe, mit unvergleichlicher Hingabe agiert haben. Die Schizophrenie solcher Darbietungen bestand darin, daß sie inmitten von Tod, Krankheit und Unterernährung stattfanden. Mühlberg bildete freilich in dieser Beziehung eine Ausnahme. An anderen Orten blieb der Umfang solcher Lagerkultur sehr beschränkt, in Jamlitz und Ketschendorf beispielsweise unterbanden die Besatzer solche Extravaganzen von vornherein.

Für die Aufrechterhaltung der »inneren Ordnung« und die interne Lagerverwaltung setzten die Sowjets eine eigens geschaffene deutsche Lagerleitung und -polizei ein. Diese Positionen wurden zwar von Häftlingen bekleidet, doch waren es oftmals ehemalige Nazis, die sie einnahmen und sich zu Cliquen zusammenschlossen. So bestand laut Augenzeugenberichten die Lagerverwaltung in Ketschendorf vorwiegend aus Polizeioffizieren, die eingefleischte Nazis waren, in Mühlberg zum Teil sogar aus Offizieren der Waffen-SS. Auch Schläger und Kriminelle, naturgemäß besser auf die Bedingungen eingestellt, befanden sich unter den Funktionsträgern. Im Kampf um den Erhalt der damit verbundenen minimalen Privilegien, zum Beispiel doppelter Essenrationen, kam es häufig zu Schikanen und Denunziationen. »Die brüchige Moral und der Hunger führten dazu, daß sich leider auch sehr oft Kreaturen fanden, die noch über die ursprünglichen Befehle hinausgingen und sich um irgendwelcher Vorteile willen brutal durchsetzten«, schreibt Finn dazu.[22] Und Range berichtet: »Jeder Angehörige der aus Häftlingen bestehenden Lagerpolizei mußte je Monat drei Anzeigen machen, andernfalls wurde er als normaler Häftling mit normaler Verpflegung in eine der üblichen Lagerbaracken zurückverlegt.«[23]

Die Denunzianten rechtfertigten sich vor den Mitgefangenen teilweise damit, daß die NKWD-Leute ja erfahren müßten, wer die eigentlichen Nazis unter den Insassen seien. Dadurch würden schließlich die Auflösung der Lager und die Entlassung der Unschuldigen vorangetrieben. Die Sowjets spielten so die Deutschen gegeneinander aus und überließen ihnen die Regelung des Lageralltags, während sie selbst im Grunde nur Wachaufgaben übernahmen. Häufige Umbelegungen trugen dazu bei, daß unter den Häftlingen kein größerer Zusammenhalt entstand. Zur Bildung vergleichbarer Häftlingsorganisationen, wie sie aus den Nazi-Konzentrationslagern bekannt sind, kam es in den NKWD-Gewahrsamen in Deutschland nie.

Der Anteil der in den Lagern festgehaltenen Frauen dürfte etwa drei bis vier Prozent der Gesamtbelegung betragen haben. In Sachsenhausen beispielsweise waren es rund 2000 Frauen, in Ketschendorf ungefähr 500. Neben SED-Gegnerinnen handelte es sich um Ehefrauen von Nazi-Bonzen und Wehrmachtsoffizieren, Funktionsträgerinnen in Frauenorganisationen des Dritten Reiches, KZ-Wächterinnen oder einfach nur um BDM-Angehörige. In Ketschendorf saß unter anderen die Schauspielerin Marianne Simson wegen ihrer Mitwirkung im Nazi-Propagandafilm »GPU« ein. Wie erwähnt, lebten die weiblichen Häftlinge streng isoliert von den Männern. Ihre Sterblichkeitsrate lag, verglichen mit der ihrer männlichen Leidensgefährten, erstaunlich niedrig. Offenkundig verkraftete der weibliche Organismus die Strapazen und Entbehrungen weitaus besser. Fälle von Vergewaltigungen durch das sowjetische Wachpersonal sind lediglich aus den ersten Lagermonaten bekannt. Vor allem in Weesow soll es zu zahlreichen Übergriffen gekommen sein. Auch Schwangere wurden in die Lager eingeliefert und brachten dort ihre Kinder zur Welt.

Einen noch kleineren Prozentsatz der Internierten stellten Ausländer. Außer Nazi-Kollaborateuren – in Ketschendorf wurden vor ihrem Abtransport in die UdSSR etwa 2000 Mann der im Krieg auf deutscher Seite kämpfenden Armee des Generals Wlassow* festgehalten – waren dies vornehmlich Personen, die unter den Verdacht gestellt wurden, »Spionage für ausländische Mächte« betrieben zu haben.

Die Internierungslager der Westalliierten und die Entwicklung bis 1950

Als Vergleich zu den sowjetischen Internierungspraktiken sei an dieser Stelle kurz auf die Internierungslager der Westalliierten eingegangen.

* Generalleutnant Andrej Wlassow (1901–1946), hochdekorierter sowjetischer Militär, kämpfte im Zweiten Weltkrieg anfangs gegen die Deutschen, lief 1942 zu ihnen über und baute eine russische Nationalarmee auf, die ab 1944 an der Seite der Wehrmacht gegen die UdSSR operierte. Nach dem Sieg der Sowjetarmee wurden er und seine Anhänger gefangengenommen und verurteilt. Wlassow wurde 1946 gemeinsam mit seinen höchsten Offizieren gehenkt, die Mitglieder seiner Armee erschoß man.

Die Lager im Westen Deutschlands sahen anders aus. In der britischen und der amerikanischen Zone ging es den Zivilhäftlingen relativ gut. Zwar wurde die Unterbringung mit Decken auf losem Stroh häufig bemängelt, doch lag die Verpflegung, bis auf vereinzelte Engpässe, mit täglich rund 1700 Kalorien deutlich über dem damaligen Satz eines Normalverbrauchers, der sich im Schnitt auf 800 bis 900 Kalorien belief. Auch für Kleidung, Heizung und ärztliche Hilfe war gesorgt. Im Lager Darmstadt (Hessen), wo 11340 Zivilinternierte einsaßen, waren vom Februar 1945 bis zum Februar 1946 lediglich 43 Todesfälle zu verzeichnen.

Amerikaner und Briten internierten sämtliche NSDAP-Ränge vom Ortsgruppenleiter an aufwärts, dazu alle Gestapo- und SD-Angehörigen, Führer und Unterführer der SS sowie hohe Beamte, sofern sie dieser Personen habhaft wurden. Außerdem befanden sich Kriegsverbrecher und aussageunwillige Zeugen von Kriegsverbrechen sowie »sicherheitsbedrohende Personen« in ihren Lagern, in der letztgenannten Gruppe auch manche zu Unrecht festgehaltene, denunzierte Deutsche. »In der Regel fand nach der Einlieferung eine Vernehmung durch amerikanisches Personal statt; die Erfragung der Personalien des neuen Lagerinsassen und seiner früheren politischen Tätigkeit wurde häufig von Beschimpfungen und der Austeilung von Prügel begleitet. In vielen Fällen waren die Häftlinge anfangs Schikanen des amerikanischen Wach- und Lagerpersonals ausgesetzt«, schreibt Christa Schick in ihrer Studie über die westlichen Internierungslager.[24] Durch Intervention von höherer amerikanischer Stelle wurden derartige Übergriffe aber in der Folgezeit unterbunden.

Die Lager in der amerikanischen Zone wurden im Oktober 1946 den deutschen Landesregierungen unterstellt, die die Verhältnisse dort liberalisierten. So wurde es in den Lagern nicht nur möglich, Post zu versenden und zu erhalten oder Geistliche zu empfangen, es gab auch Regelungen für Heimaturlaub. Bereits im Sommer 1945 richteten die Amerikaner sogenannte Überprüfungsausschüsse ein, die bis zum Januar 1946 etwa 12000 harmlose Gefangene aus der Haft entließen.

Entlassungen fanden in den amerikanischen Lagern ab November 1945 statt. Die Internierten konnten entsprechende Anträge an spezielle Spruchkammern richten. Von rund 100000 Internierten in der amerikanischen Zone waren 1949 nur noch 379 übrig. Je nachdem, wie sehr sie belastet waren, wurden sie bis Ende 1952 in Haft behalten.

Der deutlich großzügigere Umgang der Westalliierten mit ihren Zivilgefangenen rührte ohne Frage zunächst daher, daß Briten und Amerikaner materiell aus dem vollen schöpfen konnten. Ihre Länder waren nicht annähernd so stark in Mitleidenschaft gezogen worden wie die UdSSR, und ihr Vergeltungsdrang hielt sich deswegen ebenfalls in Grenzen. Doch der Vergleich zeigt mehr. An der Westfront hatten Armeen gesiegt, die von parlamentarischen Demokratien und nicht von einem diktatorischen Alleinherrscher mit messianischem Anspruch in den Krieg geführt worden waren. Der Umgang mit den Gefangenen unterlag den Kriterien bürgerlicher Rechtsstaatlichkeit. Die Machtfrage stand nicht so weit im Vordergrund, daß man etwa im großen Stile Kommunisten verhaftet hätte, weil diese möglicherweise Gegner der künftigen Entwicklung im Westen Deutschlands sein konnten.

Interessanterweise internierten die Westalliierten weitaus mehr echte Nazi-Funktionsträger als die erklärten Antifaschisten im Osten. Als tatsächliches Instrument der Entnazifizierung auf dem Gebiet der späteren Bundesrepublik konnten die Internierungslager der Alliierten allerdings nicht fungieren, da aufgrund der politischen Nachkriegsentwicklung die Stoßrichtung Antifaschismus bald der neuen Stoßrichtung Antikommunismus weichen mußte und die bekannten widerwärtigen »Persilschein«-Verfahren einsetzten. In dieser Beziehung hat weder die Internierung im Osten noch die im Westen ihren Zweck erfüllt.

Das Jahr 1948 bildete eine gewisse Zäsur in der Geschichte der NKWD/MWD-Lager auf deutschem Territorium. Wer bis dahin überlebt hatte, besaß relativ gute Chancen, die Internierung durchzustehen. Die Versorgungslage hatte sich drei Jahre nach Kriegsende etwas stabilisiert, die beiden extremen Hungerwinter 1945/46 und 1946/47 lagen hinter den Häftlingen. Von den ehemals elf Lagern in der Sowjetischen Besatzungszone waren nur noch fünf übrig: Buchenwald, Sachsenhausen, Bautzen, Mühlberg und Fünfeichen. Die anderen waren aufgrund der hohen Sterberaten aufgelöst und die überlebenden Insassen in den genannten fünf Lagern zusammengefaßt worden. Dort waren vor allem die sanitären Bedingungen besser als etwa in den mehr provisorisch angelegten und besonders schrecklichen Lagern Ketschendorf und Jamlitz. Die Sterblichkeit ging deutlich zurück.

Außerdem hatte sich das Lagerregime seit Ende 1947 ein wenig gelockert. Es konnten nicht nur Zeitungen gelesen werden, sondern in einigen Lagern wurde, dem Drängen von Kirchenvertretern nachgebend, auch die Erlaubnis erteilt, den Internierten religiöse Schriften zukommen zu lassen. 1949 durften erstmals Häftlingsgottesdienste abgehalten werden. Gelegentlich tauchte auch andere Literatur in den Lagern auf, und die geistig-kulturelle Selbstbeschäftigung wurde nicht mehr unterdrückt. Die Ernährungssituation verbesserte sich, das Essen wurde etwas vielfältiger und reichhaltiger. Trotzdem gab es auch in dieser Zeit noch zahlreiche Tote zu beklagen, aber die Opferbilanzen standen in keinem Verhältnis mehr zu denen der Anfangsjahre.

Die Auflösung der Lager vollzog sich in Form zweier großer Entlassungswellen in den Jahren 1948 und 1950. Die erste erfolgte im Sommer 1948, nachdem die SMAD in ihrem Befehl Nr. 35 vom 26. Februar 1948 die Entnazifizierung in ihrer Besatzungszone für beendet erklärt hatte. Die Sowjets waren zuvor von den bürgerlichen Parteien Ostdeutschlands und vor allem aus dem westlichen Ausland wiederholt aufgefordert worden, ihre Internierungspraktiken zu beenden. Mit den Entlassungen im Sommer 1948 wurden, von drei kleineren Ausnahmen abgesehen*, erstmals Internierte wieder auf freien Fuß gesetzt. Die Entlassungswelle erfaßte etwa die Hälfte der Insassen. Bezeichnenderweise blieb die Mehrheit der beim SED-Regime in Ungnade Gefallenen sowie der Internierten aus den Bereichen Wirtschaft und Justiz in den Lagern zurück.

* Die drei Ausnahmen bestanden in der jeweils überraschenden Freilassung von einigen Dutzend Häftlingen aus Mühlberg (Sommer 1946), etwa 100 Häftlingen aus Hohenschönhausen (August 1946) sowie rund 600 Gefangenen aus dem Lager Buchenwald (Frühjahr 1947).

Im Herbst 1948 wurden auch Fünfeichen und Mühlberg aufgegeben. Die bei der ersten Entlassung nicht freigekommenen Häftlinge verlegte man in die drei übrigen Lager. Solche Transporte waren nicht nur in den furchtbaren Wintern der vorhergegangenen Jahre eine Qual. Das mitunter tagelange Eingepferchtsein in geschlossenen Viehwaggons ohne Nahrung und Wasser und ohne eine Möglichkeit, die Notdurft außerhalb des Waggons zu verrichten, wurde von vielen Augenzeugen einhellig als schrecklicher Höhepunkt ihrer Leidenszeit geschildert.

Im Januar 1950 lösten die Sowjets auch die letzten drei Lager auf. Aber nicht alle Gefangenen kamen frei: Rund 15000 Häftlinge wurden den Behörden der inzwischen gegründeten DDR zur »weiteren Untersuchung« und »Verbüßung ihrer Strafe« übergeben. (Ausführlicher dazu in den Kapiteln über die Auflösung der Lager und die Waldheimer Prozesse.) »Für die Wahl des Zeitpunkts dürfte ausschlaggebend gewesen sein, daß die Existenz der Internierungslager – die ohnehin das sowjetische Prestige belasteten – politisch nicht länger notwendig erschien, nachdem die Herrschaft der SED durch die Gründung der DDR staatlich etabliert worden war.«[25]

Bevor sie auf freien Fuß gesetzt wurden, erhielten die Häftlinge neue Kleidungsstücke, die in eigens dafür eingerichteten Lagerwerkstätten angefertigt worden waren. Mehrere Wochen vorher hatten sich schon die täglichen Verpflegungssätze deutlich erhöht. Die Gefangenen wurden »aufgepäppelt«, damit sie nach ihrer Freilassung nicht optisches Zeugnis für die jahrelange Unterernährung ablegten. Daß sie gleich anfangen würden zu reden, war ohnehin kaum zu erwarten – die Angst vor erneuter Internierung saß zu tief.

Außer einem lapidaren Entlassungsschein bekamen die Häftlinge keine weiteren Papiere, nicht einmal eine Bestätigung ihrer Haftdauer. Die Hinterbliebenen der Todesopfer erhielten ebenfalls keinen schriftlichen Bescheid. Sie erfuhren vielfach erst dadurch, daß ihre Angehörigen nicht mit den anderen heimkehrten, von deren Schicksal. Viele wissen aber bis heute nicht, wo und wann ihre Ehemänner, Väter und Söhne ums Leben kamen. Sie konnten sich seinerzeit von den deutschen Behörden, die ebenfalls keine Totenlisten von den Sowjets erhielten, höchstens Sterbeurkunden mit improvisiertem

Sterbedatum, mitunter auch nur mit vermutetem Todesort, ausstellen lassen.

Die freigelassenen Häftlinge litten noch jahrelang an den physischen und psychischen Folgen ihrer Internierung. Jene, die im SED-Staat blieben, weil in diesem Teil Deutschlands ihre Heimat war, mußten nach den zumeist unschuldig im Lager verbrachten Jahren noch lange mit der Schmach leben, offiziell als Nazis und Verbrecher zu gelten. Außerdem waren sie gezwungen, Stillschweigen über ihre Erlebnisse zu bewahren. Das Lagerkapitel wurde aus der DDR-Geschichte gestrichen. An eine Rehabilitierung oder Entschädigung wie in der Bundesrepublik durften die Opfer der stalinistischen Willkür nicht einmal denken. Sie waren gezwungen, die Erinnerung an ihre Leidenszeit in sich zu verschließen. Die meisten sind inzwischen gestorben, ohne von dieser Hypothek entlastet worden zu sein. Für sie kam die nach dem Zusammenbruch der SED-Herrschaft beginnende Geschichtsaufarbeitung in der DDR zu spät.

ANMERKUNGEN

1 Karl Wilhelm Fricke, Politik und Justiz in der DDR, S. 14/15.

2 Fricke, S. 95.

3 Alle Angaben aus der Denkschrift werden zitiert nach: »Sowjetische Straflager in der ehemaligen Sowjetischen Besatzungszone«. Materialien zur Pressekonferenz des stellv. Ministerpräsidenten der DDR und Ministers des Innern, Dr. Peter-Michael Diestel, vom 26. Juli 1990.

4 Hans-Peter Range, Das Konzentrationslager Fünfeichen 1945–1948, S. 34.

5 Karl Wilhelm Fricke, Das Prinzip der »sozialen Prophylaxe«, in: »Der Morgen« vom 11.4.1990.

6 Range, S. 35.

7 Gerhard Finn, Die politischen Häftlinge in der Sowjetzone 1945–1958, S. 14.
8 Fricke, Politik und Justiz, S. 55.
9 Bericht von Kurt Noack. Vgl. seine Schilderungen in den Kapiteln über Ketschendorf, Jamlitz und Buchenwald.
10 Brief von Hans-Jürgen Boek an die Herausgeber.
11 Zitiert nach Arkadi Waksberg, Der Drahtzieher der Scheinprozesse, in: »Sputnik. Digest der sowjetischen Presse«, H. 8/1988. Auch die folgenden Zitate wurden hier entnommen.
12 Zitiert nach Günther Birkenfeld, Der NKWD-Staat, in: »Der Monat«, H. 18/1950, S. 634.
13 Birkenfeld, S. 631.
14 Fricke, Politik und Justiz, S. 85.
15 Finn, S. 32.
16 Range, S. 19.
17 Fritz Göhler, Das Beerdigungskommando in Buchenwald, in: »Bundesnachrichtenblatt des Waldheim-Kameradschaftskreises«, Nr. 34/1970.
18 Fricke, S. 88-90.
19 Zitiert nach Birkenfeld, S. 634.
20 Fricke, S. 91.
21 Range, S. 30.
22 Finn, S. 33.
23 Range, S. 31.
24 Christa Schick, Die Internierungslager, in: Martin Broszat/Klaus-Dietmar Henke/ Hans Woller, Von Stalingrad zur Währungsreform. Zur Sozialgeschichte des Umbruchs in Deutschland, S. 309.
25 Fricke, S. 99.

II ERLEBNISBERICHTE UND ANDERE SELBSTZEUGNISSE VON HÄFTLINGEN

KETSCHENDORF

In einer ehemaligen Arbeitersiedlung der Deutschen Kabel-Werke im heute zu Fürstenwalde gehörenden Ort Ketschendorf wurde Mitte Mai 1945 vom NKWD das »Speziallager Nr. 5« eingerichtet. Nach Vernichtung aller Möbel und Einrichtungsgegenstände in sechs Häusern mit je neun Zweizimmerwohnungen sowie in mehreren Einfamilienhäusern trafen die ersten Häftlinge in kleineren und größeren Gruppen zu Fuß im Lager ein. Es waren vor allem Verhaftete aus Berlin und der Mark Brandenburg. Durchschnittlich befanden sich 6000 Gefangene in Ketschendorf. 1946 stieg diese Zahl auf 10000 an, die Häuser waren völlig überbelegt. Neben deutschen Internierten lieferte das NKWD auch etliche Kriegsgefangene und sowjetische Zivilisten (»Ostarbeiter«) ein. Berüchtigt war Ketschendorf vor allem wegen seiner hohen Zahl von gefangenen Jugendlichen (mehr als 1600), die unter »Werwolf«-Verdacht dorthin verschleppt wurden.

Anfang 1947 begann die Auflösung des Lagers. Die Häftlinge wurden nach Frankfurt/Oder, Jamlitz, Mühlberg und Fünfeichen transportiert. 2000 kamen in sowjetische Zwangsarbeitslager. Am 17. Februar 1947 wurde das Lager endgültig aufgelöst. Ein Restkommando von 50 Internierten mußte im April 1947 ins KZ Buchenwald.

Mindestens 6000 Häftlinge sind infolge der Haftbedingungen in Ketschendorf gestorben. Sie liegen in Massengräbern nahe der Autobahn von Magdeburg nach Frankfurt/Oder. 1951/52 wurden auf den Gräbern mehrere Wohnhäuser gebaut.

Kurt Noack

»Jeder schien vor sich hin zu faulen«

Kurt Noack, Jahrgang 1930, mußte wie viele seiner Altersgefährten während der letzten Kriegsmonate in Hitlers »Volkssturm« dienen.

Zum Einsatz gegen die Rote Armee kam er selbst nicht mehr. Zusammen mit rund 1600 vierzehn- bis achtzehnjährigen Altersgenossen wurde der aus Groß-Kölzig stammende Jugendliche im Herbst 1945 vom sowjetischen Geheimdienst in das Internierungslager Ketschendorf verschleppt. Die Jungen wurden beschuldigt, der faschistischen »Werwolf«-Organisation angehört und Verbrechen gegen die Sowjetunion begangen zu haben. Mit von Schlägen begleiteten Verhören in NKWD-Kellern begann für Noack ein dreijähriger Leidensweg durch die Lager Ketschendorf, Jamlitz und Buchenwald. Als von uns ausgewählter exemplarischer Fall wird Kurt Noack in den entsprechenden Kapiteln über jeden seiner Leidensorte berichten.

Gemeinsam mit meiner Mutter erntete ich auf dem kleinen Pachtland meines Vaters am 30. Juli 1945 Getreide. Von hier wurde ich weggeholt und gemeinsam mit einem Kameraden am Bahnhof einem Mann in Zivil übergeben. Der gab uns mit Hinweis auf seine in der Gesäßtasche befindliche Pistole zu verstehen, was geschähe, wenn wir an Flucht denken sollten. Uns beiden galten die ersten Verhaftungen in Kölzig. Wir gehörten zu einer der »Werwolf»-Tätigkeit verdächtigten Gruppe von fünfzig Jugendlichen meines Heimatdorfes und weniger Nachbarorte, die denunziert und verhaftet wurden. Keiner war älter als sechzehn Jahre. Unser Verbrechen bestand darin, daß wir in den letzten Tagen des »Dritten Reiches« für kurze Zeit in das allerletzte Aufgebot der Nazis verpflichtet worden waren, dort Uniformen und Waffen bekamen und in ihrer Handhabung unterrichtet wurden, ohne sie je auf Menschen gerichtet und aktiv gebraucht zu haben.

Zu Fuß ging es in eine GPU-[richtig: NKWD-, d. Verf.] Dienststelle nach Noßdorf. Wir wurden im Hausflur von zwei Polen, die bei der GPU dolmetschten, übernommen. Mit dem Gesicht zur Wand und erhobenen Händen mußten wir unsere Namen sagen. Dabei bekam mein Kamerad seine ersten Schläge. Den Schläger störte die Beifügung »von« in seinem Namen. Er wiederholte sie mehrmals und schlug meinem Kameraden dabei sichtlich vergnügt im Takt von hinten ins Gesicht. Für diesen waren das die ersten, aber keineswegs die letzten Schläge. Beim Verhör in Guben, wenige Tage nach diesem Auftakt, bekam er die Reitpeitsche eines vernehmenden Majors zu spüren, weil er nicht zugeben wollte, wessen sie uns bereits von vornherein für überführt hielten. Die Wahrheit war, daß wir weder Waffen besaßen noch sie irgendwo in Verstecken verborgen hielten.

Im Noßdorfer Keller befanden sich schon andere Leidensgenossen. Abends gingen die Verhöre los. Ein Zelleninsasse kam mit blutendem Gesicht zurück. Der polnische Bewacher verlangte von uns, ihn stehen und nicht sitzen zu lassen, wenn es uns nicht genauso ergehen solle. Wir überließen die Entscheidung darüber den Kräften des Geschlagenen. Bald wurde die Tür aufgerissen und mit einer Taschenlampe hereingeleuchtet. Wir blieben unbehelligt, die zweite Runde Prügel bekam der arme Kerl an Ort und Stelle.

Einige von uns wurden aussortiert und nach Guben gefahren. In der Gubener GPU-Dienststelle Mittelstraße wurden wir wieder in Kellerräume gesperrt. In den Verhören dort machte man uns klar, daß wir der »Órganisazia Gitlerjugend, Gruppa Werwolf« angehört und jetzt die Verstecke anzugeben hätten, in denen unsere Waffen verborgen seien. Keiner von uns konnte diese Verdächtigungen bestätigen.

Am 4. August wurde ein Teil von uns, zu dem auch ich gehörte, freigelassen. Was zu dieser Freilassung geführt hatte, blieb uns verborgen. Am 9. August wurde ich abermals verhaftet. Das besorgte diesmal ein Russe in Zivil. Noch im Verlauf des Abends kamen weitere Kölziger Jugendliche dazu, mit denen ich seinerzeit gemeinsam bei einer HJ-Einheit in Tschernitz war. Damit war erneut klar, wem die Verhaftungsaktionen galten. Erneut ging unser Weg nach Guben. Wieder nahm mich der Keller in der Mittelstraße auf. In einer Zelle lag ich mit Gubens SA-Führer Apelt zusammen. Das machte mir klar, wie »wichtig« wir Jungs, obwohl fast noch Kinder, den vernehmenden Offizieren waren.

Wieder wurde verhört und protokolliert. Die oft nachts veranstalteten und sich überwiegend bis in die zweite Nachthälfte erstreckenden Verhöre machten jedem von uns zu schaffen, weil es dabei um Dinge ging, die erfunden waren, und jeder über den anderen ausgefragt wurde. Die vernehmenden Offiziere glaubten uns nicht und versuchten deswegen mit verschiedenen Mitteln, die gewünschten Aussagen zu erzwingen. Wir wurden geschlagen. Nur wenige blieben davon verschont. Geschlagen wurde auch mit Hilfsmitteln, mit Holzknüppeln beispielsweise oder mit dem Pistolenknauf. Die dichten blonden Locken eines Kameraden verleiteten den Vernehmer, hineinzugreifen und ihn mit dem Kopf mehrmals gegen die Wand zu schlagen.

Nach mehreren Verhören wurde ich am 17. August als einziger wieder freigelassen. Für meine Freunde ging die Haft weiter. Keiner wußte, warum, keiner kannte sein Urteil. Sie wurden alle per Pferdegespann nach Cottbus gebracht und von dort in einem drei Tage dauernden Fußmarsch, als Gruppe von etwa 140 Mann, in das Lager Ketschendorf bei Fürstenwalde verschleppt.

Doch meine Freude währte nur kurze Zeit. Am 24. Oktober wurde ich zum dritten Male verhaftet. Ein überaus leidvoller Lebensabschnitt begann für mich. Über die Zwischenstation Cottbus brachte man mich nach Forst in das dortige Gerichtsgebäude. Dort wurde ich von neuem verhört. Wieder ging es um den Besitz von Waffen. Neu war der Verdacht, ich sei im Besitz von Gift. Neu war auch die Frage, wie viele Offiziere ich erschossen hätte und ob ich Lkws mit der Panzerfaust abgeschossen hätte. Die Verhöre wurden sorgfältig protokolliert. Als Problem erwies sich immer die Übersetzung des Gesagten durch die Dolmetscher, die meist nur geringfügige Deutsch-Kenntnisse besaßen. Das Protokoll wurde jeweils am Schluß des Verhörs vorgelesen und mußte von mir unterschrieben werden. Wies ich auf Fehler hin, brachte mir das Drohungen ein. Am Ende stand meine Unterschrift dann doch unter dem Protokoll. Jedoch wußte ich nie genau, was ich unterschrieb. So ergab sich am Ende eine stattliche Akte, die ich einmal im Lager Ketschendorf in vollem Umfang zu sehen bekam.

Es passierte auch, daß mein Verhör damit beendet wurde, daß man mir Zeit bis 24 Uhr ließ, damit ich über die Wahrheit nachdächte. Sollte ich dann noch immer lügen, würde ich erschossen. Daran glaubte ich fast, als um Mitternacht das Schlüsselbund rasselte. Ich blieb aber bei meiner Wahrheit, weil mir andererseits auch der Begriff Militärtribunal geläufig war. Das bedeutete Aburteilung und Sibirien. Sibirien war mit dem gleichzusetzen, was ich von den Nazis wußte. Von Erschießungen aber hatte ich noch nichts gehört.

Am 2. November früh wurde ein Transport zusammengestellt. Für drei Tage kam ich wieder nach Cottbus, dann erfolgte in den Morgenstunden des 5. November ein neuerlicher Transport mit unbekanntem Ziel. Es war eine Gruppe von etwa fünfzig Mann, in deren Mitte ich mich auf einem offenen Lkw befand. Aus der Luke des Fahrerhauses bewachte uns ein Soldat mit MPi. Wir wußten nicht, wo wir uns befanden, als wir noch in der Dunkelheit den Lkw verließen. Grünbemützte Posten führten unsere Gruppe durch eine »Schleuse« in eine von Stacheldraht, Wachtürmen und einem Bretterzaun umgebene Wohnsiedlung aus zweigeschossigen Häusern: das Lager Ketschendorf.

Wir mußten nackt an Russen in weißen Ärztekitteln vorbeimarschieren und wurden gefilzt. Danach brachte man uns zum Entlausen in den Keller eines Hauses am Ende des Lagers. Hier hatte ich den ersten entsetzlichen Eindruck. Nackte, abgezehrte Gestalten saßen da und warteten auf ihre dünne, abgerissene Kleidung, die sich in der Hitze einer Entlausungskammer befand. Es waren Gefangene, die schon seit Wochen und Monaten, vielfach seit dem frühen Sommer dem Hunger ausgesetzt und in der Mehrheit von Krankheit und den unmenschlichen Lagerbedingungen gezeichnet waren. Alle waren an Kopf und Körper kahlgeschoren. Wer von den Neuankömmlingen noch nicht glatzköpfig war, verlor hier seine Haare. Der Anblick der Gestalten in dieser Entlausung zählte zu den nachhaltigsten Eindrükken, die ich in der ersten Zeit im Lager gewann. Nie zuvor sah ich so etwas. Ich fand ähnliches später nur in den Bildern aus Nazi-KZs wieder.

Die Temperaturen bei der Entlausung reichten in der Regel nicht aus, um alles Ungeziefer zu töten. Oft genug hatten wir später den Eindruck, daß die Läuse durch die Wärme schneller aus den Nissen krochen, sich die Plage mit allen Arten von Ungeziefer am Körper und in der Kleidung durch die sich in Abständen wiederholenden Entlausungen nur noch vergrößerte. Kleider- und Kopfläuse, Flöhe und Wanzen wurden wir nicht los. Andererseits machten die Entlausungen unsere Kleidung brüchig und verkürzten ihre Lebensdauer.

Zum Zeitpunkt meiner Einlieferung mögen reichlich dreißig Jugendzüge im sogenannten Haus 1 existiert haben. Diese Zahl erhöhte sich bis Jahresende durch Zugänge aus den verschiedenen GPU-Dienststellen des Ketschendorfer Einzugsgebietes um etwa weitere vier bis fünf Züge. Jeder Zug bestand aus fünfzig Mann, so daß sich zu dieser Zeit etwa 1600 Jugendliche in Ketschendorf befunden haben mögen – in einem Haus mit zwei Eingängen und jeweils sechs Wohnungen mit Kellern. Während der ersten Tage fand ich nur einen Platz auf der oberen Treppe im schon kalten Hausflur. Auf den Treppenstufen schlief ich auch.

Dann wurde ich dem Keller 7 zugeteilt. Mein erster Kelleraufenthalt dauerte nur wenige Tage. In Kellern lag ich dann nochmals für längere Zeit im Sommer des folgenden Jahres. In jedem der größeren Räume und den Kellern, kaum größer als jeweils achtzehn Quadratmeter, lebten in unbeschreiblicher Enge vierzig bis fünfzig Mann. Die kleinen Küchen boten Platz für rund fünfzehn Mann. Zu jeder von uns belegten Wohnung gehörte ein Badezimmer mit Klo und Badewanne, in der sich das Wasser zum Spülen befand. Von ihm wurde leider auch getrunken, wenn Not war für die, die durch Krankheit und Hunger ihren Widerstandswillen bereits verloren hatten und schwach geworden waren. Das führte immer zur Ruhr mit ihren unerbittlichen Folgen, ihrem fast aussichtslosen Verlauf. Ein Beispiel dafür war ein Fabrikantensohn aus Wittenberge, der nach dem Genuß fauliger Mohrrüben aus dem gefrorenen Abfall vor der Küche von diesem Wasser trank und danach nur noch Tage lebte.

Wir hatten in allen Räumen gerade Platz genug, wie in einer Sardinenbüchse nachts auf der Seite zu liegen und uns gemeinsam umzudrehen, wenn dazu von jemandem der Ruf kam. Eine gewisse Auflockerung trat 1946 ein, als wir aus altem Material eines abgerissenen Kriegsgefangenenlagers drei Stock hohe Pritschen, Regalen gleich, bauen durften. Viele hatten durch das Liegen auf den bloßen Brettern und Dielen oder auf dem Betonboden der Keller durchgelegene Stellen am Körper, die zu großen braunen Flecken auf der Haut, vor allem über Schlüsselbein und Beckenknochen, wurden. Bei einem meiner Freunde stellten sich mit der Zeit erhebliche Deformierungen des Körpers ein. Die Knochen gaben dem harten Fußboden nach.

Tagsüber mußte zur Verrichtung der Notdurft der Donnerbalken hinter den Häusern aufgesucht werden. Das war eine überdachte, lange Grube, vor der ein Balken als Sitz angebracht war. Später gab es eine Änderung auf eine Art französischer Technologie. Nach dieser Methode wurde die ganze Grube mit einer Bretterschalung überdeckt, in die runde Löcher mit entsprechendem Durchmesser eingeschnitten waren. Die verbesserte Technologie hatte allerdings den schmerzenden Nachteil, daß beim Hocken die die meisten Jugendlichen plagende Eiterborke am Gesäß riß, der Eiter zwar abtropfte, sich aber die Erreger neu verbreiten konnten und die Kleidung immer mehr verschmutzte. Papier befand sich unter uns Häftlingen nicht das allerkleinste Stück. Was der Mensch für die Toilette braucht, verrichtete bei vielen ein kleiner Lappen, der nach seiner Benutzung zusammengerollt und wieder in die Tasche gesteckt wurde.

Mit dem Abtransport von knapp 2000 im Lager befindlichen Russen aus der Armee des Überläufer-Generals Wlassow am 28. November lockerte sich die Enge etwas. Die kleinen Häuser an der Lagerstraße wurde dadurch für uns frei. Tausend Gerüchte gingen mit diesem Transport einher, wie später noch so oft. Viele Möglichkeiten waren im Gespräch. Die meisten glaubten an einen Transport aller in Richtung Rußland. Andere meinten, daß wir Weihnachten wieder zu Hause sein würden. So oft solche Parolen auch Hoffnung auslösten, so oft bedrückten sie uns, wenn die Hoffnungen zerrannen. Dennoch gehörten sie zum Lageralltag, sie hielten uns immer in Spannung. Beispielsweise lief immer wieder das Gerücht durchs Lager, daß die Entlassungsscheine schon da wären, man wußte sogar, welche Farbe sie hatten. Für die Kranken und Schwachen bedeutete das einen Strohhalm, an den sie sich mit den verbliebenen Kräften klammern konnten. Es bedeutete aber auch oft das schnelle Ende, wenn nicht eintrat, was erträumt wurde.

Hier, in den kleinen Häusern, stieß ich auf den ehemaligen NSDAP-Kreisleiter von Sorau/Forst, Erich Najork aus Noßdorf. Ich wußte von seiner Zuständigkeit für die Morde an kriegsmüden Soldaten in Forst, die ich am Galgen sah. Najork zählte 1947 zu den Toten von Mühlberg.

Der Winter rückte heran, Weihnachten kam näher, die Stimmung sank. Der erste Winter brachte Kälte und Finsternis in die Unterkünfte. Holz war knapp. Mit Glühbirnen mußte sorgsam umgegangen werden. Wir saßen herum oder hielten uns in Bewegung, beschäftigten uns irgendwie und froren dabei, redeten vom Essen und erzählten von Zuhause. Noch immer glaubten wir daran, daß die Sorge unserer Mütter um ihre verschwundenen Söhne keine Ewigkeit dauern würde.

Früh warteten wir in Gruppen auf Brot, das, in einer Decke getragen, nach dem Zählappell zugweise geholt werden mußte und nicht selten von Ratten angefressen war. Das Teilen kam einer Zeremonie gleich. Sechs Mann teilten sich ein Brot. Einzige gewohnte Beigabe war neben Kaffee ein Löffel Zucker, überwiegend von der ungereinigten, braunen Qualität. Das Brot wurde hauptsächlich mit selbstgebautem Werkzeug zerlegt. Wir bedienten uns dazu eines Drahtes, an dessen beiden Enden je ein Holzgriff zum Anfassen befestigt war, oder eines aus angeschärftem Blech selbstgefertigten Schneidewerkzeuges. Insbesondere der Besitz eines solchen Blechs war streng verboten. Deswegen mußte es sorgsam versteckt gehalten werden. Einer meiner Kölziger Kameraden wurde bei der Benutzung eines dieser »Messer« von Knoke, dem Hauskommandanten, durch das Fenster beobachtet und bestraft. Zehn Tage mußte er dafür in den Bunker.

Eine solche Strafe konnte den Tod bedeuten, wenn sie einen schon nicht mehr Gesunden traf, weil es neben dem einen täglichen schmalen Stück Brot während dieser Zeit nur einmal, am fünften Tag, warmes Essen gab. Es war außerdem nicht gestattet, Decke oder Mantel mit in den Keller zu nehmen, um sich vor dem bloßen Betonboden zu schützen. Unangemessene Strafen für Kleinigkeiten waren von den Russen gewollt und wurden vom deutschen Häftlingspersonal gewissenhaft und rücksichtslos ausgeführt. In diesem Fall überstand das Opfer den Bunker, doch der besagte Kamerad war nach zehn Tagen kaum wiederzuerkennen.

Mittags holten Essenholer jedes Zuges einen Kübel Grützsuppe, die vom Essenausgeber, meist dem Zugführer, verteilt wurde. Abends wurde nochmals Suppe verteilt, die genauso dünn wie mittags war. Die in der Suppe gefundene Grütze entsprach selten mehr als zwei Löffel je Schlag. Ein Fleischstück war die Ausnahme, Fettaugen konnte man zählen, Kartoffeln waren kaum darin. Niemand von uns hatte eine Möglichkeit zur Beschaffung zusätzlichen Essens. Wer aufpaßte, zupfte im Frühjahr eßbares Grün. Jugendliche wurden grundsätzlich nicht den Arbeitskommandos zugeteilt, die innerhalb des Lagers zur Aufrechterhaltung der einfachsten Lebensvoraussetzungen erforderlich waren, wie Küche, Brotfahrer, Holzplatz, Revier, Entlausung, Leichenträger oder andere. Wir hatten noch keine Berufe, waren Schüler oder Lehrlinge, und konnten folglich auch nicht, wie einige wenige Handwerker, den Offizieren irgendwie nützlich sein oder anderswo eine Chance auf zusätzliches Essen nutzen.

Eine Flucht war völlig ausgeschlossen. Uns trennten hoher Stacheldraht und ein mindestens zwei Meter hoher, dicht gefügter Bretterzaun von der Außenwelt. Von letzterem wußten wir, daß er noch mindestens einen halben Meter tief in die Erde eingelassen war. Der Abstand zwischen den Wachtürmen am Zaun entlang war, unserer »Gefährlichkeit« entsprechend, sehr dicht. Vier Stunden hatten die Posten hinter dem MG jeweils Dienst und richteten ihren grimmigen Blick auf das Lager. In frostigen Nächten hörten wir ihre Stiefel auf dem Holz, wenn sie versuchten, die Füße warmzuhalten.

Durch den anhaltenden Hunger und die einseitige Ernährung hatten wir schon im ersten Winter Erscheinungen von Vitamin- und Eiweißmangel. Wir bekamen Wasser – zuerst in den Beinen – und Skorbut, litten unter vielen Furunkeln, Krätze und maßlos viel Eiter. Meine Haut wurde schuppig, das Zahnfleisch blau, die Zähne wurden locker, die Haare dünn und die Fingernägel weich. Alle diese Hungerfolgen prägten sich insbesondere bei uns Jugendlichen stark aus und zeigten sich in dieser Form weniger auf der Haut der älteren Häftlinge, bei denen Rose, Bartflechte und ähnliches dominierten.

Mit der Märzsonne, mit Hilfe eines öligen Mittels gegen die Krätze und später mit etwas Melde und Brennessel in der Suppe besserte sich die Situation etwas. Die Krätze aber blieb in der Regel und machte den meisten noch im Sommer schwer zu schaffen. In meinen Beinen stieg in diesem Frühjahr das Wasser bis in die Oberschenkel, machte aber zu meinem Glück vor dem Bauch halt. Gegen das Wasser erhielten wir unregelmäßig einen Kiefernnadelaufguß, der unübertreffbar bitter schmeckte.

Unser erstes Lagerweihnachten ging undramatisch vorbei. Es wurde zu einer wirklich stillen Nacht, weil Gesang verboten war und auch niemand Lust zu einem Weihnachtslied verspürte. Wir nahmen unsere Lage hin und hofften auf baldige Entlassung. Schmerzlicher war Weihnachten für die Männer, die Frauen und Kinder zu Hause hatten. Es gab sichtbare Beispiele dafür. Im Januar/Februar wuchs die Anzahl der täglich Sterbenden, die damals noch auf den Schultern ihrer Träger, nackt und nur spärlich bedeckt, in ihr Massengrab im nahegelegenen Wäldchen geschleppt und hineingeworfen wurden.

Meine Verfassung in der Zeit des Februar 46 prägte sich mir nachhaltig ein. Schon einige Zeit lief ich auffällig durchs Lager, die Arme in der Waagerechten, weil eine dicke Eiterborke in beiden Achselhöhlen und an den Seiten des Brustkorbes jede andere Armhaltung unmöglich machte, sonst wäre die Borke gerissen und hätte mir Schmerzen bereitet. Zu allem Eiter und den vielen Furunkeln am Kopf, am Gesäß und an den Beinen gesellte sich dann noch ein Riesenabszeß in der linken Leistenbeuge, dessen Oberfläche blaugrün, hart und sehr schmerzend war. Dadurch konnte ich schließlich kaum noch laufen. Das entnervte mich zusehends, nahm mir Kraft und Mut. Bevor man mich am 20. Februar ins Lazarett schleppte, verabschiedete ich mich von einem Kölziger Kumpel, als sähen wir uns zum letzten Mal – mit Gruß nach Hause, falls er durchkommen sollte, und der Übergabe meiner Habseligkeiten.

Im Lazarett, Revier nannten wir es auch, kam ich am nächsten Tag in die Hände von Doktor Rosaljewitsch, des pockennarbigen russischen Arztes, der wegen seiner Dienste für Wlassow selber Häftling und seltsamerweise noch im Lager verblieben war. Nackt lag ich auf einem gewöhnlichen Tisch. Mit einer Schere brachte er mir einen Schnitt bei. Mein Schrei muß tierisch gewesen sein. Was herauskam, war viel, fast schwarz und roch nicht gut. Nach genauem Hinsehen stellte er in den Achselhöhlen noch je einen Schweißdrüsenabszeß fest. Das Verfahren der Behandlung war das gleiche, und die Schere muß auch dieselbe gewesen sein.

In meinem Krankenzimmer sah ich fast nur Eiternde. Im Raum standen aus Holz gezimmerte schmale Pritschen mit je einem apathisch daliegenden Kranken. Die meisten hatten offene, als Folge von Ödemen geplatzte Beine, die mit Hilfe untergelegter Steine so hoch lagen, daß Bratpfannen oder flache Töpfe darunter Platz hatten. Hier hinein tropfte der stinkende Eiter. Einige wimmerten, jeder schien vor sich hin zu faulen. Behandelt wurde nicht, falls nicht gerade eine Standardsalbe oder Jod passend waren.

Ein Sanitäter gab mir einen Platz im hinteren Teil des Raumes zwischen zwei Pritschen auf dem Fußboden. Ich überlegte trotz meiner geschundenen Psyche. Klar war mir zweierlei: Zuerst mußte ich hier auf dem schnellsten Wege raus, um nicht für mich den Weg in die Massengräber zwischen Lagerzaun und Autobahn ganz kurz zu machen. Zum zweiten brauchte ich einen Platz auf den Pritschen, um nicht getreten zu werden. Es klingt makaber, aber meine Aufmerksamkeit galt dem rechten Nebenmann. Ich hatte bereits genug Erfahrung, um einschätzen zu können, daß sein leises Stöhnen nicht mehr lange dauern würde. Noch war es wahrnehmbar. Ich versuchte deswegen, nach dem Dunkelwerden wach zu bleiben, um den Sanis zuvorzukommen und die Platzfrage selbst zu regeln. Irgendwann war es dann auch soweit, daß der Kamerad neben mir schließlich ausgelitten hatte. Ich tauschte den Platz mit ihm. Der Vorzug der Pritsche konnte ihm ohnehin nichts mehr nützen. Ich hoffte, daß der Tausch nicht auffallen würde, wenn die Sanis früh kamen.

Durch den Tod des Nebenmannes kam ich unverhofft zu seinem letzten Brot, das am Kopfende lag, sowie zu seinen Schuhen. Die Schuhe waren von großem Nutzen, weil meine eigenen mir erst bei der letzten Entlausung weggekommen waren und ich immer Angst davor hatte, nur meine selbstgebauten Pantinen an den Füßen zu tragen, wenn es einmal auf Transport gehen sollte.

Ich habe oft darüber nachgedacht, ob mein Umgang mit dem toten Kameraden richtig war. Eine Antwort konnte ich mir nicht geben. Genau ein Jahr danach, im strengen Frost des Februar 1947, war es in Jamlitz normal, daß die nachts Verstorbenen morgens unbekleidet auf ihrer Pritsche lagen. So verbesserte der Tod des einen die Chancen der anderen. In Ketschendorf wußten wir, daß die Sanis Goldzähne an die Russen weitergaben und Speck dafür bekamen.

Meine nächtliche Tat blieb unbemerkt. Der Kumpel wurde hinausgetragen, und ich behielt meinen Platz, ohne daß die Sanis mitbekamen, wer nun wer war. Es ging sowieso alles namenlos zu, wenn man von der Vernehmungsakte jedes einzelnen in der Kommandantur absieht, die mit Sicherheit keinen Vermerk erhielt nach dem Abgang in das Massengrab. Für die meisten der mehr als 4000 in Ketschendorf bis Februar 1947 Umgekommenen begann der Weg dorthin im Lazarett. Von hier kamen die Toten in den hinter dem Gebäude liegenden Erdbunker, zu dem die Ratten ungehindert Zutritt hatten. Ich sah Löcher in den Gliedmaßen der Toten, wenn das Leichenkommando auf dem Weg zum Tor meistens früh am Jugendhaus vorbeikam und Arme oder Beine von den Tragen hingen. Es war täglich die gleiche Zeremonie. Wir entblößten zu Ehren der toten Leidensgenossen unsere Häupter und verharrten still. Auch das wurde Alltag. Ein oben abgeschnittener Zirkuswagen war später dann das Transportmittel für die tägliche tote Fracht nach draußen.

Der Winter ging vorbei, und wir hatten noch lange mit seinen Auswirkungen auf unseren körperlichen Zustand zu tun. Unsere Verfassung war schlecht. Ein Kamerad aus Klein-Kölzig, sechzehn Jahre alt, litt zunehmend unter Wasser und deswegen unter Durst. Er kannte die damit verbundene Gefahr, widerstand ihr aber nicht. Wir versuchten, ihn zu kontrollieren und vom Trinken abzuhalten. Das Wasser erreichte seinen Bauch, machte den Hoden groß. Nur wenige Tage lebte er noch. Anfang April starb er. Viele aus unserer Gruppe folgten ihm und wurden im Wäldchen an der Autobahn verscharrt.

Ich zählte inzwischen zu den Dystrophikern der Gruppe vier [das war der stärkste Abmagerungsgrad – d. Verf.]. Diese Einstufung nutzte mir allerdings nichts. Ich blieb es für lange Zeit. So abgezehrt war ich, daß meine Mütze beim Herabrutschen an den Backenknochen hängenblieb oder das Wasser aus den Vertiefungen am Schlüsselbein nach dem gelegentlichen Duschen nicht ablief. Die Beine waren spindeldürr, mein Blut war wäßrig und dünn. Die Fingernägel wurden weich, die Haut schuppig. Ich hatte Anzeichen von Skorbut. Mein Kopf schien hundert Ecken zu haben. Die Krätze war noch lange nicht abgeheilt.

Die stärker werdende Sonne half uns. An warmen Tagen saßen wir auf den Fensterbrettern und hielten unseren Allerwertesten in der Hoffnung auf Heilung in die Sonne. Die Furunkulose am Hintern nannten wir Streuselkuchen, weil die Eiterborke so dicht wie Streusel auf einem Kuchen war. Dieses tolle Bild fiel schließlich einem dicken Major unangenehm auf, und er verbot uns diese Art der Therapie. Wir zögerten auch nicht, ohne Hose im Lager herumzulaufen, und hielten uns dabei das Hemd weit vom Leibe, auch unter den Augen der Frauen aus dem benachbarten Zwinger. Jedes Mittel war uns recht. Dazu zählte selbst der eigene Urin, mit dem wir die kranke Haut behandelten. Das war eine schmerzhafte Prozedur, es brannte und tat gräßlich weh. Urin benutzten manche auch gegen Halsentzündungen, sie gurgelten damit und schworen darauf. Allerdings – und dabei hoben sie den Finger – ginge das nur mit gesundem Urin. Wer aber wußte schon, was an uns noch gesund war und was nicht? Den vielen Wucherungen von wildem Fleisch an den überall vorhandenen Furunkeln begegneten wir mit dem Aufstreuen von Zucker. Manche glaubten, Erfolge beobachten zu können. Gegen Wasser schützten wir uns, indem wir eine Kiste an den Ofen stellten, uns auf den Fußboden legten und die Beine auf der Kiste in die Wärme des Ofens hielten.

Es gab kaum Medikamente. Den Ärzten stand nicht einmal das Allernotwendigste zur Verfügung. Ihnen begegneten Krankheiten, die es im normalen Leben vielleicht gar nicht gab. Ich sah einmal Fiebertabletten, auch von Wassertabletten war die Rede. Sonst gab es nichts, keine Mittel gegen Durchfall und Ruhr, nichts gegen Erkältungen und Lungenentzündung, kein Verbandsmaterial, nur Jod in verschiedenen Farben. Wir bekamen Fichtennadeltee gegen Wasser, Medigal gegen Krätze sowie die von Doktor Rosaljewitsch erfundene Salbe gegen Furunkel und offene Beine. Zahnbehandlung war unbekannt. Vielen wäre das Leben erhalten geblieben, hätten die Ärzte die Möglichkeit gehabt, wäßrige Erscheinungen an Lunge und Rippenfell durch Punktieren zu behandeln.

Wir waren der völlig unzulänglichen Lagerhygiene hilflos ausgesetzt. Es gab kein Papier für den bekannten hinterlistigen Zweck. Niemand besaß eine Zahnbürste, jeder hatte Ungeziefer, war schmutzig und mühte sich, den Eiter aus seiner Wäsche hin und wieder mit Wasser zu entfernen. Gelegentlich bekamen wir Waschpulver, wuschen damit unsere Kleidung und säuberten damit auch den

Fußboden, worauf von den beiden russischen Lagerärztinnen und vom deutschen Häftlingskommandanten Knoke großer Wert gelegt wurde. Knoke verordnete zusätzlich Backsteine, mit denen wir die Dielen unter Zuhilfenahme von Wasser in einen Zustand zu versetzen hatten, der gehobeltem Holz gleichkam.

Geachtet wurde auch darauf, daß wir regelmäßig kahlgeschoren wurden und auch sonst alle Körperhaare verloren. Die Sanis machten sich mit viel Geschick selbst zwischen den Beinen zu schaffen. Trotzdem verloren sich die Kopf- und Filzläuse nie.

Als einzige Wasserquelle stand uns eine Handpumpe zur Verfügung, dazu – außer dem Duschkeller in der Entlausung – während der frostfreien Zeit zwei offene Waschanlagen, wo das Wasser aus durchlöcherten Rohren in eine Krippe lief. Das waren auch die Stellen, wo die Eßgefäße gesäubert wurden, sofern man sie nicht mit den Fingern von den Resten der Suppe befreien mußte.

Ende Mai zeigten sich bei mir Ruhrsymptome, deren deutlichste Form wir im blutigen Stuhl erkannten. Glücklicherweise bestätigte sich der Verdacht bei mir nicht. Der Essensentzug bei Ruhr war die Ursache dafür, daß manche die beginnende Krankheit verheimlichten. Deswegen waren Klosettwachen eingesetzt, die jeden Stuhl zu überprüfen hatten.

In dieser Zeit lernte ich Marianne Simson kennen, die im Frauenzwinger saß und dem Arbeitskommando angehörte, das im Lazarett Dienst tat. Ich kannte sie als Schauspielerin aus mehreren Filmen. Marianne Simson war eine von etwa 500 Frauen, von der Schülerin bis zur Greisin, die in einem Stacheldrahtzwinger gegenüber unseren Häusern untergebracht waren. Es genügte für die Jüngste die Mitgliedschaft beim BDM, um verhaftet und nach Ketschendorf gebracht zu werden. Es sollen in Ketschendorf drei Kinder geboren worden sein, deren Mütter schon bei der Verhaftung schwanger waren. Die Unterkünfte im Frauenlager waren genauso überbelegt wie bei uns, bis zu vierzig Personen in einem Raum. Einigen Frauen waren die Kopfhaare geschoren worden, vielleicht der Läuse wegen. Allein aus Forst waren zwei Mädchen im Lager, deren Väter unter uns weilten. Max Klein, der im Februar '47 in Jamlitz umkam, mußte in den Bunker, weil seine sechzehnjährige Tochter ihm ein Stück von ihrem Brot zuwarf, was genauso verboten war wie das Gespräch durch den Stacheldrahtzaun. Ein anderes Mädchen bekam ebenfalls drei Tage wegen eines Stückes Brot für ihren Vater. Die Kommandantin des Frauenlagers hieß Hertel.

Im Männerlager befanden sich außer einem Amerikaner zwei Inder, die durch ihre Kopfbedeckung und die braune Hautfarbe auffielen. Diese Tatsache war für uns kaum erstaunlich, denn wir wußten, daß damals schon der Schein genügte, um der Spionage verdächtigt zu werden. In solchem Falle war es dem NKWD völlig egal, ob der Verdacht Inder, Amerikaner oder Deutsche, Kinder oder Greise traf.

In einem der Züge des Hauses 4 lebte noch im Sommer ein Häftling – Tee-Großkaufmann in Danzig soll er gewesen sein –, der bei den Verhören nach seiner Verhaftung eine so üble Behandlung erfahren hatte, daß er den Verstand verlor. Ich erlebte ihn seit 1945 nie anders als so: Kopfschüttelnd oder -nickend mit nach vorn gerichtetem Blick, mit immer unruhigen Händen, ständig laufend, gab er fortwährend und monoton von sich: »Stalin Scheiße, Hitler Scheiße, alles Scheiße, nicht stehenbleiben, so schön weitergehen! Stalin Scheiße, Hitler Scheiße, alles Scheiße . . . « Und das den ganzen Tag, über Monate hinweg. Jeder von uns bedauerte ihn. Ein tragischer Fall, der irgendwann ein Ende durch den Tod fand. Der Mann muß in Ketschendorf geblieben sein, denn er tauchte weder in Jamlitz noch in Neubrandenburg je wieder auf.

Ich holte manchmal Leute in unsere Unterkunft, die uns von ihren Erinnerungen an ihre Berufe erzählten. In der Regel war das mit einer kleinen Brotzuwendung verbunden. So brachten wir Abwechslung in unseren Alltag, der eigentlich aus nichts anderem bestand, als auf die Brot- und Essenholer zu warten, aus Läuseknacken, dem Rundgang auf dem Platz hinter den Häusern 2 und 3 und aus Gesprächen über Themen, die Hungernde bewegen. Ich beschäftigte mich viel mit meiner Nähnadel, konnte auf einfache Weise schließlich stricken, beschäftigte mich mit dem selbstgebauten Schachspiel. Schachspielen war das einzige, was die Sowjets gestatteten. Außerdem lösten wir Kreuzworträtsel, die wir uns untereinander aufgaben. Dazu benutzten wir glatte Brettchen und Stifte aus Aluminiumdraht als Schreibutensilien. Seitdem wir Waschpulver bekamen, hatten wir auch Skatkarten von kleinem Format, die wir aus den Verpackungen anfertigten. Skatspiel und Rätselraten mußten wir allerdings vor den Augen von Knoke, der Sergeanten und der Ärztinnen verborgen halten.

Am 10. Juli 1946 überraschte uns eine große Krätzeuntersuchung. Wir suchten nach Erklärungen für das plötzliche Interesse der Russen an unserer Hautsituation. Natürlich kamen sofort die alten Gerüchte auf. Die einen wollten von einer Entlassung gehört haben, wir müßten nur erst einmal alle gesund sein. Die Pessimisten glaubten wieder an einen Transport nach Rußland. Dieser Tag der Krätzeuntersuchung könnte Pfingsten gewesen sein, genau der Tag, an dem die Freie Deutsche Jugend [FDJ – d. Verf.] in Brandenburg an der Havel ihr Gründungsparlament durchführte und eine neue Politikergeneration gebar. Davon wußten wir nichts, aber es verhielt sich doch so: Nicht alle durften am neuen Leben teilnehmen. Wir waren bei ständiger Lebensgefahr dazu verdammt, für die politischen Fehler unserer Elterngeneration zu büßen, unabhängig davon, ob die Väter Nationalsozialisten oder Kommunisten waren, und wir hatten schließlich auch zu büßen für die im deutschen Namen während des Krieges begangenen Verbrechen an Leben und Freiheit ebenso unschuldiger Menschen, wie wir es waren.

Wir wußten überhaupt nicht mehr, was draußen geschah, seitdem die Zugänge aus den Gefängnissen und GPU-Kellern ausblieben. Aus Losungen, die auf Waggons der am Lager vorbeiführenden Eisenbahn gemalt waren, erfuhren wir, daß es draußen eine neue Partei gab, daß eine Wahl stattfand und Listen dabei eine Rolle spielten. Mehr aber blieb uns durch unsere hermetische Abschottung von der Außenwelt verborgen. Wir wußten nichts von unseren Familien, sie wußten nichts von uns. Für alle war das hart.

Wir gingen dem zweiten Ketschendorfer Winter entgegen. Er sollte nicht nur von den Temperaturen her schlimm werden. Die Rationen waren seit dem 4. November 1946 stark herabgesetzt worden. Dafür sollte es einen Befehl der obersten russischen Verwaltung gegeben haben. Später erfuhren wir, daß auch die Häftlinge in Jamlitz von dieser Essenskürzung überrascht worden waren. Die Brotportion betrug fortan nur noch um die 300 Gramm, die Suppe verlor schlagartig ihre festen Bestandteile. Diese Verschlechterung des Essens traf uns böse. Wir versuchten auszurechnen, für wie viele Wochen die Kraft noch reichen würde.

Illusionen hatte niemand. Die Hoffnung, zu überleben, verringerte sich ständig. An eine Entlassung glaubte zu dieser Zeit kaum noch jemand. Das Stimmungstief war deutlich. Daran konnten auch die bei Häftlingen älterer Jahrgänge mit den Namen von Frau und Kindern oder dem Ruf »Heim zu Mutti!« bestickten Jacken und Mäntel nichts ändern. In diesem Winter lag für die meisten der Gedanke näher, daß niemand mehr aus dem Lager herauskommen würde. Zu viele waren schon ihren letzten Weg in die Massengräber im Wäldchen gegangen. Ende 1946 entstand als Folge von Hunger und Kälte eine allgemeine Resignation.

Unsere Kleidung war zu dieser Zeit naturgemäß schon mehr als dürftig, denn wir trugen ja Tag und Nacht dieselben Sachen auf dem Körper, weil wir auf bloßen Brettern oder anfangs lange Zeit auf dem Betonfußboden der Keller lagen. Neue Sachen wurden nur in dem Maße verteilt, wie Verstorbene noch Brauchbares hinterließen. Viele von uns steckten auch in abgetragenen Sommeruniformen der Russen. Alle Gewebe waren durch die zahlreichen Entlausungen dünn geworden. Die Unterwäsche war steif vor Dreck. Ich erinnere mich, daß mein Hemd durch den Eiter stand. Auch Hosen habe ich stehen sehen. Waschen im Winter war unmöglich.

Weihnachten 1946 gab es eine Lektion »Frohe Weihnacht auf russisch«. In vielen Unterkünften der Jugendlichen waren im Verlaufe des Dezembers Ecken entstanden, die an das Fest erinnern sollten. Aus Kiefernzweigen, die für den Teeaufguß in das Lager gebracht wurden, aus kleinen Figuren, zumeist aus Seife geformt oder aus Holz geschnitzt und mit Waschpulver als Schnee überpudert, entstanden wirklich kunstvolle Hinweise auf Weihnachten. Etwa eine Woche vor dem Fest fiel das bei einer Kontrolle unserem Sergeanten negativ auf. Auf seinen Befehl mußten wir alles schweren Herzens wieder entfernen und auf einen Haufen vorm Haus werfen. Warum? Wer wußte das schon.

Der Häftlingskommandant in Ketschendorf hieß Kasimir. Er war selber Häftling, stammte aus einem der baltischen Länder, war Deutscher, sehr ernst, schon etwas älter und trug einen halbsteifen Hut, einen sauberen Anzug und einen Mantel mit Pelzkragen. So kannten wir ihn aus ungezählten Gängen durch das Lager. Er genoß Autorität bei uns, anders als beispielsweise »Bello« Schröder, Polizeioffizier und einer dieser privilegierten Halunken der alten Güte, der Kasimirs Vertreter war und dem auch der Lagerschutz unterstand. Offizierstypen, die, wie Henry Knoke, Polizeichef aus Hannover und unser Hauskommandant, ausgesucht waren, um übereifrig eine Ordnung zu sichern, die uns das Leben noch schwerer machte. Zu diesen uniformierten Postenträgern zählten auch Bruchmann, Sprecher des »Großdeutschen Rundfunks«, oder Siebert, Kriegsgerichtsrat der Nazis, der, wie andere auch, noch in seiner alten Uniform steckte und Langschäfter trug. Sie alle hatten sich gefunden, weil sie sich kannten. Sie lebten von Essennachschlägen, froren nicht, waren sauber und ließen sich nicht nehmen, was ihr Privileg war.

Lagerkommandant war ein Major, dessen Namen wir nicht kannten, hühnenhaft, großgewachsen und dick. Leutnant Lomow war sein Stellvertreter. Dann kamen die Sergeanten. Direkte Probleme hatten wir mit den Offizieren, den zwei Ärztinnen und den Sergeanten nicht, wenn man unberücksichtigt läßt, daß sie die Verantwortung für die menschenunwürdigen Zustände im Lager und den Tod vieler Häftlinge mittrugen. Sie schienen immer ungerührt zu sein und für richtig zu halten, was sie an Elend bei uns sahen.

Anfang 1947 war wieder die Rede von Transporten. Am 16. Januar war ich an der Reihe. Neben einer Anzahl »Alter« wurden mit wenigen Ausnahmen alle A-Züge aufgerufen und nochmals entlaust. Zu diesen Zügen gehörten alle Jugendlichen, die am Tage ihrer Einlieferung in Ketschendorf noch nicht sechzehn Jahre alt waren. Die beiden jüngsten von uns waren zwölf und dreizehn Jahre bei ihrer Verhaftung. Sie wurden gleich nach dem Einmarsch der Russen aufgegriffen und gingen in ihrer Sommerkleidung den Weg nach Ketschendorf. Ich sah sie noch im November fünfundvierzig mit kurzen Hosen. Wenige Wochen später waren beide tot.

Die B-Züge, dazu gehörten die Jugendlichen zwischen sechzehn und achtzehn Jahren, waren für diesen Transport nicht vorgesehen.

Wie ich später erfuhr, brachte man sie nach unserem Abtransport in das Lager Fünfeichen bei Neubrandenburg. Uns aber schaffte man nach Jamlitz.

Konrad Wächter

»Unmittelbar am Abgrund«

Konrad Wächter erlebte das Ende des Zweiten Weltkrieges als Sechzehnjähriger. Als sich die Rote Armee seiner Heimatortschaft bei Spremberg näherte, wurde er zum »Volkssturm« eingezogen. Der Krieg ging zu Ende, ohne daß er einen sowjetischen Soldaten zu Gesicht bekam. Nach seiner Heimkehr begann Konrad Wächter einen Beruf zu erlernen – allerdings nur für kurze Zeit. Am 17. September 1945 wurde er von einem deutschen Hilfspolizisten zur sowjetischen Kommandantur gebracht und fand sich zwei Tage später inmitten anderer Jugendlicher im NKWD-Keller in Spremberg wieder. Über das Cottbuser Gefängnis führte sein Weg nach Ketschendorf.

Am 27. September wurden wir auf einem Lastwagen in das Lager Ketschendorf, heute Fürstenwalde-Süd, überführt. Ich traf hier einige Jugendliche meines Ortes wieder. Andere kamen in den folgenden Wochen. Insgesamt waren wir wohl fünfzehn oder sechzehn, alles Jungen, mit denen ich zusammen im Volkssturm war, bis auf einen, der uns offenbar denunziert hatte. Die Hälfte dieser Jungen hat das Lager nicht lebend verlassen. In diesem Lager war ich bis zur Auflösung im Januar/Februar 1947.

Nach meiner Erinnerung befanden sich maximal 10000 bis 12000 »Inhaftierte« im Lager, davon zirka 1500 Jugendliche im Alter ab vierzehn Jahre und zirka 500 bis 800 Frauen. Unter den Insassen befanden sich auch Ausländer, in erster Linie die sogenannten »Ostarbeiter«. Die Unterbringung war katastrophal. Die Siedlungshäuser waren selbst in den Kellern belegt. Geschlafen wurde auf dem blanken Fußboden. Die Verpflegung bestand aus 500 Gramm Brot und zweimal einem Dreiviertelliter Suppe aus Wasser und Grütze, wobei die Grütze den Bodensatz bildete. Wenn die Lagerbäckerei eine Havarie hatte oder in der Lagerküche ein Kessel defekt war, kam es auch vor, daß die Ration gekürzt wurde. Mein erstes Eßgeschirr war eine verrostete Konservenbüchse. Erst später kam ich, ich weiß heute nicht mehr wie, zu einer grauen Emailleschüssel, die mich bis zum Ende meiner gesamten Lagerzeit begleitete. Mein Eßbesteck bestand aus einem russischen Holzlöffel, ähnlich denen, die heute schön bemalt für viel Geld als russisches Souvenir gehandelt werden.

In besonders schlimmer Erinnerung habe ich den ersten Winter 1945/46. Mit Einbruch des Winters entfiel auch das Waschen, da die im Freien aufgebauten »Waschanlagen« unbenutzbar waren. Fließendes Wasser gab es nicht, die wenigen Pumpen waren eingefroren. In den Räumen war es kalt. Es gab kein Heizmaterial. Die Sachen wurden nicht mehr ausgezogen. Die Sterberate war die höchste meiner gesamten Lagerzeit. Ich erinnere mich, daß an einigen Tagen das Totenkommando zweimal fahren mußte, weil an einem Tage über fünfzig Lagerinsassen gestorben waren. Es gab eigentlich nichts, was auf ein Überleben hoffen ließ. Ich selbst bin in dieser Zeit, wie man so sagt, dem Totengräber von der Schippe gesprungen. In meinem Körper hatte sich eine ziemliche Menge Wasser angesammelt. Da man sich so gut wie nie auszog und ich sogenannte Überfallhosen trug, ist mir die Sache nicht aufgefallen. Eine angeordnete Läusekontrolle – Läuse, Flöhe, Wanzen waren an der Tagesordnung – war meine Rettung. Denn dabei entdeckte ich die Bescherung. Ich erinnere mich deshalb dieser Angelegenheit so genau, weil das für das weitere Lagerleben und den Überlebenswillen für mich von entscheidender Bedeutung war. Das Bewußtsein, unmittelbar am Abgrund zu stehen, und die Angst davor, hinabzustürzen, setzten in mir auch Kräfte frei, die letztendlich zum Überwinden dieser lebensgefährlichen Situation führten.

Erst Mitte 1946 verbesserte sich nach meiner Erinnerung die Verpflegungssituation etwas. Die sogenannte »weiße Grütze« wurde dicker, und es gab, glaube ich, täglich 25 Gramm braunen Zucker. Aber auf Grund dieser völligen Einseitigkeit trat trotz des immer vorhandenen Hungers eine allgemeine Appetitlosigkeit ein. Die fehlenden Vitamine führten zu akuten Mangelerscheinungen. Eitrige Ausschläge, die häßliche braune Narben hinterließen, waren an der Tagesordnung. Aufgehalten wurde dieser Zustand erst, nachdem die »weiße Grütze« mit riesigen Mengen Brennesseln etwas aufgebessert wurde.

Völlig unzureichend waren die sanitären Einrichtungen in Ketschendorf. Aus heutiger Sicht weiß ich, daß selbst dann, wenn Kanalisation und Wasserleitungen in Ordnung gewesen wären, die Ver- und Entsorgung für diese Menschenmasse nicht ausgereicht hätten. So blieb nur der etwa 50 Meter lange, gut deutsche »Donnerbalken«, durch den übrigens auch die Läuse auf schnellstem Wege weiterverbreitet wurden. Selbst wenn man frisch von der Entlausung kam (eine Einrichtung, in der mit Hilfe hoher Temperaturen die Kleidungsstükke vom Ungeziefer befreit wurden und in der man jedesmal ratzekahl alle Körperhaare verlor), hatte man schnell wieder neue Tierchen. Erst nach Einführung der russischen Methode, bei der eine Körperberührung des Abtritts ausgeschlossen wurde, konnte diese gefährliche Situation beseitigt werden.

Die Chance, eine Krankheit zu überstehen, war klein. Medikamente gab es nicht. Nur mit eisernem Willen unter strengster Einhaltung aller ärztlich verordneten Hilfsmaßnahmen konnte man eine solche Situation vielleicht bewältigen. Die hohen Verluste von etwa fünfzig Prozent der Lagerinsassen sprechen eine deutliche Sprache. Selbst Zahnschmerzen sollte man sich in Ketschendorf nicht leisten. Entweder sie gingen von alleine wieder weg, oder der Zahn mußte gezogen werden, und zwar ohne Betäubung. Eine Alternative gab es nicht. An diesem »Erbe« trage ich persönlich übrigens schwer.

Es gab auch keine Möglichkeit, alte und verschlissene Kleidungsstücke zu ersetzen. Man kann sich leicht vorstellen, wie weit ein, im günstigen Fall zwei Hemden, zwei Paar Strümpfe, ein oder zwei Unterhosen und Unterhemden bei den beschriebenen Bedingungen reichten. Manch einer war in das Lager gekommen, wie man ihn auf der Straße angetroffen hatte. Er hatte praktisch nur das, was er auf dem Leibe trug. Für diese Mitgefangenen war es besonders hart. Lagerinsassen, die etwas »begüterter« waren, verkauften ihnen dann gegen entsprechende Brotrationen etwas von ihrem »Überfluß«.

Am schlimmsten jedoch war die Untätigkeit. Dadurch verging die Zeit nicht, man wartete von einer Mahlzeit auf die andere. Man hörte die Geschichten der einzelnen zum x-ten Male. Gerüchte entstanden und wurden verbreitet, die immer wieder die nahe Entlassung beinhalteten. Anfangs war man bereit, ihnen zu glauben. Nach dem Winter 1945/46 glaubte kaum noch jemand solchen Parolen. Vielmehr setzte sich immer mehr der Selbsterhaltungstrieb durch. Es wurden erstaunliche handwerkliche Fähigkeiten entwickelt. Aus Kupferdraht, der aus der elektrischen Installation stammte, wurden in geduldiger Arbeit Nähnadeln gefertigt. Fäden zum Nähen lieferten die Bündchen der langen Unterhosen. Ich selbst wurde zum Spezialisten für das »Zusammenschütteln« durchgebrannter Glühbirnen: Kleinste Glühfadenreste wurden manchmal in tagelangen Geduldsspielen zusammgeschüttelt. Der notwendige Vorwiderstand wurde durch ein Wasserbad mit zwei Elektroden gebildet. Ich glaube, daß nach Auflösung des Lagers kein Stückchen Kupferdraht mehr, das nicht unbedingt notwendig war, in den Wänden war. Übrigens wurde auf diese Weise auch Wasser zum Waschen warmgemacht, vorausgesetzt, man konnte ein entsprechendes Gefäß auftreiben. Erwischen lassen durfte man sich allerdings bei solchen Aktionen nicht, der Bunker war einem für einige Tage bei empfindlich verringerten Rationen sicher.

Im Winter 1946/47 war die Situation etwas besser. Es waren sogenannte »Bunkeröfen« herangeschafft worden, und es gab etwas Holz dazu. Man hatte gelernt, sich die Zeit zu vertreiben, zum Beispiel durch das Erzählen interessanter Geschichten, beispielsweise aus Büchern, die einzelne gelesen hatten. Ich selbst lernte das Schachspielen durch einen Arzt namens Vogel, dem man nachsagte, er sei Arzt bei der Filmgesellschaft Ufa gewesen. Er war für die Jugendlichen als »Hausarzt« eingesetzt, und ich kannte ihn durch meine Krankheit. Ich weiß nicht mehr, wo er das, was Schachfiguren darstellen sollte, aufgetrieben hat. Indem ich das niederschreibe, erinnere ich mich einer weiteren Person namentlich, die man noch heute mitunter in alten Filmen sehen kann: Marianne Simson. Sie war als Schwester im »Krankenhaus« tätig.

Anfang 1947 kam die Parole auf, das Lager werde aufgelöst. Sie bewahrheitete sich, allerdings ganz anders, als wir es erhofft hatten. Nicht die ersehnte Freiheit erwartete uns, sondern lediglich der Abtransport in ein anderes Lager: Fünfeichen bei Neubrandenburg.

JAMLITZ

Das bei Lieberose gelegene Internierungslager Jamlitz war ursprünglich ein Straflager der SS und sogenanntes Juden-KZ. Im September 1945 übernahm das NKWD den Komplex als Auffangstation für Häftlinge aus Cottbus und Guben. Später kamen Transporte aus den Lagern Frankfurt/Oder, Ketschendorf und Posen hinzu. In Jamlitz befanden sich durchschnittlich 6000 Internierte und eine geringe Zahl Kriegsgefangener. Etwa 1000 von ihnen wurden in die UdSSR deportiert. Die Internierten lebten in acht durch Stacheldraht voneinander isolierten Barackenkomplexen. Ein aus drei Baracken bestehendes Gelände wurde als Frauenlager gesondert bewacht. Bei Auflösung des Lagers im April 1947 saßen in Jamlitz noch 4400 Häftlinge ein, die in mehreren Transporten nach Mühlberg und Buchenwald gebracht wurden.

In Jamlitz, das wegen seiner Hungerrationen einen besonders schrecklichen Ruf besaß, starben ungefähr 5000 Gefangene. Sie wurden in Massengräbern südlich des früheren Lagerbereiches und in einer Schonung östlich der Bahnlinie nach Guben begraben. Im April 1990 entdeckte man nach einer gezielten Suchaktion im Wald die ersten Leichen von Jamlitzer Häftlingen. Auf dem Lagergelände, das 1947 von der Dorfbevölkerung planiert werden mußte, stehen heute großenteils Einfamilienhäuser.

Bernd Simon
»Deutsche sind alle Faschisten«

Bernd Simon geriet am 28. Dezember 1945, einen Tag nach seinem neunzehnten Geburtstag, in die Hände des NKWD. Aus seinem Heimatort Wittgensdorf wurde er in das Chemnitzer Polizeipräsidium beordert und von dort in den NKWD-Keller Kaßbergstraße gebracht. Da er mit sechzehn/siebzehn Jahren kleiner HJ-Führer gewesen war, warfen ihm die vernehmenden Sowjets »Werwolf«-Aktivitäten vor. Bernd Simon war sich keiner Schuld bewußt und landete im NKWD-Gefängnis auf dem Kaßberg in Chemnitz.

Im Gefängnis wurden mir alle persönlichen Sachen abgenommen, ich wurde durchsucht und in eine Zelle gestoßen. In dieser befanden sich zwei kahlköpfige, abgemagerte Männer im Alter zwischen dreißig und vierzig Jahren. Beide waren nicht Mitglied der NSDAP gewesen, sondern gehörten während des Krieges zu einem Polizeibataillon. Der eine war sogar Mitglied der SPD. Beide wurden ständig vernommen und mächtig geschlagen. Es war furchtbar anzusehen, wenn sie wieder in die Zelle gebracht wurden. Meine Mutter konnte noch zweimal etwas für mich abgeben. Sie brachte zwei Decken und etwas zu essen. Sehen durften wir uns nicht. Die Nahrungsmittel teilte ich mit meinen Zellenkameraden, die total abgemagert waren und sich bereits ein halbes Jahr im Gefängnis befanden.

In der Haftanstalt Kaßberg wurde ich unter zahlreichen weiteren Verhören bis zum 17. Januar 1946 festgehalten. An diesem Tag erfolgte ein Transport von etwa vierzig Häftlingen, unter denen auch ich mich befand, nach Bautzen in das Landesgefängnis Sachsen. Dort verbrachte ich bis September 1946 eine schlimme Haftzeit. Aber es sollte noch schlimmer kommen. Anfang September wurde ein großer Transport zusammengestellt, und wir kamen nach Jamlitz bei Lieberose.

Jamlitz war ein von Wachtürmen und einem Holzzaun umgebenes Holzbarackenlager inmitten eines Kiefernwaldes. In den Baracken schliefen wir auf den blanken Brettern dreistöckiger Holzpritschen. Das einzige weitere Inventar der Unterkünfte bildete je ein Kanonenofen pro Raum. Vor den Baracken befand sich jeweils eine abgezäunte Fläche, wo wir zweimal am Tag unsere Runden drehen durften. Morgens und abends fanden Zählappelle statt. Die gesamte restliche Zeit lagen wir in den Unterkünften – das heißt, wir saßen, denn liegen war tagsüber verboten. Beschäftigungsmöglichkeiten gab es für uns keine. Die permanente Langeweile gehörte zu den schlimmsten Torturen der Lagerzeit. Dazu kamen die entsetzliche Kälte des Winters 1946/47 und der Hunger, auf den man sich rund um die Uhr konzentrieren konnte. Zu essen bekamen wir am Tag zweimal einen halben Liter Wassersuppe und 300 Gramm trockenes Brot, weniger gab es nirgendwo sonst. Von dem Brot hatten wir gelegentlich den Eindruck, als sei es unter Verwendung von Sägespänen gebacken worden.

Unsere Notdurft mußten wir nachts in Fässer verrichten, die draußen vor den Baracken standen. Waschen mußten wir uns ebenfalls im Freien. Fließendes Wasser gab es nicht. Die zwangsläufige Folge der katastrophalen hygienischen Bedingungen war das schnelle Auftreten von Infektionskrankheiten, vor allem Tbc und Ruhr. Auch Wasser kam oft vor. Viele hatten dicke, geschwollene Beine, in die man mit dem Finger hineindrücken konnte, ohne daß die dadurch entstandene Vertiefung nach dem Zurückziehen des Fingers wieder verschwand. Hunger und Kälte taten ein übriges. Ich hatte noch Glück, weil man mich im Winter verhaftet hatte und ich einen Wintermantel besaß. Andere trugen nichts als ihre Sommersachen auf dem Leib und mußten faktisch erfrieren.

Personen mit Durchfall wurden ins Lazarett gebracht. Ich kann mich nicht entsinnen, daß jemals einer von dort zurückgekehrt ist. Ins Lazarett zu kommen, das war praktisch der Abschied. Mein Onkel, Adolf Simon aus Zwickau, der damals 62 Jahre alt war und mit mir den Schicksalsweg von Bautzen nach Jamlitz gehen mußte – er war als Oberleutnant der Gendarmerie [Landpolizei – d. Verf.] verhaftet worden – erkrankte in Jamlitz an Durchfall und starb am 4. Februar 1947.

In unmittelbarer Nähe des Lazaretts befand sich ein Schuppen, in welchem die Toten gestapelt wurden. Ich erinnere mich eines Tages im siebenundvierziger Winter, an dem 32 Mann starben, was ungefähr einem halben Prozent der Gesamtstärke entsprach. Wenn man darüber eine Rechnung aufmachen wollte, hätten nach rund zweihundert Tagen mit ähnlicher Sterberate alle Jamlitz-Häftlinge tot sein müssen. Die Alten unter den Lagerinsassen sind noch schneller und häufiger gestorben als die Jungen. Die Toten wurden von Leichenkommandos in den frühen Morgenstunden nach draußen gebracht und irgendwo im Wald verscharrt. Von diesen Außenkommandos hat keiner wieder die Freiheit gesehen, auch in Buchenwald nicht. Die wußten zuviel.

Es kam vor, daß Barackenkameraden morgens nicht mehr von ihrer Pritsche aufstanden. Ich selbst hatte Dystrophie der Stufe drei, das war der höchste Abmagerungsgrad, den es gab. Ich wog noch reichlich siebzig Pfund (bei einer Körpergröße von 1,75 Meter) und war so schwach, daß ich mich nach der Rückkehr von den Zählappellen mitunter am Treppengeländer hochziehen mußte, um wieder in die Baracke zu gelangen. Vermutlich wäre ich auch in Jamlitz gestorben, wenn mein Aufenthalt dort länger gedauert hätte. Erst in Buchenwald wurde ich körperlich etwas wiederhergestellt.

Eine weitere Ursache unsäglicher Qualen bildete das Ungeziefer. Es waren geradezu Invasionen von Wanzen, Flöhen und Läusen, die sich auf unsere ausgezehrten Körper stürzten. Flöhe und Läuse verkrochen sich in den Nähten der Bekleidung, die Wanzen im Holz der Pritschen. Es war furchtbar. Die gelegentlichen Entlausungsaktionen halfen dagegen überhaupt nicht. Ich habe erlebt, wie eine Baracke ausgegast wurde und man danach Wassereimer voll Wanzen heraustrug.

Von den allgemeinen Bedingungen her war Jamlitz von allen Lagern das schlimmste, wie wir später in Buchenwald, nachdem wir mit Häftlingen aus den anderen Lagern gesprochen hatten, übereinstimmend feststellten. Es müssen weit über 5000 Mann gewesen sein, die dort ihr Leben ließen. Bis zum Sommer 1948 ist meines Wissens ohnehin niemand lebend aus einem der Lager herausgekommen.* Es war nach unserer damaligen Einschätzung auch gar nicht geplant, uns jemals wieder freizulassen. So wie wir behandelt wurden, mußten wir annehmen: Hier kommen wir nie wieder raus. Damit hatten sich auch alle abgefunden. Aus der Jamlitzer Perspektive gab es für uns keinerlei Aussichten auf Rettung. Es war ein Vernichtungslager. Ich selbst hatte ebenfalls mit dem Leben abgeschlossen. Ich bin dort viele Male gestorben. Aber einen Grundsatz wollte ich bis zuletzt beherzigen: in Ehren zu sterben. Es gab ja auch einige, die in Unehren gestorben sind, die in der Nacht ihren Kameraden das Brot stahlen, irgendwann dabei erwischt wurden und die man dann derart zurichtete, daß sie das nicht überlebt haben. Der Hunger hatte einige zu Tieren gemacht.

Für das sowjetische Personal waren wir durchweg große Faschisten. Das hatte man denen eingebleut – es war produzierter Haß. Ich habe einmal geäußert, daß ich nach dem Krieg Mitglied der SPD war,

* Es gab drei Ausnahmen (vgl. Fußnote S. 48).

und bin dafür zusammengeschlagen worden. Wer auf diesem Wege etwas für sich herausholen wollte, hat das nur ein einziges Mal versucht. »Deutsche sind alle Faschisten!« haben die Sowjets gesagt. Ansonsten aber gab es keinen Kontakt zum sowjetischen Wachpersonal, von den Appellen abgesehen. Alle Funktionen im Lager bekleideten Deutsche, Häftlinge wie wir.

Zu ihrer Schande muß gesagt werden, daß viele von denen, die eine solche Position bekleideten, sich uns gegenüber wie Unmenschen benommen haben, um ihre Vergünstigungen, beispielsweise ihre doppelten Essenrationen, zu sichern. Die deutschen Korpusführer in Jamlitz (ein Korpus entsprach einem Bataillon) waren alle gut genährt, und in Buchenwald sah es nicht anders aus. Das ging natürlich nur auf Kosten der Allgemeinheit. Stimuliert dadurch, daß sie genügend zu essen hatten und dieses lebenserhaltende Privileg auch keinesfalls aus der Hand geben wollten, haben sie dazu beigetragen, daß es uns noch dreckiger ging. Wegen kleinster Vergehen gegen die Lagerordnung konnte es Essensentzug oder Schläge geben. Der deutsche Lagerkommandant in Jamlitz, Bennewitz, war ein Schläger und Halunke, ebenso sein Stellvertreter. Letzterer soll Gerüchten zufolge später in Mühlberg von Mithäftlingen in eine Fäkaliengrube gestoßen worden und darin elendig umgekommen sein. Auch der Korpusführer Bonifaz war ein brutaler Mensch.

Echte Nazi-Größen gab es keine im Lager. Neben uns Jugendlichen waren vornehmlich Personen interniert, die bei den Nazis im Staatsapparat gearbeitet hatten: Polizisten, Offiziere (darunter viele ältere Herren zwischen sechzig und siebzig), Richter, Staatsanwälte, Gendarmeriemitglieder, Fabrikanten, Lehrer und Schuldirektoren. Man traf mitunter ein paar ehemalige SA-Leute oder Blockwarte, die denunziert worden waren. Im Lager waren aber auch Sozialdemokraten und sogar Kommunisten. Leute, denen man tatsächlich etwas nachweisen konnte, befanden sich nicht unter uns, die wurden verurteilt. Bereits während meiner Bautzener Zeit saßen solche Fälle extra im Verurteiltenblock und kamen später nach Sibirien. Ich habe übrigens Fälle kennengelernt, wo Leute, die zu 25 Jahren Arbeitslager in Sibirien verurteilt wurden, vor uns zu Hause waren. Es gab kein System bei den Sowjets.

Ostern 1947 wurden wir auf dem Bahnhof Jamlitz in Güterzüge verladen. Wohin die Fahrt gehen sollte, wußten wir nicht. In den Waggons gab es keine Fenster, so daß wir uns während der Fahrt nicht orientieren konnten. Viele befürchteten, daß man uns nach Sibirien bringen würde. Aber dann standen wir auf dem Ettersberg bei Weimar vor dem schmiedeeisernen Tor des Konzentrationslagers Buchenwald und lasen darauf die zynische Inschrift »Jedem das Seine«.

In Buchenwald war Bernd Simon noch bis zum 4. Februar 1950 interniert. Er befand sich insgesamt mehr als 1500 Tage in den Händen des NKWD/MWD. Er bekam nie eine Anklageschrift zu Gesicht und wurde nicht verurteilt.

Kurt Noack

»Einige aßen die Rinde von den Bäumen«

Nächste Station des zunächst in Ketschendorf eingesperrten Jugendlichen (vgl. seinen Bericht S. 52–70) war das Lager Jamlitz.

Am Nachmittag des 16. Januar 1947 schlossen sich die Türen unserer Waggons auf dem Gleis der Strecke Fürstenwalde–Bad Saarow, die am Lager Ketschendorf vorbeiführte. Wir waren 64 Mann in einem Waggon ohne Pritschen und ohne ein Gefäß für unsere Notdurft. Ruhrfälle und Durchfallkranke gab es immer. An einer Seite lag etwas Stroh. In der Mitte stand ein eiserner Bunkerofen. Ein Arm voll Holz und wenige Streichhölzer ließen uns auf etwas Wärme hoffen.

Das Feuer wurde dringend gebraucht bei den Temperaturen dieser Tage. Dabei hatten wir noch Glück, denn ausgerechnet in den Tagen des Transportes gab es in der anhaltend strengen Frostperiode eine Pause. Tatsächlich war der Frost nur für vier Tage unterbrochen, um am 19. Januar wieder einzusetzen und ohne Unterlaß bis zum 15. März anzudauern. Nur wenige hatten einen Mantel. Zu ihnen zählte ich.

Einen Blick aus dem Wagen zu werfen war nicht möglich, alles war dicht. Am frühen Morgen des 18. Januar kamen wir ans Ziel. Für eine Entfernung von etwa 75 Eisenbahnkilometern brachten wir rund 40 Stunden im Viehwagen ohne Essen zu. Zu trinken gab man uns während der gesamten Fahrt lediglich einmal.

Nach unserer Ankunft wurden wir in der Finsternis in Kolonne vom Bahnhof in das nahe Lager geführt, dessen Eingang direkt an der Straße nach Lieberose lag. Erst im Lager erfuhren wir, wo wir uns befanden. Von der Existenz des Lagers Jamlitz wußten wir wohl, aber wir hatten anfangs nicht geglaubt, noch in Deutschland zu sein. Die Baracken standen in einem Wald mit hochgewachsenen Kiefern, denen bei unserem Weggang dann vielfach bis in Mannshöhe die Rinde fehlte, weil einige die Rinde zerrieben und sie zum Brot oder zur Suppe aßen. Das Lager war wie Ketschendorf von Stacheldrahtzäunen und zusätzlich von einem hohen Bretterzaun, dessen unteres Ende in die Erde reichte, und in bestimmten Abständen von Wachtürmen mit ständigem MG-Posten umgeben. Es sprach sich herum, daß während der Nazi-Zeit die SS hier Juden gefangengehalten hatte. Zwei Kameraden meines Zuges, Heinz Siegel und Günter Schulz, hatten es von hier bis in die Nachbardörfer ihrer Eltern nicht mehr weit.

Jamlitz erwies sich bald als das allerschlimmste, als ein Todeslager, denn von seinen etwa 6000 Insassen Mitte Januar dürften zehn Wochen später nur weniger als 4000 noch gelebt haben. Unser körperlicher Zustand hat sich hier schnell weiter verschlechtert, auch als Folge des wieder einsetzenden Frostes, der Krankheiten neu förderte und das Auftreten von Wasser begünstigte.

Wenn unser Transport nach Jamlitz Gegenstand einer besonderen Untersuchung werden würde, müßte die Frage beantwortet werden, ob er überhaupt nötig war. Im Frühjahr 1947 konnten durch die eingetretenen Verluste praktisch zwei Lager aufgelöst werden, Ketschendorf und Jamlitz. Man hätte uns also Ende Februar, als der Ketschendorfer Rest nach Fünfeichen ging, genauso nach Buchenwald bringen können, wie wir Anfang April von Jamlitz aus dorthin gebracht wurden. Das hätte uns die furchtbare Zeit in Jamlitz erspart und vielleicht vielen das Leben erhalten.

Ich kam in die Baracke 28 im 3. Korpus, 1. Kompanie, 1. Zug. Mit mir Achim Natusch aus Senftenberg, mit dem ich seit der Einlieferung in Ketschendorf immer im gleichen Zug war und jetzt eine Pritsche teilte. Er war etwas jünger als ich und hatte erst wenige Monate vor seiner Verhaftung im vierzehnten Lebensjahr die Schule verlassen. Uns verband eine gute Kameradschaft. In den Nächten versuchten wir uns zu wärmen, indem wir eng zusammenrückten. Seine Dekke lag unter uns, mein Mantel auf uns. So widerstanden wir beide der Kälte besser. In den Jamlitzer Nächten durchlitt ich Magenschmerzen, wie sie nur ein völlig leerer Magen verursachen kann. Ich lag darum oft lange wach. In unserer Nähe befand sich einer mit epileptischen Anfällen.

Die Pritschen waren dreistöckig, die Baracken in sehr schlechtem Zustand. Vielfach fehlten die Scheiben in den Fenstern, die deswegen mit Holz oder Pappe ausgefüllt waren. Im Mittelteil der Baracke war ein Raum, der vom Kompanieführer belegt war. Zu beiden Seiten lag je ein Raum für viele. In jedem der Räume war eine Kompanie untergebracht. Ein Ofen befand sich in der Mitte, für den wir jeden Tag frisch geschlagenes Holz bekamen. Tische und Stühle fehlten. Das Benutzen der Pritschen am Tage war untersagt.

Wasser und Toiletten gab es in den Baracken nicht. Für die Nachtverrichtung standen einige Bierfässer vor der Außentür. Nachts mußten wir ständig laufen, weil eine Folge unserer Dystrophie der ständige Drang zum Wasserlassen war. Zehnmal in der Kälte jeder Nacht zum Faß laufen zu müssen war durchaus möglich. Dazu kam der Durchfall. Einmal wurde ich Zeuge, wie nachts einer zur Tonne eilte, sie gerade noch erreichte, aber seinem Gegenüber dabei den Rücken total beschmutzte. Früh wurden die Fässer von einem Kommando, das wir Lanzenträger oder Knüppelgarde nannten, weggetragen. Dafür standen Holme zur Verfügung, die in Griffe an der Außenwand gesteckt wurden, damit vier Mann ein Faß, zum Teil auf der Schulter, tragen konnten. Ich sah einmal, wie einer der ausgemergelten Träger Pech hatte, mit seinen Holzlatschen auf dem Eis ins Rutschen kam und der überschwappende Tonneninhalt sich über ihn ergoß. Ihm blieb nur der trocknende Ofen, der für alle die einzige Wärmequelle war. Jeder hatte das Bedürfnis, sich warmzuhalten, zumal nicht alle im Besitz von Schuhen waren. Verboten war, mit Decke oder Mantel zur Tonne zu gehen. Von schon länger im Lager sitzenden Häftlingen war mir bekannt, daß im Sommer die Baracken nachts nur ohne Hose verlassen werden durften. Das waren offensichtlich Maßnahmen, die der Absicht einer Flucht entgegenwirken sollten.

Der zentrale Donnerbalken befand sich im westlichen Teil des Lagers. Dahin durfte man tagsüber aber nur in Gruppen von zehn Mann. Das bedeutete, daß man sich an den von einem Häftlingsposten besetzten Ausgang des Korpus zu begeben hatte und warten mußte, bis sich die erforderliche Anzahl von Leuten mit dem gleichen Bedürfnis einfand. Dauerte das zu lange, gingen mitunter auch Einsichtige ohne Bedürfnis mit, auch wenn es ihnen aufgrund der allgemeinen Entkräftung schwergefallen sein mochte. Diese Wege wurden auch genutzt, um die zentrale Waschgelegenheit in einer in der Nähe befindlichen Baracke aufzusuchen.

Diese Geleitzüge boten die einzige Möglichkeit, aus dem Zwinger um die eigene Baracke herauszukommen und sich umzuschauen. Ich nutzte sie, um hin und wieder zur Küche zu schleichen, und hatte zweimal Glück. Einmal kam ich zu einer halben Büchse Kaffeegrund, ein anderes Mal zu einer Mütze voll Pellkartoffelschalen, die ein Koch aus einem Eimer vor die Tür schüttete. Einen Teil davon aß ich gleich, den Rest kochte ich auf dem Barackenofen auf, um sie herunterzubekommen. Mein Pritschenkamerad aß mit. Das Ganze schmeckte nicht sonderlich gut.

Der Häftlingsposten an der Tür im Stacheldrahtzaun, der die Korpusbereiche voneinander und von der Lagerstraße trennte, hatte immer dann, wenn ein Angehöriger der sowjetischen Garnison auf dem Weg durch das Lager vorbeiging, auf russisch laut zu rufen: »Korpus stillgestanden!« Soweit wir uns draußen befanden, hatten wir daraufhin Haltung anzunehmen. Erst wenn der russische Offizier, Sergeant oder Soldat weiterging, durften wir uns wieder rühren. Es kam auch vor, daß der Vorbeigehende zu seinem Vergnügen eine Anzahl der Jammergestalten antreten und marschieren ließ. Die Bautzener berichteten, daß solche Übungen im größeren Stil dort üblich waren und die Zuchthauskapelle dazu manchmal »Alte Kameraden« spielen mußte.

In Jamlitz befanden sich, wie schon gesagt, nach unserem Eintreffen rund 6000 Menschen, davon eine nicht geringe Anzahl Frauen und Mädchen, deren Zwinger mit einem Bretterzaun umgeben war. In der folgenden Zeit starben täglich bis zu vierzig Personen und manchmal auch mehr. Bis zur Auflösung des Lagers im April 1947 stand als Folge der hohen Sterblichkeit eine Reihe von Baracken leer. In Jamlitz hörte ich das Geräusch, wenn die froststarren toten Körper entkleidet auf den Wagen geworfen wurden, der sie zu den Massengräbern brachte. Zuerst glaubt ich, es sei Knüppelholz, das auf einen Haufen geworfen wird. Ich sah dann aber, was wirklich geschah und so entsetzlich klang. Der Raum zum Sammeln der aus den Unterkünften und dem Lazarett kommenden Leichen befand sich in einer Baracke zwischen Küche und Lazarett.

In meiner Unterkunft habe ich sterbende Kameraden erlebt, die nachts ihr Leben aushauchten und die Nebenleute noch vor dem neuen Tag zu Erben ihrer Kleidung werden ließen. In Jamlitz konnte man sterben, wenn man nicht mehr leben wollte und die letzte Kraft verlor. Hungern war schwer, frieren auch, aber beides zusammen war unerträglich, war grausam. Jamlitz war furchtbar, einer der Vorhöfe zur Hölle, die in dieser Art zuerst von der SS und dann wohl auch für uns erfunden wurden. Wir hatten nicht das Nötigste zum Überleben.

Viele wußten nicht, warum sie das alles ertragen mußten. Wir hatten kaum noch ein Gruppengefühl, weil sich in dieser ausweglosen Lage jeder selbst genügte. Die Familien aller Häftlinge waren seit dem Zeitpunkt ihrer Verschleppung ohne ein Lebenszeichen von ihnen, und auch wir lebten seitdem ohne jede Nachricht von Zuhause und ohne eine Vorstellung, wie sich das Leben draußen entwickelt hatte. Wir wurden gepeinigt von den Härten des Lagers, von der Kälte dieses Winters und der völligen Ungewißheit über das eigene Schicksal, von dem wir nicht wußten, ob es mit dem Tode enden sollte oder irgendwann mit der Wiedererlangung der Freiheit.

Mir ging es inzwischen so schlecht, daß ich wiederholt das Bewußtsein verlor, während der Zählappelle zusammenbrach und man mich in die Baracke tragen mußte. Ich konnte mir ausrechnen, falls ich das gewollt hätte, wann Schluß sein würde. Dieses Ende wäre für mich ohne Zweifel in Jamlitz gekommen, wenn mein Aufenthalt unter den dort herrschenden Bedingungen nur etwas länger gedauert hätte. Entkräftet genug war ich.

Die allmorgendlichen Zählappelle zu bitterkalter Stunde waren im Grunde überflüssig, weil in Jamlitz zu dieser Zeit niemand die Kraft und den Mut aufbrachte, an einen Fluchtversuch zu denken. Nur einem Autoschlosser soll es im Sommer '46 gelungen sein, bei der Reparatur eines Motorrades in der »Schleuse« durch das zufällig offene Tor in Richtung Lieberose davonzufahren. Ihm soll seine ölverschmutzte Arbeitskluft zugute gekommen sein, in der er sich von den Russen unter den Schlossern nicht unterschied. Bei Schüssen am Zaun zum in der Nähe liegenden Sägewerk wurde einmal nachts ein Schlafender auf seiner Pritsche getroffen.

Unser Korpusführer war ein kleingewachsener Lette namens Heintze, ein Schwein wie auch Gerhard Bennewitz, der Lagerkommandant. Bennewitz war auch Häftling wie wir. Er wurde nach seiner Entlassung von ehemaligen Jamlitz-Insassen aufgespürt und Anfang der fünfziger Jahre wegen Verbrechen gegen die Menschlichkeit in Hamburg zu acht Jahren Zuchthaus verurteilt. Das entnahm ich seinerzeit einer Rundfunkmeldung. Er half, das Lager Jamlitz zu dem zu machen, was es war. Zu Schlägen und Tritten von ihm kam auch ich, weil mir die Schnelligkeit zur Flucht fehlte, als ich und einige andere nach Kartoffeln auf einem vom Tor zur Küche fahrenden Wagen griffen, wir in der Dunkelheit aber nicht gesehen hatten, daß Bennewitz hinter einem Baum stand und darauf lauerte, uns zu überraschen. Wir waren übereinstimmend der Meinung, daß von den Russen mit Bedacht solche Vorgesetzten für uns geduldet wurden, von denen sie wußten, daß sie die ihnen übertragene Sache mit deutscher Gründlichkeit erledigen. Wir hatten im direkten täglichen Umgang mehr unter diesen Deutschen zu leiden als unter dem russischen Wachpersonal.

Es gab aber auch andere. Nobeling, ein ehemaliger Offizier, war mein Kompanieführer und ein von uns akzeptierter Mensch. Leute mit gutem Posten waren die Korpusschreiber. Im 3. Korpus fungierten Kretschmer, ein Bankdirektor, und Barnewitz, ebenfalls ein ehemaliger Offizier, der den Pour le mérite gehabt haben soll, als solche. Auch der Korpusführer im 1. Korpus, Dr. Günter Hüber, ehemaliger

Bezirksbürgermeister von Berlin-Tiergarten, unterschied sich in seiner Haltung von den Banditen. Zu letzteren gehörte auch der Bennewitz-Stellvertreter Dahnke, der später während des Transportes nach Mühlberg erschlagen worden sein soll.

Wir hatten den Eindruck, daß Jamlitz das Lager der Schieber und Strolche, der korrupten Elemente unter den vorgesetzten Kommandanten und Führern war. Ihnen waren wir hilflos ausgesetzt, uns fehlte die Kraft zum Widerstand. Zu viele von ihnen waren an Schweinereien beteiligt, verkürzten uns das ohnehin schon knappe Essen. Das konnte vom russischen Lagerkommandanten, einem Leutnant namens Schaljapin, nur beabsichtigt gewesen sein. Schaljapin begegnete uns so, als seien wir an allem selbst schuld, als hätten wir das Elend selbst zu verantworten. Für ihn waren wir ohne Unterschied Faschisten und hießen auch so. Er tat nichts, um unsere Lage zu verbessern, obwohl er an der täglichen hohen Sterbeziffer hätte erkennen müssen, daß es schlimmer kaum ging.

Die Krankenbetreuung lag in Jamlitz in den Händen von Häftlingsärzten, die kaum Medikamente zur Verfügung hatten und deren Mittel nicht reichten, um Kranke wieder gesund zu machen. Chefarzt im Lazarett war Dr. Potschka, der ein Schwager von Göring gewesen sein soll. Die auftretenden Krankheitsbilder hingen vor allem mit dem als Folge der hochgradigen Dystrophie auftretenden Zusammenbruch bestimmter Abwehrfunktionen des Körpers zusammen. Für diese aussichtslosen Fälle gab es keine Rettungsmöglichkeiten. Jetzt zeigten sich erste Fälle schwerer Lungentuberkulose, die später gehäuft auftraten und oft zum schnellen Tod führten.

Das Essen war so geregelt, daß wir in aller Herrgottsfrühe in der Dunkelheit kompanieweise zur Küche mußten, um in einem Eßraum mit Tischen und Bänken unseren halben Liter Wassersuppe einzunehmen. Einmal inspizierte ein rundlicher Offizier mit Brille meinen Essendurchgang und erkundigte sich nach der Qualität. Ein Teil meinte: »Water, water!«, doch es gab genug Ängstliche, die ihm bestätigten: »Essen charascho!« Jeder Mut zum Protest war weggehungert. Unmutszeugnisse hätten die Lage vielleicht noch verschlimmern können.

Jeweils um acht Uhr gab es Brot, ein Kastenbrot, das ein Trecker mit Hänger angeblich aus Frankfurt brachte. Es kam dort warm aus dem Ofen und wurde durch den Frost nach Jamlitz gefahren, rund fünfzig Kilometer. Danach sah es auch aus. Sechs Mann bildeten eine Brotgemeinschaft, so daß auf jeden vielleicht 300 Gramm Brot kamen. Von nicht allzu langer Dauer war die Versorgung mit getrocknetem Brot, das uns unsere empfindlich gewordene Haut im Mund zerriß. Wir weichten darum das offenbar aus Armeebeständen stammende harte Brot auf. Dazu gab es wie in Ketschendorf täglich einen Löffel Zucker, der manchmal aber auch ausblieb.

Das Mittagessen war etwas reichlicher als früh, doch ebenfalls nicht von besserer Qualität. Wir konnten die Graupen zählen. Abends gab es eine Kelle Kaffee (oder etwas, das danach aussah). Damit war das tägliche Nahrungsangebot erschöpft. Als Eßgefäße dienten uns noch immer überwiegend rostige Blechbüchsen, deren schwarzes Blech die Grütze bläulich färbte, sowie Eßgeschirre der Wehrmacht und Töpfe.

Was uns in Ketschendorf nicht begegnet war, zeigte sich hier erstmals und später in Buchenwald wieder: Unter uns saßen Spitzel. Max Schimmrick aus Döbern, der mit anderen unter der Beschuldigung verhaftet worden war, Angehöriger des Werkschutzes der Munitionsfabrik in Christianstadt gewesen zu sein, geriet durch eines dieser Langohren in Schwierigkeiten. Dieser hatte nämlich seinen Brotgebern berichtet, er habe gehört, daß in der Fabrik bei Auseinandersetzungen eine Anzahl von Fremdarbeitern umgekommen sei. Max drohte das Tribunal. Tatsächlich aber hatte er lediglich jemandem von einer Explosion im Werk erzählt, bei der Menschen ums Leben gekommen waren. Dennoch hatte seine Jamlitzer Berührung mit einem Spitzel dazu beigetragen, daß er zu den mehr als 2000 letzten Buchenwald-Häftlingen gehörte, die Anfang 1950 zur Aburteilung nach Waldheim gebracht wurden.

Der Winter dauerte lange, aber Mitte März war er endlich vorbei. Die Sonne ließ wieder hoffen. Wie ein Lauffeuer ging bald die Nachricht durch das Lager: Es wird aufgerufen, es kommen welche weg! Am 28. März verließ der erste Transport Jamlitz. Alle Frauen waren dabei und auch Männer, darunter der letzte Nazi-Kreisleiter von Sorau-Forst, Erich Najork, der dann später noch umgekommen ist.

Dieser Transport ging nach Mühlberg. Drei Tage später wurde ich in den 6. Korpus verlegt. Von dort gelang es mir, weil alles schon ziemlich durcheinander ging, mich unter die Kübelwäscher in die Küche zu schmuggeln. Arbeit fiel hier nur an wenigen Stunden des Tages an. Das reichte aber, um an zusätzliches Essen zu kommen. Neben dem Nachschlag für Kübelwäscher kam ich an Mohrrüben und Kartoffeln heran, von denen ich mir etwas für den Transport aufheben wollte, den wir alle erwarteten.

Am 3. April 1947, es war Gründonnerstag, verließen wir das Lager. In Kolonnen wurden wir an den Häusern von Jamlitz vorbei zum Bahnhof geführt. Es muß ein Elendszug gewesen sein, der sich durch die Straße des Dorfes schleppte. Die Fenster der Häuser waren zugehängt oder mit Läden verschlossen, die Hoftore zugesperrt. Irgendwo schrie dennoch eine Frau hinter einem Tor auf. Vielleicht glaubte sie, ihren Mann oder Sohn erkannt zu haben, denn es waren auch Jamlitzer Einwohner unter uns. Die Soldaten führten zu beiden Seiten des sich langsam fortbewegenden Zuges große Hunde an der Leine. Unfähig, die Waggons zu besteigen, wurden wir in die Güterwagen gehoben. Mir ging es inzwischen nicht gut. Das Überfressen mit rohen Mohrrüben und Kartoffeln hatte schnell Durchfall zur Folge. Ich war in großer Not. In den Waggon war eine große Kiste gestellt, von der wir annahmen, daß sie das Klosett sein sollte. Mein Zustand war mir unangenehm und peinlich vor den anderen. Immerhin waren mehr als sechzig Mann im Waggon. Ein paarmal benutzte ich noch die undichte Kiste, danach war mir Gott sei Dank besser.

Erich Sparschuh

Briefe aus dem Todeslager

Erich Sparschuh, Jahrgang 1902, Ingenieur, war während des Krieges Betriebsleiter bei der Firma Alfred Oemig & Co., Hartha. Nach Informationen seines Sohnes Dietmar Sparschuh gehörte er zu den sogenannten kleinen Parteigenossen und wurde aufgrund von Denunziationen im Sommer 1945 verhaftet. Man brachte ihn in das Lager Jamlitz.

Frau Hilde Sparschuh erhielt 1947 eine schriftliche Nachricht ihres

Gatten aus dem Lager, was eine absolute Rarität war. Diese Nachricht umfaßte vier einzelne Briefe, die am 21.10.1945 und später geschrieben wurden (nur der erste war datiert). Sie müssen auf irgendeine Weise aus dem Lager geschmuggelt worden sein. Die Sendung wurde laut Poststempel am 22. Februar 1947 in Lieberose aufgegeben.

Barackenlager Jamlitz/bei Lieberose, 60 km südw. Frankfurt/O.
21.10.1945

Liebe Hilde, Buben, Mutter, Vater, Liesbeth u. alle meine Lieben!
Endlich komme ich dazu, ein paar Zeilen zu schreiben. Seit unserer Verhaftung sind nun schon vier Monate vergangen. Mir geht es soweit noch gut, was ich von Euch auch hoffe. Die Sehnsucht nach Euch ist außerordentlich groß. Ich bin jede freie Minute mit meinen Gedanken bei Euch und könnte manchmal ordentlich heulen. Wir sprechen jeden Tag von Euch zu Hause. Ich liege hier mit Tamme Hans zusammen, und wir kommen prima miteinander aus. Große Sorgen mache ich mir um Euch, wie es nun bei Euch weiter läuft. Wie nimmt Mutter die ganze Geschichte auf, ist sie stark genug, diesen Schlag zu überwinden?
[...]
Daß die Haft so lange dauern würde, hätten wir nicht erwartet. Wir sind noch soweit zusammen und richten uns gegenseitig auf, wenn der eine oder andere mal die Schnauze so richtig voll hat. Im allgemeinen leben wir von Parolen, die jede Woche wieder neu konstruiert werden und bis jetzt nur zu einem Prozent zugetroffen haben, aber wir lassen den Kopf nicht sinken, wollen wir uns doch wiedersehen und richtig lieb zusammenleben.
Habt Ihr eigentlich irgendwelche Nachrichten über uns erhalten, oder lebt Ihr auch von Parolen wie wir? Laßt Euch nicht weichmachen und bleibt hart, damit wir uns beide erhalten bleiben. Ich habe mich mit einem Panzer umgeben und lasse alles an mir abrollen, soweit es nur irgend möglich ist. Denken darf man natürlich nicht dabei, sonst wird das Heimweh unerträglich. Die Strafe, die sie uns auferlegt haben, daß wir uns keine Nachrichten geben können, ist außerordentlich hart. Hoffentlich habe ich einmal die Gelegenheit, diesen

Brief nach draußen gelangen zu lassen, damit Ihr endlich ein Lebenszeichen von mir erhaltet.
Gott wollen wir danken, daß das Wetter immer noch halbwegs erträglich war und hoffentlich noch bleibt. Wir hoffen nun nach der neuesten Parole, bald entlassen zu werden. Hoffentlich fällt sie nicht ins Wasser, wie manche andere auch. Ich rufe Dich jeden Tag an, daß Du für mich bittest, bald hier entlassen zu werden.
Seid und bleibt inzwischen stark im Vertrauen auf ein baldiges Wiedersehen.

Euer sehnsüchtig wartender Vati, Sohn, Bruder u. Schwager.

*

Liebes Herzel, könnte ich doch bei Dir sein, mir fällt es sehr schwer, so getrennt von Dir leben zu müssen und noch unter diesen Verhältnissen. Wenn wir wieder zusammen leben können, wollen wir noch enger zusammen leben und alles nur mögliche zu Liebe tun, damit wir nachholen können, was wir jetzt entbehren müssen.
[. . .]
Die Sehnsucht nach Euch allen ist so groß, daß ich gleich heulen könnte, aber es darf ja nicht, sonst wird man weich, und die Widerstandskraft läßt nach. Abends, wenn ich den Sternenhimmel betrachte, bin ich bei Euch und möchte Euch so recht herzlich drücken und herzen, aber leider ist es uns noch versagt. Hoffentlich dauert es nur noch kurze Zeit, wo wir getrennt leben müssen. Seid inzwischen alle herzlichst gegrüßt und Du vor allem recht innig geküßt von Deinem Dich über alles liebenden Erich und Eurem lieben Vati.

*

[. . .]
Es ist jetzt so eingetroffen, wie ich es im Unterbewußtsein geahnt habe, daß unser glückliches Familienleben eine sehr unliebsame Unterbrechung erfährt.
Mir tut jetzt jeder Schlag nachträglich weh, den ich den Jungen versetzt habe, trotzdem sie ihn verdient hatten. Ich möchte sie jetzt dafür

streicheln und herzen, damit meine Sehnsucht gestillt wird. Hoffentlich ist es uns in nicht zu langer Zeit vergönnt, uns ganz lieb zu haben und recht glücklich zusammen zu leben.

*

Liebe Hilde, Dietmar und Jochen!
Sollten sie uns fortfahren, so bleibt tapfer, ich werde mein möglichstes schon tun und wiederkommen. Laßt es Euch nicht schwer werden und gebt den anderen kein Beispiel, daß sie Euch auslachen. Wir müssen die Zähne aufeinanderbeißen und das Beste hoffen.
Es grüßt Euch alle herzlichst

Euer Vati

Grüße an die Mutter, Liesel, Vater und Marichen und Christine
Auf Wiedersehen

Erich Sparschuh sah seine Angehörigen nicht wieder. Er starb im Winter 1946/47 im Lager Jamlitz. Sein genaues Todesdatum ist nicht bekannt.

SACHSENHAUSEN

Das ehemalige Nazi-Konzentrationslager Sachsenhausen bei Oranienburg wurde am 10. August 1945 von einem 150 Mann zählenden Vorkommando aus Weesow wieder hergerichtet und sechs Tage später mit 2000 Häftlingen aus Berlin-Hohenschönhausen und Weesow als »Speziallager Nr. 7« in Betrieb genommen. Zunächst saßen vor allem Führer von SA, SS und HJ ein, später kamen immer mehr politisch Mißliebige hinzu. 1946 teilte man das Areal in die Zone I für Internierte und die Zone II für Häftlinge, die von sowjetischen Militärtribunalen verurteilt worden waren. Als zentral gelegenes KZ hatte Sachsenhausen die größte Durchgangszahl von Strafgefangenen und Internierten: Insgesamt saßen etwa 50000 Männer und Frauen im Lager, die Belegung schwankte zwischen 12000 und 16000. Die Zahl der von hier aus in die Sowjetunion deportierten Häftlinge wird auf 5000 bis 7000 geschätzt. Vom Herbst 1945 bis 1947 gehörte zu Sachsenhausen auch ein Offizierslager, in dem ehemalige Wehrmachtsoffiziere gesammelt und in den Osten deportiert wurden.

Bei zwei größeren Entlassungsaktionen kamen im Juli/August 1948 3800 und im Januar 1950 5000 Internierte und Verurteilte frei. 1200 weibliche Gefangene wurden ins Zuchthaus Hoheneck-Stollberg eingewiesen, etwa 4000 männliche Häftlinge brachte man ins Zuchthaus Torgau. Rund 500 wurden zur Aburteilung nach Waldheim geschafft. Die letzten Häftlinge verließen das KZ am 10. März 1950.

Sachsenhausen forderte die größte Zahl an Lagertoten. Es wird geschätzt, daß dort in viereinhalb Jahren zwischen 15000 und 20000 Insassen den Tod fanden. Die Leichen wurden in einer Waldschonung an der Chaussee nach Schmachtenhagen, etwa einen Kilometer vom Ort entfernt, begraben. Im April 1990 fand man dort zahlreiche Massengräber. Einige der Gestorbenen sollen auch im sogenannten Kommandantenhof beerdigt sein.

1961 wurde im KZ Sachsenhausen eine Mahn- und Gedenkstätte für die Toten aus der Zeit vom Juli 1936 bis Mai 1945 eingeweiht.

Heinrich George
»Du spürst die Freiheit erst, wenn du gefangen bist«

Das prominenteste Opfer der unmenschlichen Haftbedingungen in Sachsenhausen war der deutsche Schauspieler Heinrich George. Er starb am 26. September 1946. Lange Zeit waren die Umstände seines Todes ungewiß. Aufklärung könnte ein Bericht von Dr. Peter Schumann aus Dresden geben: »Mein Vater, der praktische Arzt Dr. Erich Schumann, war im Sommer/Herbst 1946 für einige Wochen aus Fünfeichen nach Sachsenhausen verlegt worden. Dort wurde ihm eines Tages der Leichnam des verstorbenen Schauspielers Heinrich George vorgeführt und von ihm verlangt, einen Totenschein auszuschreiben mit der Todesursache ›an den Folgen einer Blinddarmoperation‹. Vater hat das abgelehnt. George war keinesfalls operiert worden, und die totale Entkräftung des ehemals massigen Mannes ließ als Todesursache offenbar ein Hungerödem vermuten. Diese Formulierung gebrauchte mein Vater, als er mir diese Episode im Jahre 1953 erzählte und mich aufforderte, diese Tatsache später einmal mitzuteilen.«

Als einziger Gefangener erhielt George einen Holzsarg zur Beerdigung. Während seiner mehrmonatigen Lagerhaft war ihm erlaubt worden, zu schreiben. Einige Gedichte aus seinen letzten Lebenstagen sind überliefert. 1946 schrieb er folgendes:

Du spürst die Freiheit erst,
wenn du gefangen bist,
und liebst sie heilig erst,
wenn alle glühenden Gedanken,
die einst der Welt gehörten,
gefesselt an dies kleine Stückchen Erde sind
und nur dem Gleichschritt des Gefangenseins verhaftet.
Dann meidest du die Schwelle des Bewußtseins
und gibst dem Traum dich hin.
So habe ich
die Vormittage meiner Haftzeit sanft verschlafen,
und erst
die milde Abendkühle weckte mich.

Ich schaute auf
zum Sternenhimmel über mir,
den keine Gitterfenster mir verschließen konnten,
und fühlte das Unendliche im Endlichen
von einem Atemzug des Ewigen umweht –
und war so frei wie nie!

Klaus Schütze

»Eine langsam zunehmende Mattigkeit«

Dem Dachdeckerlehrling Klaus Schütze aus Nordhausen wurde eine Jugendfreundschaft zum Verhängnis. Sein Freund hatte leichtsinnigerweise eine Pistole zu Hause versteckt. Beim NKWD denunziert und scharf verhört, gab jener junge Mann unter anderen den Namen Klaus Schütze an, der daraufhin am 28. März 1946 als »Werwolf-Verdächtiger« festgenommen wurde.

Die Vernehmungen (»durch Schläge und Fußtritte in die Magengegend, in den Rücken und in das Gesicht«) brachten Schütze dazu, ein auf russisch verfaßtes »Geständnis« zu unterschreiben, dessen Wortlaut er nicht kannte. Vom provisorischen Gefängnis in der Nordhäuser Karolingerstraße wurde er nach Sondershausen transportiert und dort am 29. August 1946 zu fünfzehn Jahren Arbeitslager verurteilt. Nach mehrwöchiger Haft in Weimar kam Klaus Schütze schließlich am 4. November 1946 in einen Transport, der ins Lager Sachsenhausen ging.

Am 7. November 1946 gegen Mittag trafen wir nach dreitägiger beschwerlicher Fahrt in Sachsenhausen ein. Zum Empfang wurde uns von dort liegenden Kriegsgefangenen mitgeteilt, es gebe seit dem 5. November nur noch 300 Gramm Brot und einen Liter Suppe. Am nächsten Tag konnten wir alles andere in Erfahrung bringen. Gelandet waren wir in der sogenannten 2. Zone, Baracke 43. Nach der am nächsten Tag stattfindenden Abnahme meiner Fingerabdrücke kam ich in die Krätzebaracke (B 16), um meine Krankheit, die ich mir bereits in Nordhausen in der Karolingerstraße geholt hatte, auszuheilen. Dort verbrachte ich einige unangenehme Tage. Löffel gab es nicht. Die wenigen Kartoffeln, die man in der Suppe vorfand, mußten mit Hölzchen herausgeholt werden. Und das, wo Ansteckungsgefahr drohte! In der Baracke 43 war es nicht viel besser. Gleich bei der Ankunft hatten verbrecherische Elemente, die sich in eine solche Lage sofort hineinversetzen konnten, die Führung in Baracken, Blöcken und Bataillonen an sich gerissen. Die breite Masse war niedergeschlagen und ließ sich von den nunmehrigen »Herrschern« durch Karzer, Rollkommandos (Schläger) und sonstige Strafen niederhalten. Keiner wagte, auch nur Einspruch zu erheben.

Dazu kam noch der kalte Winter, der sein übriges zum Massensterben beitrug. Als schlimmste Krankheit tauchte die Ruhr auf. Einziges vorhandenes Heilmittel waren Kaffee- und Teesatz sowie Holzkohle, die wir uns aus den kläglichen Beständen an Heizungsmaterial selbst brannten. Infektionen, sei es Ruhr, Tuberkulose oder zuletzt Gelbsucht, waren nicht zu verhindern, da alle Baracken zum Bersten gefüllt waren. Am Anfang gab es pro Baracke eine Belegungsstärke von über 300 Mann, die sich dann durch ständige Verlegungen und Todesfälle auf rund 100 Mann im Januar 1950 verringerte.

Wir lagen also Anfang des Jahres 1947, man kann sagen, Mann an Mann. Vielen erfroren irgendwelche Gliedmaßen. Wir konnten lediglich während der Essenszeiten heizen. In der übrigen Zeit lagen wir zusammengekauert, uns gegenseitig wärmend, zu zweit oder dritt unter einer Decke. Die Baracken waren den ganzen Tag verschlossen, die Fenster mit weißer Farbe zugepinselt. Eine Stunde am Tag durften wir im Freien spazieren.

Tag für Tag wurden Tote aus den Baracken getragen. Von Zeit zu Zeit wurde dann die langsam zusammenschmelzende Belegschaft wieder aufgefrischt. Eine erstmalige Aufbesserung der Verpflegung gab es am 25. Dezember 1946. Die Brotration wurde von 300 auf 400 Gramm erhöht und die Suppe von einem auf anderthalb Liter. Damit war schon wesentlich besser auszukommen, obwohl auch diese Ration noch lange nicht ausreichte. Das Durchschnittsgewicht aller schon längere Zeit in Haft befindlichen Kameraden näherte sich wohl einem Zentner. Man sah im ganzen Lager Sachsenhausen nur noch unterernährte Menschen. Jeder spürte eine langsam zunehmende Mattigkeit, die seinen Körper ergriff.

Jede Baracke teilte sich in Flur, Waschanlage und Abort sowie zwei Zugräume. In diesen Zugräumen sah es keineswegs menschlich aus. Man stelle sich einen Lagerraum vor, in dem rechts und links dreistöckige Pritschen stehen. In der Mitte standen rohe Tische und Bänke. Die Wände und Decken grau und mit Spinnweben behangen, der Fußboden schwarz. Erst als nach ungefähr einem halben Jahr, im Herbst 1947, die Türen tagsüber von morgens sechs bis abends sieben Uhr geöffnet waren, war es uns möglich, einigermaßen Sauberkeit in die Baracken zu bekommen. Außerdem hatten wir jetzt endlich frische Luft. Die schlechte Behandlung der Gefangenen jedoch dauerte fort bis ins Jahr 1948.

Auch seelisch wurden wir ziemlich stark geprüft. Keine Nachricht konnten wir an unsere Angehörigen geben, täglich sah man nur dieselben Gesichter und die weißen Mauern vor sich. Arbeit gab es vorerst überhaupt nicht. Dadurch hatte man den ganzen Tag Zeit zum Nachdenken über seine Angehörigen, die Heimat und die fünfzehn Jahre, zu denen man verurteilt war. Jeder vernünftige Mensch kann sich vorstellen, daß all dies sehr marterte. Gerade früher besser situierte Herren waren die ersten, die versagten und gemütskrank wurden. Selbst wenn einige von uns Kameraden gefunden hatten, wurden diese Freundschaften meist nach einiger Zeit des Zusammenlebens durch eigens als »Nervensägen« dienende Zimmergenossen auseinandergerissen.

Mit dem Beginn des Jahres 1948 kamen langsam einige Verbesserungen. Der Verpflegungssatz war inzwischen auf 450 Gramm Brot, 20 Gramm Zucker, 30 Gramm Marmelade und zwei Liter Suppe gestiegen. Diese Tagesration reichte aber auch gerade nur so. Ab Mai 1948 gestaltete sich das Lagerleben etwas erträglicher. Der Russe sah von nun ab streng darauf, daß niemand mehr geschlagen wurde. Auch an Theatervorführungen durften wir teilnehmen. Es wurden Strohsäcke verteilt, die uns persönlich wohl die größte Erleichterung brachten. Bisher hatten wir nämlich auf den blanken Brettern geschlafen, lediglich unsere Oberbekleidung diente als Unterlage. Um dieselbe Zeit gab es eine große Überraschung für die Raucher – Zigaretten, wenn auch nur zwei Stück am Tag. Etwas später, im September ungefähr, war wieder eine große Freude im Lager. Zeitungen wurden ausgegeben. Am Anfang bekamen wir nur die »Tägliche Rundschau« [das Blatt der Besatzungsmacht – d. Hg.], die »Berliner Zeitung« und die »National-Zeitung«. Später folgten noch Illustrierte.

Elektriker bemühten sich sodann um schnelle Fertigstellung des »Lagersenders«. Auf jedem Block wurde ein Lautsprecher aufgestellt. Wenn wir auch nur den jeweils von der Lagerleitung eingestellten Sender hören konnten, so war es uns doch eine große Abwechslung. Von nun an hörten wir wieder etwas über die Außenwelt.

Im Mai 1948 wurden zum ersten Mal Häftlinge aufgerufen für alle im Lager anfallenden Arbeiten. Ich selbst war zwei Tage als Dachdecker tätig, durfte aber am dritten Tag nicht mehr zur Arbeit, da ich zu fünfzehn Jahren verurteilt war. Arbeiter durften höchstens bis zu zehn Jahren bestraft sein. Beschäftigung war es, was wir suchten, deshalb meldete sich auch jeder, der sich bewegen konnte. Leider waren aber nicht soviele Arbeitsplätze vorhanden. Wir Fünfzehnjährigen hätten gerne gearbeitet, doch für uns bestand extra ein Arbeitsverbot.

»Kaum glaubhaft, aber wahr« – diese Losung konnten wir über die größte Überraschung setzen, die wir dann erlebten. Eines Tages wurde eine Kommission gemeldet. Es erschien ein russischer Offizier in Zivil mit den für uns sehr lächerlich wirkenden Fragen: »Warum habt ihr nicht geschrieben? Wer hat es euch verboten?« Er erteilte uns Schreiberlaubnis. Man kann sich gar nicht vorstellen, welcher Jubel sogleich losbrach. Nach drei Jahren endlich nach Hause schreiben zu dürfen, dafür hätten sie uns eine ganze Tagesration nehmen können. Und doch waren wir wieder skeptisch. Wir sind ja überhaupt während der vierjährigen Haftzeit zu großen Pessimisten erzogen worden, eben weil uns der Russe Jahr für Jahr immer wieder an der Nase herumgeführt hat. Selbst an unsere später stattfindende Entlassung glaubten wir nicht mehr. Aber tatsächlich kamen wir nach zwei Wochen zum Schreiben. Der Briefbogen, der eine Größe von höchstens fünfzehn mal fünfzehn Zentimetern hatte, reichte nicht aus. Es wurde uns versprochen, daß wir alle drei Monate schreiben könnten. Doch was hat uns der Russe nicht alles versprochen – es blieb für uns beim einmaligen Schreiben. Nur gut, daß unsere Angehörigen sofort schreiben durften, als es ihnen möglich war.

Ein weiteres schwieriges Kapitel war der Kampf um unsere Haare. Bis zum September 1949 wurde in der 2. Zone des Lagers immer noch die beim Russen so populäre Glatze geschnitten. Nur prominente Persönlichkeiten wie Barackenälteste, Blockälteste, Läufer, Ärzte und Sanitätspersonal durften lange Haare tragen. Damit wurde der Haß des einfachen Häftlings gegen diese Leute immer wieder entflammt. Oft gab es schwere Debatten über das Haareschneiden mit dem Kommandanten. Endlich, im September 1949, kam dann der Befehl, daß sämtliches Glatzeschneiden zu unterbleiben hätte. Doch wird dieser Befehl nur eine Folgeerscheinung der sich langsam nähernden Entlassung gewesen sein.

Ab 1949 schien sich das Lagerleben zu normalisieren. Es wurde die Zeit mit Schach, Dame, Mühle, Halma, Skat und Rommé totgeschlagen. Andere beschäftigten sich mit Nähen (natürlich nur mit selbstgebauten Nadeln und gezogenen Fäden), Stricken, Häkeln, Zeichnen (mit vorsichtig verstauten Buntstiften) und Schnitzen (mit verbotenen Messern). Bei uns galt überhaupt die Devise: »Alles, was verboten ist, reizt«.

Am 13. September 1949 wurde ich dann geröntgt. Bis zu dieser Zeit gab es nämlich so etwas nicht. Bei mir stellte man eine schwache Verschattung der Lunge fest, und ich wurde am 16. September ins Revier eingeliefert. Ich hatte Glück, daß ich in Dr. Schreiber als Stationsarzt einen alten Nordhäuser erkannte, der mich die ganze Zeit über im Revier behielt. Dadurch konnte ich mein Gewicht von 46 auf 59 Kilo erhöhen. Beim ersten Serienröntgen wurde ein trauriges Ergebnis erzielt. Von zehn Mann hatten in der ersten Zeit mindestens acht oder neun Mann Tuberkulose.

Im Dezember 1949 waren mir persönlich, da ich mit Krankenlisten und sonstigen Schreibereien im Revier beschäftigt war, folgende Zahlen bekannt: Von 3 000 Häftlingen der 2. Zone waren noch sage und schreibe 800 gesund. Alle anderen hatten Tbc minderer oder schwererer Art. Unter den 2 200 Kranken gab es ungefähr 250 mit einem Pneumothorax [einer Luftansammlung im Brustfellraum – d. Verf.]. Insgesamt aber standen auf der Pneu-Liste 700 Häftlinge, davon sogar 33 Doppel-Pneus. Die Differenz von mehr als 400 Mann drückt die Sterbeziffer der Pneu-Träger aus.

Im gesamten Krankenrevier wurden drei Verpflegungssätze ausgegeben. Für Tbc-Verdächtige gab es weiterhin die normale Barackenkost, Häftlinge mit leichteren Befunden erhielten die Norm zwei. Diese bestand aus 500 Gramm Brot, 2 Litern Suppe, 15 Gramm Butter, 30 Gramm Marmelade und 30 Gramm Zucker. Das bedeutete für viele schon eine leichte Gewichtszunahme. Die Pneu-Träger bekamen täglich 200 Gramm Weißbrot, 350 Gramm Schwarzbrot, 30 Gramm Butter, 20 Gramm Zucker, morgens einen dreiviertel und abends einen halben Liter Suppe. Zweimal in der Woche gab es Eintopf, und an den anderen Tagen wechselten Gulasch, Haschee, Klopse, Scheibenfleisch und auch Frikassee. Ab und zu gab es auch mal Milch. Außerdem für Schwerkranke auch Sonderkost. Diese bestand aus einer zusätzlichen Suppe, etwas weniger Mittagessen, aber bedeutend besser, und sehr oft Kuchen oder Brötchen. Diese Sonderkost erhielten aber leider nur diejenigen, die bereits an das Sterbelager gefesselt waren.

Das Weihnachtsfest 1949 konnten wir in aller Ruhe auf dem Revier vorbereiten. Wir bauten zwei Weihnachtsbäume nach Seemannsart, die Kiefernzweige mußten eben, kurz geschnitten, Tannenzweige ergeben, zwei Adventskränze und eine Weihnachtspyramide von anderthalb Meter Höhe. Darauf befestigten wir 24 Kerzen, die wir folgendermaßen gebastelt hatten: Wir nahmen eine Tablettenkapsel, durchbohrten den Deckel, zogen einen aus Watte gedrehten Docht hindurch und füllten dieselbe mit Cuprex (einem Mittel gegen Filzläuse). Cuprex hatte einen Ätherzusatz und brannte deshalb fabelhaft. So stand zum Weihnachtsfest auf jedem Tisch eine solche Kerze. Im Revier gab es nämlich sogar Einzelbetten und dazwischen Nachttischchen. An unserer Weihnachtsfeier nahmen drei Professoren, fünf Doktoren und einige Krankenpfleger teil. Es war die beste und besinnlichste Feier, die ich in den vier Jahren meiner Haft miterlebt habe. Auch unser »bunter Abend« zu Silvester war vor demselben Publikum ein voller Erfolg. Auf unserer Station befand sich auch eine selbstgebaute Geige, deren Klänge uns über viele schwere Stunden hinweghalfen.

Als dann im Januar 1950 die ersten Meldungen von der Auflösung der Lager Sachsenhausen und Buchenwald durch unsere Lautsprecher kamen, wollte kein Mensch so richtig daran glauben, aber dann ging es tatsächlich los. Zuerst hörten wir von der Interniertenentlassung. Nach genau einer Woche wurde bei uns im Revier der erste aufgerufen. Am 24. Januar mittags um zwei Uhr erklang auch mein Name. Doch wußte keiner von uns, geht es jetzt heim oder zur deutschen Justiz, denn wir hatten ja erfahren, daß viele von uns den DDR-Behörden zur »Strafverbüßung« übergeben werden sollten. Ich war noch am selben Abend im Zellenbau und erhielt dort meine Laufkarte. Erst jetzt wurde uns klar, daß es nach Hause ging. Im Zellenbau war die Stimmung ganz groß. Die darauffolgende Nacht konnte keiner von uns schlafen.

Am nächsten Tag gab es jedoch einen Zwischenfall. Alle, die sich schon ausgerechnet hatten, wann sie zu Hause wären, wurden enttäuscht, denn am 25. Januar erschien kein Offizier. Erst am Mittag erfuhren wir, daß 1 000 Kameraden mit Lkws von der Volkspolizei abgeholt und nach Bautzen ins Gefängnis geschafft wurden. Unsere Entlassung zögerte sich um einen Tag hinaus. Nun, wir hatten vier Jahre ausgehalten, so hielten wir auch diesen Tag noch aus.

Der 26. Januar 1950 war dann aber tatsächlich der Tag unserer Entlassung, unser »zweiter Geburtstag«, wie wir alten Sachsenhausener, die 1946/47 überstanden hatten, diesen Tag von nun an nennen wollten. Vormittags um zehn Uhr ging es dann, nachdem wir nochmals gefilzt worden waren, durch den großen Uhrturm, den eigentlichen Haupteingang. Am 7. November 1946, abends sechs Uhr, hatte ich ihn das erste Mal passiert, am 26. Januar 1950, vormittags zehn Uhr, durchschritt ich ihn das zweite Mal und verließ damit das Todeslager Sachsenhausen für immer.

Hubert Polus
» . . . dann läßt man sich gehen und stirbt«

Hubert Polus war sechzehn Jahre alt, als er 1946 ins KZ Sachsenhausen kam. Für ihn eine besonders bittere Tatsache, denn schon sein Vater, ein Bergmann aus Senzig bei Königs Wusterhausen, hatte als Gegner der Nazi-Diktatur 1937 eine Gefängnisstrafe von neun Monaten absitzen müssen und war 1938 an den Folgen der Haft gestorben. Für Hubert Polus begann des Verhängnis im April 1945.

Bis 1945 ging bei mir alles seinen üblichen Gang. Zunächst Angehöriger des Jungvolks, dann wurde man automatisch in die HJ übernommen. Mit vierzehn Jahren Beginn einer Lehre als Modellbauer in Senzig. Mitte April 1945 tauchte in unserem Ort ein neuer HJ-Führer auf, Typ des fanatischen Kämpfers, der versuchte mit aller Gewalt, auch mit Polizeidrohung und so weiter, sämtliche greifbaren Hitler-Jungen für die letzte Schlacht zu mobilisieren. Die Russen standen damals schon kurz vor Berlin. Gemeinsam mit dem Volkssturm-Kommandanten befahl er mir und drei anderen Kameraden, per Fahrrad nach Klein-Köris zu fahren und von dort Waffen und Munition mitzubringen. Wir machten uns auf den Weg und wollten mit je zwei Panzerfäusten, zwei Karabinern und 2000 Schuß Munition zurück. Unterwegs wurden wir von sowjetischen Tieffliegern angegriffen und beschlossen daraufhin, den unsinnigen Befehl nicht auszuführen. Am 24. April vergruben wir die Waffen im Wald in schon ausgehobenen Schützenlöchern, die wir zuschippten.

Am 26. April marschierten die Russen in Senzig ein, und wenige Tage danach kam die Anordnung: Bei Androhung der Todesstrafe seien alle Waffen, Munition, Radios, Fotoapparate abzuliefern. Natürlich haben wir jungen Leute diesen Befehl ernst genommen, die Waffen wieder ausgegraben und zur Ortskommandantur geschafft. Dem folgte ein kurzes Verhör in Königs Wusterhausen. Man hielt uns dort drei Stunden fest, dann wurden wir freigelassen. Unsere Namen hatten die Sowjets registriert, aber niemand mußte irgend etwas unterschreiben. Die Angelegenheit war für mich damit erledigt.

In den nächsten Monaten hörte man viel über solche Nazi-KZs wie Dachau oder Sachsenhausen und was dort Schreckliches passiert war, doch daß ich ein derartiges Lager einmal selbst von innen kennenlernen sollte, habe ich natürlich nicht geahnt. Allgemein glaubten alle, jetzt beginne ein neues Leben. Als ich am 3. April 1946 (an die Sache mit den Waffen im Wald dachte ich schon gar nicht mehr) in Senzig mit vorgehaltener Pistole verhaftet wurde, schien mir das höchstens ein Versehen zu sein. Zwei Männer mit russischem Akzent brachten mich nach Mahlow, dort hatte das NKWD mehrere Siedlungshäuser zu Gefängnissen umfunktioniert. Ein Oberleutnant verhörte mich, aber durchaus human, er gab mir sogar zu essen nebst einem Glas Wodka. Über Nacht mußte ich bleiben und am nächsten Tag ein auf russisch geschriebenes Protokoll unterzeichnen, wovon ich natürlich kein Wort verstand. Das war offenbar ein entscheidender Fehler, aber ich hatte doch keinerlei schlechtes Gewissen noch irgendwelchen Grund zum Lügen.

Sechs Tage danach, am 10. April 1946, hörte ich, daß einer von uns vier Jungen, die damals die Waffen geholt hatten, vom NKWD verhaftet worden sei. Freunde empfahlen mir, schnellstens in die Westsektoren zu fliehen, doch ich sagte mir: Wozu? Du bist unschuldig. Noch am selben Tag wurde auch ich wieder nach Mahlow abgeholt. Ein Verhör nach altem Muster folgte. Was danach passierte, hätte ich mir allerdings auch in meinen schlimmsten Träumen nicht vorgestellt.

Nachdem ich mit einem Bekannten aus Senzig vier Wochen in einem Zimmer mit vergitterten Fenstern gefangengehalten wurde, schaffte man uns schließlich in den Keller. Dort waren Holzverschläge und nackte Holzpritschen. Zu dritt saßen wir in der Finsternis und durften nicht miteinander sprechen. Unsere wichtigste Beschäftigung bestand im Fangen von Flöhen. Langsam ging einem jedes Zeitgefühl verloren.

Es dauerte ungefähr vier Wochen, in denen nicht ein einziges Mal irgend jemand mit uns redete oder ein Verhör führte. Erst am 12. Juni kamen wir wieder nach oben, unsere Personalien wurden aufgenommen, dann ging es auf Lkw unter Bewachung von sowjetischen Soldaten mit MPi und scharfen Hunden. Trotzdem war man froh, wieder Tageslicht und grüne Bäume zu sehen. Die nächste Station hieß Potsdam, Lindenstraße (heute Otto-Nuschke-Straße), wo sich einst ein Gestapo-Gefängnis befand.

In Potsdam hatte ich dann mehr Geselligkeit, als mir lieb war. Wir saßen zu acht in einer Ein-Mann-Zelle von etwa zwei mal vier Metern. Sieben Gefangene schliefen auf dem Betonfußboden, der Älteste bekam die Klappritsche. Unser Abtrittkübel lief ständig über, es gab weder Ausgang noch eine richtige Waschgelegenheit. Dafür waren Schikanen wie stundenlanges Knien auf dem nackten Boden nicht selten. Ich wurde zweimal verhört, wobei es die seltsamsten Fangfragen gab, die meines Erachtens darauf hinausliefen, mich irgendwie als englischen Spion zu entlarven. Bei diesen Verhören, die grundsätzlich nachts stattfanden, war die Behandlung nicht gerade zimperlich, man hörte im Dunkeln mitunter schlimme Schreie.

Am 13. Juli 1946, diesen Tag werde ich niemals vergessen, dachten wir, jetzt kommt endlich die Entlassung. Wilde Gerüchte kursierten. Wieder mußte man in scharf bewachte Lastautos, aber ihr Ziel war nicht die Freiheit, sondern das KZ Sachsenhausen! Lagertor, Stacheldrahtzäune und Wachtürme wirkten mehr als bedrohlich. Zunächst schaffte man uns für vierzehn Tage in eine Quarantäne-Baracke, dort befanden sich vor allem Männer und Frauen aus dem Lager Berlin-Hohenschönhausen. Zur Begrüßung gab es Kartoffelsuppe aus einem Müllkübel. Dann wurden uns die Köpfe kahlgeschoren, und die Entlausung folgte. In diesen Tagen sah ich auch den Schauspieler Heinrich George. Er war sehr zurückhaltend und in sich gekehrt, versuchte aber gelegentlich auch, andere aufzumuntern. »Bleib ruhig, wir kommen hier wieder raus«, sagte er einmal zu mir. Später hörte ich, daß er gestorben war und als einziger Toter des Lagers einen Holzsarg bekommen hatte. Irgendwo bei Oranienburg hat man ihn beerdigt.

Nach vierzehn Tagen kam ich in die Baracke Nr. 4. Sie war für 160 Menschen vorgesehen, es lebten jedoch 190 darin, darunter außer mir noch sechzehn Jugendliche. Das ganze Lager war militärisch aufgebaut: Mehrere Baracken bildeten ein Bataillon, die Baracke selbst war eine Kompanie, die wiederum aus zwei Zügen bestand. Die meisten Häftlinge waren schon seit Monaten im Lager, die aus meiner Baracke kamen fast alle aus Hohenschönhausen. Was uns vor allem plagte, war zunächst Langeweile, die nur durch teilweise stundenlange Zählappelle unterbrochen wurde. Der Hunger war anfänglich nicht so gravierend. Es gab 600 Gramm Brot am Tag, zuweilen auch Grütze. Kartoffelsuppe bekamen wir ständig – was man so Suppe nennt: zwei Eßlöffel Kartoffeln auf einen dreiviertel Liter Wasser.

Im November 1946 wurden allerdings die Rationen schlagartig gekürzt, pro Tag erhielten wir nur noch 300 Gramm Brot, die Suppe wurde immer wäßriger und dünner.

Postwendend setzte die Ruhr ein, Tuberkulose grassierte ohnehin schon, und die Leute starben wie die Fliegen. Gegen Jahresende war ich furchtbar abgemagert und beging einen schweren Fehler: Ich tauschte den von meiner Mutter gestrickten Pullover gegen drei Tagesrationen Brot. Im eisigen Winter 1946/47 war ich deshalb nahe am Erfrieren, denn jeder besaß an Kleidung nur das, was er gerade auf dem Leib trug. Viele Menschen, die im Sommer verhaftet wurden und nur in dünnen Sachen steckten, gingen an der Kälte elend zugrunde.

Eine schlimme Episode werde ich nie vergessen. Die Brotration wurde immer ganz früh verteilt, noch vor dem Aufstehen. Unter mir lag im Doppelstockbett ein ganz junger Mann, der nachts gestorben war. Ich unterließ früh bei der Essenausgabe die Meldung darüber und nahm dann dem Toten das Brot von der Brust. So weit war man gekommen. Meine Rettung bestand wohl darin, daß man mich eines Tages zum Kartoffelschälen einteilte. Es mußte ja für 12000 bis 14000 Menschen das bißchen Essen vorbereitet werden. Am Tage hatten Frauen die Kartoffeln zu schälen, nachts kamen die Männer an die Reihe. Diese täglich zwölf Stunden dauernde Küchenarbeit war mein Glück. Da fiel ab und an mal eine Pellkartoffel ab, und ich hatte den Eindruck, daß es mir im Gegensatz zu all dem Sachsenhausener Elend noch relativ gut ging.

Eines Tages hielt man wohl die Sterbeziffer im Lager für zu hoch, die Brotrationen wurden auf 450 Gramm erhöht, und das blieb so bis zum Tag meiner Entlassung.

In unserer Baracke lebte auch ein evangelischer Pfarrer. Zu Weihnachten 1946 hielt er eine bescheidene Andacht. Vom Außenkommando bekamen wir einige Kiefernzweige, andere hatten aus schwarzem Schusterwachs Kerzen gegossen. Kaum war diese Weihnachtsstunde vorüber, mußten wir in eisiger Kälte antreten, das ganze Lager wurde durcheinandergewirbelt, alle auf andere Baracken verlegt. Das passierte in den nächsten Tagen noch zweimal, und ich denke vor allem deshalb, weil die Häftlinge sich nicht näher kennenlernen sollten.

Ich verlor meine Arbeit in der Küche, und wenn man im Lager keine Arbeit mehr besaß, war das furchtbar. Es gab nichts, womit man sich beschäftigen konnte, keine Bücher, keine Zeitungen. Man durfte nicht schreiben, selbst nicht an Familienangehörige von Verstorbenen, und es starben Tausende! Als Toilettenpapier bekamen wir meist in sechs kleine Streifen zerrissene Buchseiten, kaum größer als Fahrscheine. Oft haben wir diese Fetzen gesammelt, um wenigstens zwei oder drei zusammenhängende Buchseiten zu lesen. Einmal wurde ich auf dem Bahnhof Sachsenhausen zum Kohleschippen eingesetzt und versuchte dort heimlich, einen kleinen Zettel mit einer Nachricht an meine Mutter loszuwerden, natürlich vergebens.

Im Lager wurde man nie offiziell nach seinem Namen gefragt, geschweige denn, daß einem irgendeine Anklage oder ähnliches vorgehalten wurde. Quälend waren auch ständige Gerüchte über Öffnung oder Auflösung des Lagers. Es gab ältere Häftlinge, die sich zuweilen so sehr an einen fiktiven Termin klammerten, daß sie das Scheitern dieser Hoffnung nicht verkrafteten. Wenn man ohnehin physisch geschwächt ist und auch noch geistig völlig fertig, dann läßt man sich gehen und stirbt. Ich habe das mehrfach mit ansehen müssen.

Unverhofft hatte ich nochmal Glück im Unglück. Aus unerfindlichen Gründen setzte man mich 1947 in die Schuhmacherwerkstatt des Lagers, wo ich, vom Pechdraht angefangen, Schuster lernte. Ab und an durfte ich auch als Essenholer arbeiten, da war es ein großer Tag, wenn wir per Gummikratzer einige Grützreste aus den Kübeln hervorholen konnten. Trotzdem wog ich kaum mehr als vierzig oder fünfundvierzig Kilo.

In unseren Baracken lagen wir auf nackten Holzpritschen. Manches Brett davon mußte im strengen Winter 1946/47 verheizt werden. Jeder besaß wegen dieser harten Schlafstellen zahllose blaue Flecken am Körper. Als Ende 1947 Strohsäcke ausgeteilt wurden, war das wohl die erste große Errungenschaft im Lager. Kurz darauf folgten sogar Bettbezüge und graue Stoffkleidung, die in Sachsenhausen selbst zusammengenäht werden mußte.

Auf eines allerdings warteten wir vergeblich: daß uns jemand sagte, warum wir Monat um Monat unter diesen unwürdigen Bedingungen vegetieren mußten und worin unsere Schuld bestand. Ich hatte mich inzwischen mit meinem Los abgefunden. Von uns besaß nach zwei Jahren kaum noch jemand Hoffnung, entlassen zu werden. Wir lebten wie auf einem anderen Stern, verloren für die übrige Welt.

Völlig überraschend rief man mich am 11. August 1948 zur Lagerkommandantur. Dort mußte ich eine Verpflichtung unterschreiben, keinem Menschen von den Umständen meiner Haft zu erzählen, und bekam zwanzig Mark Entlassungsgeld. Offiziell hatte ich mich als »Heimkehrer« zu bezeichnen.

Eva Fischer
»Eine kaum zu beschreibende Verwahrlosung«

Eva Fischer erlebte das Kriegsende als Sechzehnjährige. Die aus Berlin stammende ehemalige BDM-Jungmädelführerin wurde von den einmarschierenden Sowjets zuerst »unzählige Male« vergewaltigt und danach gefragt, ob sie nicht die neue demokratische Jugendbewegung in Ostdeutschland mit aufbauen wolle. Eva Fischer war unvorsichtig genug, sich sehr vehement dagegen auszusprechen, und fand sich im NKWD-Keller Nauen wieder. Im August 1946 wurde sie durch ein sowjetisches Militärtribunal wegen »antisowjetischer Propaganda« zu zehn Jahren Haft verurteilt.

Am 24. Dezember 1946 wurde ich, siebzehn Jahre alt, zusammen mit einer großen Gruppe Gefangener aus dem GPU-Gefängnis Potsdam-Lindenstraße in Lastwagen verladen und nach Babelsberg gebracht, wo wir in Viehwaggons gesteckt und nach »unbekannt« abtransportiert wurden. Ich war wegen antisowjetischer Propaganda vom sowjetischen Militärtribunal zu zehn Jahren Arbeitslager verurteilt worden und glaubte mich auf dem Weg nach Sibirien. Doch schon nach zehn Stunden war die Reise zu Ende.

Als die Waggons aufgerissen und wir hinausgetrieben wurden, sahen wir das Bahnhofsschild »Oranienburg«. Ein Raunen setzte ein, daß wir ins KZ Sachsenhausen kämen. Es war ein langer Zug Gefangener, die da in Fünferreihen durch die dunkle Stadt zogen, schwer bewacht von Soldaten mit Maschinengewehren. Ein paarmal stockte der Zug, es gab Geschrei und Flüche. Später erfuhren wir, daß drei unserer Leute auf dem Transport gestorben waren. Damit am Lagertor die Kopfzahl stimmte, wurden drei Männer von der Straße weg in unseren Zug eingereiht. Sie sollten später im Lager nachverurteilt werden.

Im KZ angekommen, wurden die Frauen in der Nacht in den Steinbunker verbracht und marschierten dann am nächsten Tag quer durch das Interniertenlager zur II. Zone, wo nur Verurteilte und Kriegsgefangene lagen. Wir Frauen kamen ganz am Ende der langen Lagerstraße in die Baracke 4. Dort waren bereits zirka 75 Frauen, vor kurzem aus Neustrelitz kommend, untergebracht. Von der Lagerstraße aus kam man durch das Tor auf einen Hof, der rechts und links von je einer langen Steinbaracke und vorn und hinten von einer hohen Mauer mit Wachturm begrenzt war.

Die Barackentür lag in der Mitte. Dort befand sich ein Vorraum, von dem nach beiden Seiten ein Gang abging, mit Türen zu kleinen Kammern, in die jeweils achtzehn Leute gepfercht wurden. In diesen Kammern befanden sich von Wand zu Wand eine doppelstöckige Pritsche aus roh zugehauenen Brettern, ein enger Gang davor mit einem schmalen Brettertisch und einer Bank. Eine 25-Watt-Lampe verbreitete nur trübes Licht, so daß man seine Umgebung ertasten mußte. Tageslicht kam nicht herein, denn die Fenster waren mit brauner Farbe zugemalt und ließen sich nicht öffnen.

Pro Person gab es eine Decke, Strohsäcke waren nicht vorhanden. Die Liegefläche pro Person betrug in der Breite 42 Zentimeter. Wir konnten nur auf der Seite liegen, und nachts hieß es dann mehrmals: »Alles umdrehen!« Schon nach wenigen Tagen hatten sich bei mir auf beiden Hüftknochen Wunden gebildet, die nicht behandelt werden konnten und sich deshalb schmerzhaft immer mehr entzündeten.

Jede Kammer hatte eine eigene Toilette mit einem kleinen Waschbecken, doch es gab weder Toilettenpapier noch Seife oder andere Hygieneartikel. Alle zehn Tage durften wir zur Badebaracke marschieren und dort duschen. Dabei wurde für jeden ein kleiner Würfel Seife, der wie grauer Sand aussah, ausgeteilt. Er mußte auch als

Haarwaschmittel dienen. Manch einer benutzte das Stückchen Seife auch dazu, die Unterwäsche zu waschen, denn das war die einzige Gelegenheit.

Die meisten besaßen nur das, was sie auf dem Leibe trugen, und da ich im Sommer verhaftet wurde, hatte ich weder Strümpfe noch einen Mantel. Zum Glück hatte ich mir bei der GPU einen Kamm organisiert, den ich immer bei mir trug, denn er war eine Kostbarkeit.

Schon in der ersten Nacht begann ein furchtbarer Alptraum, der zu den unauslöschlichsten Erinnerungen gehört und viele bis an den Rand des Wahnsinns trieb. Tausende von Wanzen belebten die Holzpritschen und Wände der Baracke und stürzten sich auf ihre wehrlosen Opfer. Reihum wechselten wir uns zwar ab und gingen in dem schmalen Gang auf und ab, aber die Wanzen ließen sich von der Dekke auf die Menschen herabfallen, so daß ein Entkommen nicht möglich war. Da die Baracke stets verschlossen war, quälten die Biester uns Tag und Nacht, fielen ins Essen und aufs Brot und wurden mitgegessen, denn sie waren in der Dunkelheit nicht zu sehen.

Morgens und abends erfolgte der Zählappell. Dann wurden die Baracken aufgeschlossen, und wir mußten in Fünferreihe antreten. Da wir am Ende der Lagerstraße lebten, dauerte es oft Stunden, bis wir zur Zählung dran waren. Durch Hunger und Krankheiten geschwächt, dazu im Winter bei eisiger Kälte nur mangelhaft bekleidet, war diese zweimalige Zählerei eine einzige Tortur und brachte vielen den Tod. Auch die Essenlieferung wurde dadurch oft so verzögert, daß die Suppe bereits eiskalt war, wenn sie in die Baracke getragen werden konnte.

Dicht unter der Decke über dem Fenster lief durch die ganze Baracke ein zirka vier Zentimeter dickes Rohr, durch das abends gegen neunzehn Uhr für eine Stunde Warmluft ging, was nicht verhinderte, daß im Winter Eiskristalle die Barackenwände schmückten. In Kammer 10 lagen drei werdende Mütter unter den gleichen Bedingungen und bei gleicher Kost. Als die ersten Kinder geboren waren, war es manchmal so kalt, daß den Müttern die Milch wegblieb und die Kinder die dünne Suppe eingeträufelt bekommen mußten, die unsere Kost darstellte.

Die Verpflegung war sehr schwankend. Morgens gab es einen halben Liter dünne Suppe mit ein paar Graupen oder Buchweizen darin, mittags dreiviertel Liter Sauerkrautsuppe ohne Fleisch und Fett, zwischendurch 300 Gramm, später auch mal 350 Gramm Brot und schwarzen Tee. Ganz schlimm waren 1947 einige Wochen, wo es nur Suppe aus Kartoffelschalen gab, die einen so penetranten Geruch verströmte, daß selbst der hungrigste Magen sich erst einmal sträubte, den Fraß bei sich zu behalten. Schrecklich war auch, wenn es statt des sauren, nassen Brotes, das doch jedenfalls für einige Zeit den Magen füllte, nur steinhart getrocknete Brotscheiben gab, weil aus irgendwelchen Gründen die Bäckerei nicht arbeiten konnte.

Der ständig quälende Hunger und die Kälte verursachten ein derartiges Massensterben, daß sich von 1946 bis 1948 das Lager anderthalbmal selber auflöste. Bis Ende 1948 hatten wir zirka 26000 Tote gezählt.* Die Toten wurden mit den leeren Brottragen aus den Baracken geschafft! Ende Januar 1947 gab es dann täglich umschichtig einen Teelöffel Zucker oder Marmelade.

Als ich im März 1947 an Ruhr und einer Nierenbeckenentzündung erkrankte, hatte ich das große Glück, ins Lazarett zu kommen, was ein Ausnahmefall war und nur Schwerstkranken gestattet wurde. In dieser Krankenbaracke war Ende 1946 Heinrich George verstorben, und ich kam in den Besitz seiner Gedichte, die er während seiner Gefangenschaft geschrieben und im Lazarett im Strohsack versteckt hatte. Heinrich George soll als einziger einen Sarg bekommen haben und auf einem Friedhof begraben worden sein.

Als ich zehn Wochen später in die Baracke 4 zurückkehrte, waren dort inzwischen die Fenster abgekratzt worden, wodurch nun Tageslicht in die Kammern kam und man die kaum zu beschreibende Verwahrlosung zum ersten Mal richtig bemerkte. Es war für mich ein Schock! Die Baracke war nun tagsüber geöffnet, und die Frauen waren dabei, die Schlafpritschen auseinanderzureißen und die Wanzennester zu vernichten. Es gab sogar einige Kübel Chlor, womit die Bretter getränkt wurden, nur machte der beißende Gestank den Aufenthalt und gar den Schlaf in der Baracke unmöglich.

Im Lazarett hatte ich neben einer 90jährigen gelegen, bis sie dort

* Zu den Angaben über die Sterblichkeitsziffern vgl. S. 91.

verstarb. Jüngster Insasse des Lagers war ein neunjähriger Junge, der mit seinem Vater zusammen verhaftet worden war. Beide sind sehr bald verstorben. In einer Männerbaracke lag eine ganze Klasse zehn- bis elfjähriger Jungen, von denen drei überlebten.

Im Sommer 1947 tauchte bei uns eine russische Ärztekommission auf, die uns auf Arbeitsfähigkeit untersuchte, weil wieder ein Transport nach Sibirien zusammengestellt wurde. Allerdings war der allgemeine Gesundheitszustand so schlecht, daß sie niemanden als tauglich mustern konnten. Wie ich später von Betroffenen hörte, war der vorherige Transport aus Sachsenhausen nur bis Brest-Litowsk gekommen, weil der größte Teil der Gefangenen schon auf dem Transport starb und der Rest in so schlechter Verfassung war, daß er wieder nach Sachsenhausen zurückgebracht wurde.

Ich hörte bei der Untersuchung immer wieder: »Dystrophie«. Deshalb wurden wir Frauen im Frühjahr 1948 auf die andere Seite der II. Zone verlegt. Das waren vier Blöcke mit je vier kleinen Steinbaracken. Unsere Strohsäcke konnten wir mitnehmen, und nun bekamen wir in unsere Sauerkrautsuppe mittags rohe Kartoffeln hineingerieben, damit die Suppe dicker wurde. Nach etwa einem Vierteljahr wurden wir dann nach vorn zu den Internierten verlegt, von denen ein großer Teil zu diesem Zeitpunkt entlassen wurde.

Wieder kurze Zeit später wurde das gesamte Frauenbataillon in die Sonderzone neben dem Steinbunker verlegt, wo wir dann bis zur Auflösung des Lagers verblieben. Ich hatte damals gehört, daß insgesamt 7000 Frauen durch Sachsenhausen gegangen seien. Im Frauenbataillon wurde dann auch eine Mütterbaracke eingerichtet, die mit 32 Müttern und ihren Säuglingen belegt war.

Nun waren auch die ersten Arbeitseinsätze möglich, und die Frauen wurden zum Kartoffelschälen und Krautschneiden eingesetzt, andere Gruppen kamen in die Waschküche oder in den Industriehof zur Schneiderei, Radioabteilung und so weiter. Doch war es nur eine Minderheit, die die Gelegenheit hatte, dem trostlosen Barackendasein für ein paar Stunden zu entfliehen. Für die von Heinrich George gegründete Theatergruppe wurde eine Baracke als Theater ausgebaut, und nun durften täglich auch Gruppen von Gefangenen den »Postmeister«, »Faust«, »Schwarzwaldmädel« und andere, wirklich großartige Inszenierungen erleben. Mit welcher Inbrunst da geprobt und gespielt wurde, ohne Sonderverpflegung oder andere Vergünstigungen bis an die Grenzen des Leistungsvermögens, läßt sich heute kaum beschreiben!

Ende 1949 bekamen wir die Möglichkeit, eine Karte mit zwölf Zeilen nach Hause zu schicken. Die Antworten von Zuhause brachten in den meisten Fällen weder Freude noch Erleichterung, denn in den vergangenen Jahren des Schweigens waren im Leben draußen so viel tragische Umwälzungen erfolgt – Todesfälle, Scheidungen und so weiter –, daß viele Mithäftlinge jetzt erst seelisch zusammenbrachen.

In diesem kurzen Bericht auf die seelischen Belastungen, auf die Ausbrüche von panikartigen Massenweinkrämpfen, auf den unaufhörlichen, ständig bohrenden Hunger und den Kampf gegen Wanzen und Kälte und ständige Bedrohung einzugehen, ist unmöglich. Genausowenig kann ich auf all die Beispiele von Mut, Kameradschaft, Nächstenhilfe und wahrer Menschlichkeit eingehen, die ein Überleben überhaupt möglich machten.

Eines jedoch soll nicht ungesagt bleiben. Während die Führung von GPU und NKWD hier systematisch das Experiment erprobte, durch Auszehrung, vitaminarme Ernährung, Beschäftigungslosigkeit und absolute Geheimhaltung vor der Außenwelt eine Vernichtung der Gefangenen zu erreichen, war der einfache russische Soldat, der zur Bewachung abkommandiert war, mit wenigen Ausnahmen ein zwar hilfloser, aber humaner Mensch, der oft mit seinen wenigen Möglichkeiten zeigte, daß er selbst über die Gegebenheiten zutiefst erschüttert und entsetzt war.

Als im Februar 1950 das KZ Sachsenhausen aufgelöst wurde und wir der Volkspolizei der DDR übergeben wurden, sagte mir ein russischer Posten: »Bei deinen Deutschen wirst auch du das Weinen lernen!« Der Junge war ein Prophet!

Eva Fischer gehörte zu den NKWD-Häftlingen, die 1950 direkt vom DDR-Strafvollzug übernommen wurden. Bis zu ihrer Freilassung im Januar 1954 mußte sie noch drei Jahre in den Zuchthäusern Hoheneck und Brandenburg-Görden zubringen.

MÜHLBERG

Das ehemalige NS-Kriegsgefangenenlager »Stalag IV B« auf der Mühlberger Flur (nördlich von Riesa) wurde im September 1945 als »Speziallager Nr. 1« in Betrieb genommen. Es bestand aus etwa 60 Baracken vorwiegend in Holzbauweise. Die Häftlinge kamen zunächst aus Haftanstalten in Großenhain, Zwickau und Dresden. Im Juni 1946 wurden die ersten von 3000 Internierten von hier aus in die Sowjetunion verschleppt. Mit einer durchschnittlichen Belegung von 12000 Menschen gehörte Mühlberg zu den großen Sonderlagern. Dort befand sich auch ein durch Stacheldraht isoliertes Frauenlager. Durch ständige Zugänge aus NKWD-Gefängnissen sowie den Lagern Torgau, Ketschendorf und Jamlitz stieg die Zahl der Häftlinge dramatisch an. Bei einer großen Entlassungsaktion im Juli/August 1948 wurden ungefähr 7000 Gefangene freigelassen.

Mühlberg sticht durch eine Besonderheit aus der Reihe der Internierungsorte hervor: Mit geradezu fanatischem Eifer sorgte die dortige sowjetische Lagerkommandantur dafür, daß sich trotz Hunger und Massensterben ein reger Kulturbetrieb entwickelte. Zwar ist dergleichen auch aus anderen Lagern bekannt, doch hinsichtlich der Dimensionen war Mühlberg einzigartig. Im Lager existierten unter anderem ein Orchester und ein vollständiges Theater. Um die notwendigen Requisiten und Instrumente zu beschaffen, konnten manche Häftlinge sogar unter Bewachung nach Hause fahren. Die Mühlberger Lagerkapelle spielte am 1. Mai 1946 vor hohen sowjetischen Militärs im »Weißen Hirsch« in Dresden und einen Tag danach auf einem Elbdampfer.

Knapp 3500 Internierte mußten nach Auflösung des Lagers im November 1948 den Weg ins KZ Buchenwald oder ins Zuchthaus Bautzen antreten. Die Baracken wurden abgebaut und kamen nach Sosa im Erzgebirge, wo die Talsperrenbauer sie weiterhin als »Lager Mühlberg« bezeichneten.

In Mühlberg starben etwa 8000 Häftlinge, die in Massengräbern auf einem Schießstand nördlich des Lagers beziehungsweise am Fuße einer alten Schanze unmittelbar neben der Lagergrenze verscharrt wurden. Das Gelände ist heute teilweise von Wald und Niederholz bedeckt. Als man in den sechziger Jahren dort zufällig mehrere Leichen ausgrub, wurden sie offiziell zu »Opfern der faschistischen Gewaltjustiz« erklärt.

Gottfried Becker
»Die ›Kultura‹ führte eine Scheinwelt vor«

Gottfried Becker, Jahrgang 1926, wurde mit achtzehn Jahren im Juni 1944 zur Wehrmacht eingezogen. Vor seiner Einberufung hatte er verschiedene Funktionen bei der Hitler-Jugend inne und war zuletzt HJ-»Standortführer« im Dorf Tautenhain (Sachsen). Mit einer neu aufgestellten Division wurde er im April 1945 in die Gegend um Thale im Harz verlegt, wo er in amerikanische Gefangenschaft geriet. Mitte Juni entließen die Amerikaner einen Teil derjenigen Gefangenen, die in dem vertragsgemäß der Roten Armee zu übergebenden Gebiet Mitteldeutschlands beheimatet waren. Unter ihnen befand sich auch Gottfried Becker.

Am 1. Juli 1945 zog in unser Gebiet die Rote Armee ein. Die Amerikaner hatten die wenigen örtlichen Spitzen der Nazis in unserer kleinen Stadt mitgenommen, im August verhafteten die Sowjets die zweite Garnitur, so an die zehn Personen. Am 20. September 1945 wurde ich abends nach einer Theatervorstellung zu der berühmten »kurzen Befragung« auf die Polizeiwache bestellt, die ich als »Arrestant« verließ. Ein deutscher Hilfspolizist brachte mich zur sowjetischen Kommandantur. Dreißig Personen waren verhaftet worden: Block- und Zellenleiter, viele Volkssturm-Unterführer, ein Landwirtschaftsrat, der Feuerwehr-Kommandant und drei Jugendliche. Wir wurden in das Gefängnis der Kreisstadt Borna gebracht, und in der darauffolgenden Nacht wurde ich das einzige Mal während meiner Haftzeit verhört.

Mir gegenüber am Schreibtisch saß eine Zivilistin, die kaum deutsch sprach und verstand. »Wenn du luggen, du Sibirien!« eröffnete sie das Verhör. »Werwolf« sollte ich sein. Nein, ich sei ja Soldat gewesen. »Wo du warren?« – »Im Harz«. – »Was sein Harz?« –

»Berg, Gebirge!« – »???« – »Du schießen auf russisch Soldaten!« – »Nein, Amerikaner.« Da erlosch ihr Interesse an diesem Thema.

Nun las man mir eine lange Liste von NS-Organisationen vor und fragte, ob ich Mitglied gewesen sei. Ich erfuhr auf diese Weise, daß es einen NS-Dozentenbund gegeben hatte und einen NS-Rechtswahrerbund, der sich kaum aussprechen ließ. Die Hitler-Jugend war in ihrer Aufstellung nicht enthalten. Da half ein sowjetischer Offizier weiter. Er kam mit einem hellroten Aktendeckel in den Raum, öffnete ihn und las mir vor: »Du Standortfjuhrer Tautenchain.« Da sagte ich kurz und verblüfft: »Ja.«

Fähnleinführer, Singscharleiter, Landdienstbeauftragter – zu allem hätte ich etwas zu sagen gehabt, aber ausgerechnet »Standortführer Tautenhain«? Wer wußte überhaupt davon? Wurde darüber jemals etwas schriftlich festgelegt? Wer also konnte gerade das angegeben haben? Ich weiß es bis heute nicht. »Was du da machen?« – »Nichts«, hätte ich sagen müssen, aber wie sollte ich das der Frau begreiflich machen, die so wenig verstand? Also erzählte ich ein bißchen von meiner Tätigkeit als Jungvolk-Führer. Sie schrieb viel mit, in russisch. Dann las sie es mir vor – auch in russisch – und forderte mich auf, es zu unterschreiben. Ich tat es, weil ich mir letztlich meiner Situation bewußt war, vor allem aber, weil ich nach diesem harmlosen Verhör annahm, am nächsten Tage ginge es bestimmt heimwärts. Ich war mir keiner Schuld bewußt, und schließlich hatte mich der Ami bei der Entlassung ähnliches auch gefragt.

Ich befand mich aber im Irrtum. Am Morgen des 23. September 1945 stand ein Omnibus im Gefängnishof, wir dreißig Leute stiegen ein, und ab ging die Fahrt – Richtung Osten. Gegen Mittag überquerten wir in Riesa die Elbe, da kannte ich mich aus, oft genug hatte man uns dort herumgescheucht. Entlang des Truppenübungsplatzes ging es nordwärts, ein kurzes Abbiegen, und wir standen mit unserem Omnibus vor dem Eingang des ehemaligen Kriegsgefangenen-Stammlagers (Stalag) IV B.

Vor uns hielt ein offenes, nur mit einer Plane abgedecktes Lastauto, von dem mühsam eine Gruppe fein angezogener alter Herren herunterkletterte, etliche von ihnen noch mit Schlips und Kragen, mit Hüten und in feinen Sommermänteln. Wer mochte das wohl sein?

Endlich durften auch wir aussteigen. Hungrig, unrasiert und mit unseren Bündeln im Arm durchliefen wir den ersten Schlagbaum, dann ein hölzernes Tor und noch einmal einen Schlagbaum. Wir waren am Ziel unserer Reise, im »Speziallager Nr. 1 des NKWD« Mühlberg an der Elbe.

Das Lager befand sich in einem desolaten Zustand. Das ließ bereits ein Blick aus dem Omnibusfenster auf das ehemalige Offizierslager im Vorfeld erkennen. Im Hauptlager fanden wir diesen Eindruck bestätigt. Aus den Baracken war alles entfernt, was sich entfernen ließ. Keinerlei Mobiliar wie Bettgestelle, Stühle, Tische, die Öfen sämtlich herausgerissen, die großen Fensterflügel ohne Glas oder nur mit Scherben bestückt, beim größten Teil der Baracken auch die hölzerne Zwischendecke entfernt, so daß die Konstruktion der Dachbinder offenlag. Hätte der Fußboden nicht aus Ziegelsteinen bestanden – auch er wäre entfernt worden. Die Zeit zwischen dem Kriegsende im Mai und nun dem September war lang genug und der Bedarf groß genug, um ein solches Bild entstehen zu lassen. Ein Wunder, daß die Wasserleitung noch funktionierte!

Die übergroße Mehrzahl der Baracken war sechzig Meter lang und zwölf Meter breit – etwa vierzig Stück – mit einem gemauerten Mittelteil und Betonfundament. Darin befand sich der Waschraum. Aus ganz fein angebohrten Eisenrohren tröpfelte es unaufhörlich in die betonierten Waschrinnen. Am Eingang der beiden etwa 25 Meter langen Teilbaracken befand sich ein kleines Plumpsklo mit einer Sitzgelegenheit. Nach dem Ausbau waren in jeder Barackenhälfte etwa 200 bis 250 Personen untergebracht. Die etwa zehn mal zwanzig Meter großen Abortbauten waren weiter hinten errichtet worden; natürlich auch nur über einer großen Grube ohne Abfluß.

Dann gab es aber gleich am Eingang einen Komplex von vier kleineren Baracken, die nicht zerstört waren; mit Mittelgang, unterteilten Räumen und Holzfußböden. Eine davon war bereits mit Frauen belegt, in die andere kamen wir. Erschöpft setzten wir uns auf den Boden – und sprangen gleich wieder hoch: Unzählige Flöhe, ausgehungert und lebenslustig, waren auf Nahrungssuche ausgezogen. Es war eine Qual! Ob wir in diesen ersten Nächten zum Schlafen kamen, weiß ich nicht mehr.

Vom ersten Tage an gingen wir daran, das Lager wieder bewohnbar zu machen und uns selbst einzuzäunen. Erst waren noch nicht viele Menschen im Lager (später erfuhr ich meine Häftlingsnummer: 156), aber es wurden fast täglich mehr. Das Offizierslager wurde abgebrochen und aus dessen Barackenteilen zwei Meter lange Doppelstockpritschen gezimmert, die – nach Zunageln der großen Fenster – jeweils rundum im Innern einer Halbbaracke aufgebaut wurden. Nur die Oberlichter der Fenster blieben erhalten und wurden auch mit Glas versehen. Es wurden Öfen mit langen Schächten gemauert, Hocker, Bänke und Tische zusammengebastelt. Irgendwelche Stacheldrahtzäune wurden mitsamt den Pfählen, an denen sie befestigt waren, abgebaut, herangeschleppt und neu gesetzt. In den ersten Wochen wäre ein Davonlaufen sehr einfach gewesen, wenn es die Posten ringsum und auf den Wachtürmen nicht gegeben hätte.

Auch im sowjetischen Bereich wurde gebaut. Die Oberleitung des Ganzen hatte ein gefangener Baumeister, der sein Baubüro auf dem Vorwerk Altenau eingerichtet hatte und auf diese Weise einige Wochen lang sogar in der Lage war, über eine Angestellte, die ihn dort aufsuchte, sein Geschäft daheim weiterzuführen. Da er aus meinem Heimatort stammte, hatte auch ich Gelegenheit, ein Lebenszeichen nach Hause zu geben und sogar zweimal ein Paket mit Eßwaren zu empfangen. Einmal waren es selbstgemachte Quarkkeulchen! Deren Geschmack verfolgt mich bis heute.

Die Periode, wo es möglich war, mit Duldung der Posten – und mit Hilfe von Schnaps – einen Kontakt zu den Inhaftierten herzustellen, ging Mitte 1946 zu Ende, obwohl es mutige Angehörige auch später noch versuchten. Um diese Zeit ging auch der Ausbau der Baracken zu Ende, nachdem vorher noch ein zweistöckiges Haus mit Wohnungen für sowjetische Offiziere und deren Familien gebaut worden war. Zum Schluß fuhren Kommandos mit Lastautos in das nicht weit entfernte ehemalige Kriegsgefangenen-Lazarett Jacobsthal und bauten dort Baracken ab. Mit Hilfe dieser Teile wurde nun unser Lager mit einer übermannshohen Bretterplanke versehen, so daß man nicht mehr darüber hinaus ins freie Land schauen konnte. Lediglich an ganz wenigen Stellen des sonst so ebenen Geländes war das aus den Abortbauten heraus möglich. So sahen wir dann manchmal die Bauern bei der Arbeit, die kleine Eisenbahn mit dem Qualm ihrer Lokomotive und in der Ferne den Speicher des Bahnhofes Neuburxdorf. Allgegenwärtig war allen aber über die Planke hinweg der Anblick des »Kugelfangs« oder »Schießstandes«, von uns »Sehnsuchtshügel« genannt, als Symbol der Freiheit. An seinem Fuße wurden von Anfang an die Massengräber für unsere Toten angelegt.

Einmal war ich mit zu einer Beerdigung. Das war im Oktober 1945, da starben noch ganz wenige, fünf waren es an jenem Tag. Sie wurden nackt in die vorbereitete Grube gelegt, mit einem Zettel zwischen den Zehen, und dann sofort mit Chlorkalk abgedeckt und mit Sand zugeschüttet. An diesem Verfahren dürfte sich auch später bei wesentlich höheren Totenzahlen nicht viel geändert haben.

Gleich am ersten Tage wurde die Lagerbäckerei wieder in Betrieb genommen. Das benötigte Feuerungsmaterial bestand aus Baumstämmen, die das »Waldkommando« täglich schlug und ins Lager transportierte. Später diente das frische Holz auch als Feuerungsmaterial für die Öfen in den Baracken. Auf diese Weise wurde der das Lager umgebende Waldstreifen nach und nach abgeholzt.

Auch das Bad (mit Entlausung) konnte funktionstüchtig übernommen werden. Dort sah ich erstmals grellgelbe »Konservendosen« mit der Aufschrift: »Zyklon B – Vorsicht Gift!« Die Entlauser schlugen ein Loch in den Deckel und stellten sie dann rasch in die Entlausungskammer mit den abgedichteten Türen. Wozu dieses Gift noch verwendet wurde, habe ich erst nach meiner Entlassung erfahren.

Zu den Problemen der Küche und der Lebensmittelversorgung kann ich nichts sagen, dorthin hatte ich nie Beziehungen. Da wir zunächst keine Eßgefäße besaßen, mußte improvisiert werden. Wir drei Jugendlichen fischten aus dem Müllberg, mit dem ein Luftschutzteich schon zugeschüttet werden sollte, einen Kunststoff-Lampenschirm heraus, schlossen die obere Öffnung mit einem Holzpfropfen und waren nun in der Lage, die Portionen für uns drei darin in Empfang zu nehmen. Das ging aus technischen Gründen (ein Löffel ich – ein Löffel du – ein Löffel er) nicht lange gut. Der eine suchte sich eine verrostete Konservendose, der andere fand eine Ofenkachel, in die gerade ein Dreiviertelliter hineinging.

Etwa ein Jahr später entdeckte man im Lager ein Tonvorkommen.

Spezialisten zauberten eine Töpferwerkstatt mit Drehscheibe und Brennofen – und es gelang, Tonschüsseln anzufertigen. Die hatten nur einen Nachteil: Sie saugten einen Teil der hineingeschütteten Flüssigkeit auf. Das ging natürlich nicht, keiner wollte die Schüsseln haben und auf einen Löffel Wasser der Suppe verzichten. Also erfand man eine Salzglasur – auch das funktionierte –, und nun wurden die Schüsseln angenommen. Die Zeit der verrosteten Konservendosen ging zu Ende.

Unsinnig fand ich von Anfang an die dauernden täglichen Zählappelle. Der sowjetische Sergeant sauste an uns vorbei und zählte dabei die Fußspitzen, oder aber er zählte umständlich die Köpfe – Mann für Mann. In den ersten Wochen trat das ganze Lager noch in der Nähe des Luftschutzteiches an, einschließlich der Frauen, später fand der Appell »zonenweise« statt.

Für die Frauen hatte man sehr rasch gesonderte Baracken in einer anderen Lagerecke hergerichtet, ihr Terrain war besonders umzäunt und abgeriegelt. Waren es anfangs nur wenige, so stieg ihre Zahl bis Ende 1946 doch auf 400 bis 500 an.

Ich selbst sah mich Ende Oktober 1945 einer Bekannten gegenüber, die mit mir zusammen nach Leipzig zur Schule gefahren war. Sie war meine erste platonische Jugendliebe. Fast hätte ich sie nicht erkannt: rot und verquollen ihr Gesicht. Sie war am Tage zuvor mit einigen anderen eingeliefert und in eine bisher unbelegte Baracke gesteckt worden. In der Nacht hatten sie die Wanzen überfallen! Wer von uns wußte denn, was eine Wanze ist? Ich habe ihr dann von meinen Quarkkeulchen abgegeben, und heute ist sie meine Frau. Aber das ist eine andere Geschichte.

Der erste deutsche Lagerleiter war ein uralter pensionierter General, Hänecke oder Hänicke geheißen, Schwiegervater des Narvik-Generals Dietl. Aber der war wohl den Sowjets zu aufrecht und zu korrekt, jedenfalls wurde er bald abgelöst von einem üblen Subjekt. Der hieß Walter Haller und stammte aus Adorf im Vogtland. Wie die Sowjets auf ihn gekommen sind, weiß ich nicht. Jedenfalls bezeichnete er sich als »Antifaschist« und umgab sich mit einer »antifaschistischen Lagerleitung«. Er prahlte damit, einem großen Polenlager vorgestanden zu haben, und schlug sich auf die Brust: »Meine Polen stehen alle für mich ein!« Erst war er »Lagerleiter«, dann beförderte er sich zum »Oberlagerleiter« und schließlich zum »Hauptlagerleiter«. Letzteres geschah in meiner Wohnbaracke, der 1a. Er stand auf einem großen runden Tisch, von uns in den ersten Tagen irgendwoher organisiert, legte sich die rote Armbinde mit drei mit Stempelfarbe darauf gedruckten Sowjetsternen an und hielt eine Brandrede gegen die »Nazischweine, Verbrecher und Lumpenhunde«.

Ganz besonders hatten es ihm die Reichsgerichtsräte angetan: »Die Reichsgerichtsräte werde ich vernichten!« Die lagen auch mit in unserer Baracke und mußten sich das anhören – es waren die alten Herren, die vor uns vom Auto geklettert waren. Ich bin fest überzeugt, daß Haller die Bedeutung eines Reichsgerichtsrates überhaupt nicht kannte, vielleicht setzte er sie mit Freislers Blutrichtern gleich. Auf alle Fälle machte er seine Drohung wahr. Die alten Männer gingen alle in die »Jauche«, deren Chef der General Hänicke wurde. Mit Eimern und von Hand zu Hand gereicht, mußten die großen Abortgruben leergeschöpft werden. Der Eimerinhalt wanderte in einen Jauchewagen, wie ihn die Bauern zum Düngerausbringen auf die Felder benutzten. Dann mußten sich die Häftlinge davorspannen, und per Menschenkraft wurde das Gefährt nach draußen auf ein Feld geschoben, wo das Faß abgelassen wurde. Diese Tortur hielt keiner lange aus. Zur Entkräftung kam die Infektion: 36 der 38 Mitglieder des Reichsgerichts kamen ums Leben. Ihnen ist eine Gedenktafel im Gebäude des Bundesgerichtshofes in Karlsruhe gewidmet. Einer der beiden Überlebenden lag eine Zeitlang ganz in meiner Nähe auf der Pritsche. Er stammte aus Wien, war ein passionierter Bergsteiger, sportlich durchtrainiert, und erzählte uns ausgiebig von seinen Kletterpartien.

Das System der deutschen Lagerleitung wurde nach und nach ausgebaut. Sanitäter, Furiere und Barackenälteste waren die unterste Stufe. 1946 wurden jeweils vier Baracken nochmals durch Stacheldraht von den übrigen Gebäuden getrennt. Auch entlang der Lagerstraße, die das Lagergelände halbierte, wurde nochmals ein Drahtzaun gezogen. So entstanden »Zonen«, die der normale Häftling nicht verlassen durfte. An den Durchgängen stand der »Ordnungsdienst«, von uns nur »Lagerpolizei« genannt, und paßte auf. Auch beim »Barackenfilzen«, das von Zeit zu Zeit stattfand und wo das Unterste zuoberst gekehrt wurde, war er unrühmlich eingesetzt. Meine Gedanken dabei waren immer wieder: Mit welchem Recht tun sie das? Sie sind doch genau solche Gefangenen wie wir!

Es gab einen »Arbeitseinsatzleiter«, der allen Arbeitskommandos vorstand. Das waren überwiegend Handwerker, also Bäcker, Friseure, Schuhmacher, Badepersonal; aber auch Tischler, Schneider und »Kunsthandwerker«, die ausschließlich für den Bedarf der Sowjets arbeiteten. Der große Bereich des Lazaretts und der medizinischen Betreuung soll hier ausgespart bleiben. Meine persönlichen Kenntnisse darüber sind gering.

Unter den »Zonenleitern« war ein echter Antifaschist, Otto Gehlert. Er war der erste sozialdemokratische Oberbürgermeister von Aschersleben nach 1945. Warum mochten ihn die Sowjets interniert haben?

Die deutsche Lagerleitung hatte Unterkunft in der »Glasbaracke«, auch »Stabsbaracke« genannt, gefunden. Sie stand als Sonderbau parallel zur Küche I. Eine Längsfront war ganz aus Glasscheiben zusammengesetzt, dahinter lag ein Gang, von dem aus etliche Stuben zu erreichen waren. Hier residierte Haller, hier waren aber auch die Schreibstuben für die wenigen Verwaltungsfunktionen, die wir Häftlinge hatten. Hier wurde jeden Abend die Sollstärke festgestellt, hier wurde das Totenbuch geführt, hier wurden Orgien gefeiert, und hier verschob Haller das Zahngold, das ihm willfährige Kreaturen aus den Gebissen der Toten herausbrachen, an die Sowjets. Sein »Lagerführer« Thomas aber holte das Gold – sei es als Ring, sei es als Plombe – auch aus den Lebendigen heraus. Prügel waren dabei ein durchaus normales Mittel. Später wurde dieser Thomas bei einem Prozeß im Westen dafür rechtskräftig verurteilt. Haller aber hatte den Bogen wohl überspannt. Mitte 1947 wurde er von den Sowjets nachts aus seinem Bett geholt und fortgebracht. Ein Zeuge hat ihn später in Bautzen unter den Verurteilten wiedergetroffen, und nach dessen Aussage ist er auch dort »in seinen Armen« gestorben.

Am 8. Oktober 1945 kam der erste große Transport aus Bautzen. Eine nicht enden wollende Menschenschlange bewegte sich langsam von der Bahnlinie bei Neuburxdorf her auf das Lager zu. Wir waren überzeugt: Das sind unsere Nachfolger, nun geht es nach Hause. Zwei Wochen später wurden von den dreißig Leuten, mit denen ich gekommen war, achtzehn entlassen. Wir restlichen zwölf kamen bestimmt vor Weihnachten noch heim! Pustekuchen! Zwar kamen immer mehr und immer neue Transporte aus sächsischen und magdeburgischen Gefängnissen, aber wir blieben.

Ich bin von Haus aus handwerklich sehr unbegabt, und die tägliche Beschäftigung mit dem »Geradeklopfen von Nägeln mit Hilfe von Steinen« war doch wenig befriedigend. Andererseits hatten es die weiteren Neuankömmlinge viel schwerer, denn die Arbeitsfunktionen im Lager waren natürlich von den zuerst Gekommenen besetzt. Das ewige Nichtstun, das Warten von einer Essenausgabe zur anderen, ohne jemals richtig satt zu werden, war dann wohl auch bis zuletzt der Zustand, der psychisch am meisten belastete. Immer von 200 bis 500 Menschen umgeben, mit 50 Zentimetern Pritschenfläche zum Schlafen, gepeinigt von Wanzen und Flöhen, ohne Anklage, ohne jede Verbindung mit der Außenwelt und ohne zu wissen, wie lange das noch so weitergehen sollte, das war bei vielen ein Grund, nicht durchzuhalten.

Der andere war die Verpflegung. Grundlage bildete das selbstgebackene Brot, ein Kastenvollkornbrot mit einer Ausbackquote, die uns ganz frisches, aber nasses und klitschiges Brot bescherte. Bis zum 3. November 1946 gab es davon 500 Gramm täglich, dazu 15 bis 20 Gramm Butter, 20 bis 30 Gramm Zucker und/oder Marmelade. Früh gab es einen halben Liter Malzkaffee, mittags einen dreiviertel Liter und abends einen halben Liter Suppe. Deren Zusammensetzung war sehr unterschiedlich: Graupen, Kartoffeln, Möhren und jeweils einige Fleischfasern. Bis zum November 1946 mit einiger Konstanz, danach lange Zeit zu 90 Prozent Wasser. Ein Beispiel: Ein bestimmter »Lagerleiter« erhielt täglich zehn Liter Mittagssuppe, wovon er satt wurde, weil er »das Dicke« herausaß. Die Wasserbrühe verschenkte er großzügig weiter.

Zur Überbringung von Nachrichten jeder Art und zur Aufrechterhaltung der Verbindung zur Stabsbaracke waren »Melder« eingesetzt, die sich vornehmlich aus Jugendlichen rekrutierten. So gab es unter anderen einen »Uhr-Melder«, der ständig mit einer Taschen-

purenverwischung auch auf dem 'riedhof. Im Wald von Halbe, wo ıehr als 20 000 deutsche Gefallene us der Schlacht um Berlin ihre letzte Ruhe fanden, deklarieren einfache Grabsteine wie dieser die umgebetteten Toten des Internierungslagers Ketschendorf als unbekannte Kriegs-pfer.

ine friedliche Wohnidylle? In dieser iedlung in Fürstenwalde-Süd waren on 1945 bis 1947 die Häftlinge des agers Ketschendorf eingesperrt.

Einseitiges Gedenken: In Jamlitz bei Lieberose wurde nur an die Opfer der Nazi-Diktatur, nicht aber an die der Stalin-Diktatur erinnert.

Die ehemalige Lagerstraße von Jamlitz. Hier vorn befand sich das Eingangstor.

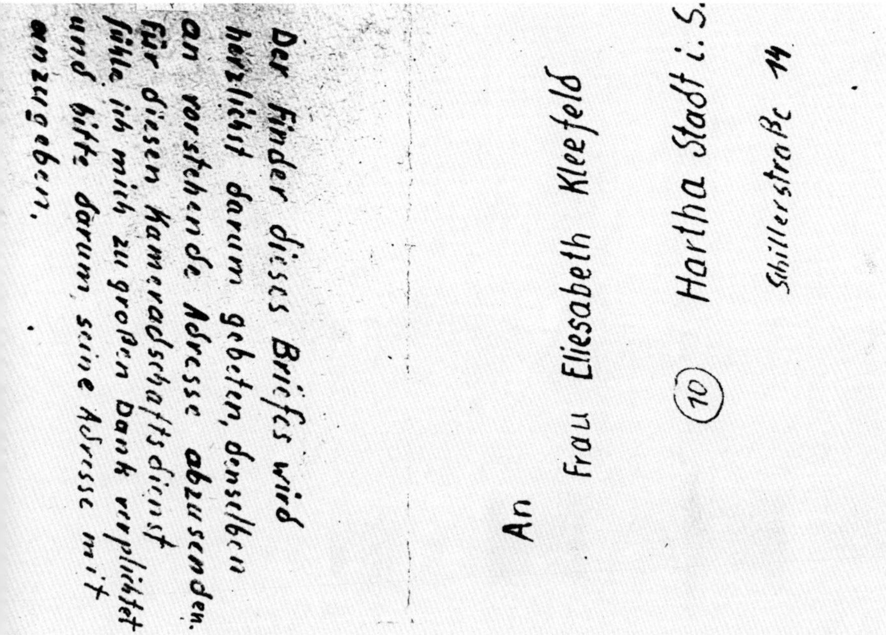

An
Frau Eliesabeth Kleefeld
(10) Hartha Stadt i. S.
Schillerstraße 14

Der Finder dieses Briefes wird herzlichst darum gebeten, denselben an vorstehende Adresse abzusenden. Für diesen Kameradschaftsdienst fühle ich mich zu großen Dank verpflichtet und bitte darum, seine Adresse mit anzugeben.

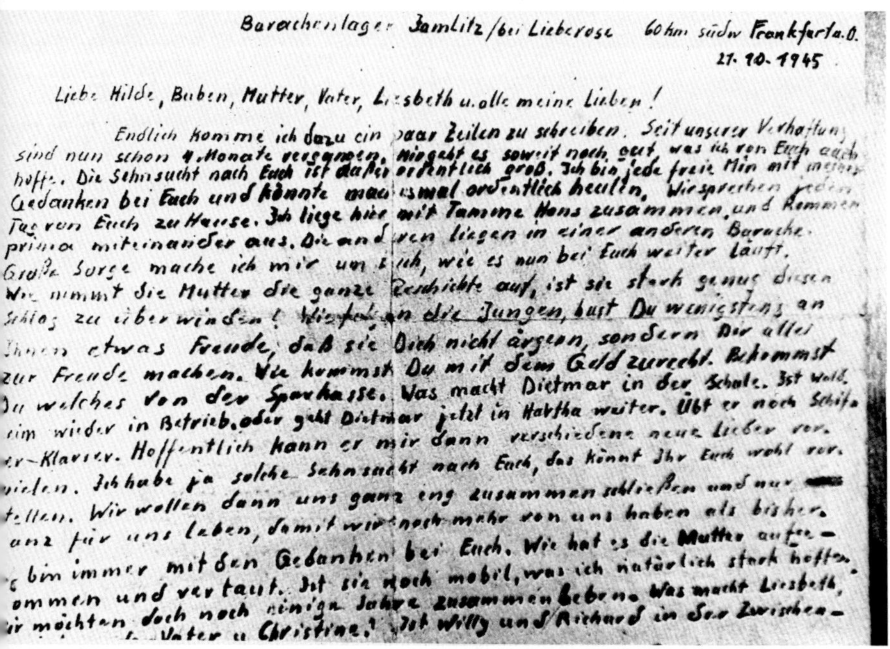

Barackenlager Jamlitz/bei Lieberose 60 km südw Frankfurt a. O.
21. 10. 1945

Liebe Hilde, Buben, Mutter, Vater, Liesbeth u. alle meine Lieben!

Endlich komme ich dazu ein paar Zeilen zu schreiben. Seit unserer Verhaftung sind nun schon 4 Monate vergangen. Hier geht es soweit noch gut, was ich von Euch auch hoffe. Die Sehnsucht nach Euch ist daher ordentlich groß. Ich bin jede freie Min mit meinen Gedanken bei Euch und könnte manchmal ordentlich heulen. Wir sprechen jeden Tag von Euch zu Hause. Ich liege hier mit Tamme Hans zusammen, und kommen prima miteinander aus. Die andern liegen in einer anderen Baracke. Große Sorge mache ich mir um Euch, wie es nun bei Euch weiter läuft. Wie nimmt die Mutter die ganze Geschichte auf, ist sie stark genug diesen Schlag zu überwinden! Wie folgen die Jungen, hast Du wenigstens an Ihnen etwas Freude, daß sie Dich nicht ärgern, sondern Dir alles zur Freude machen. Wie kommst Du mit dem Geld zurecht. Bekommst Du welches von der Sparkasse. Was macht Dietmar in der Schule. Ist wohl ...eim wieder in Betrieb, oder geht Dietmar jetzt in Hartha weiter. Übt er noch Schif...er-Klavier. Hoffentlich kann er mir dann verschiedene neue Lieder vorspielen. Ich habe ja solche Sehnsucht nach Euch, das könnt Ihr Euch wohl vorstellen. Wir wollen dann uns ganz eng zusammenschließen und nur ...anz für uns leben, damit wir noch mehr von uns haben als bisher. ...ch bin immer mit den Gedanken bei Euch. Wie hat es die Mutter aufgenommen und verdaut. Ist sie noch mobil, was ich natürlich stark hoffe. ...ir möchten doch noch einige Jahre zusammen leben. Was macht Liesbeth, ... Vater u. Christine? Ist Willy und Richard in der Zwischen-

...lten nur drang eine Nachricht nach draußen. Dieser Brief wurde aus dem ...ger geschmuggelt. Sein Absender, Erich Sparschuh (siehe S. 87), sah seine ...ngehörigen nicht wieder.

Das ehemalige Sonderlager der SS Sachsenhausen wurde 1946 zu einem Internierungslager der Sowjets umfunktioniert.

Die grausige Wahrheit kommt ans Licht. Nach der Wende in der DDR legen Soldaten der Nationalen Volksarmee im Frühjahr 1990 im Schmachtenhagener Forst bei Oranienburg die sterblichen Überreste von NKWD-Opfern aus dem Lager Sachsenhausen frei.

Heinrich George (Porträt aus dem Jahr 1942) starb 1946 im Lager Sachsenhausen (siehe S. 92).

Ungewöhnliche Kassiber: In Tonseife ritzte der spätere Sachsenhausen-Häftling Klaus Schütze (siehe S. 93) erste Lebenszeichen. Noch während seiner Haft im NKWD-Keller ließ er sie nach Hause schmuggeln.

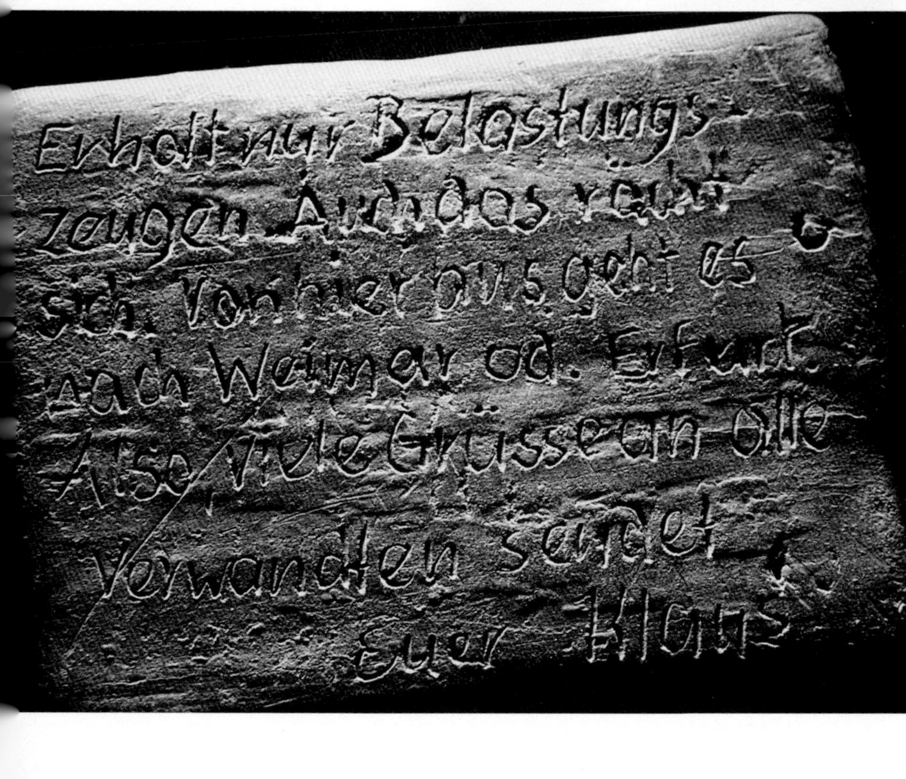

Die beiden Häftlingszeichnungen zeigen das Lager Mühlberg im Winter und den Blick in eine der völlig überfüllten Baracken.

azarett in Mühlberg, 1948. »In die Totenkammer – Nachts« schrieb Professor
n Kursell auf seine im Lager angefertigte erschütternde Federzeichnung.
n Notenblatt der »Kultura« aus dem Lager Mühlberg.

Vergangenheitsbewältigung à la DDR: Das Gelände des ehemaligen sowjetischen Internierungslagers Fünfeichen wurde einfach in ein Sperrgebiet der Nationalen Volksarmee verwandelt.

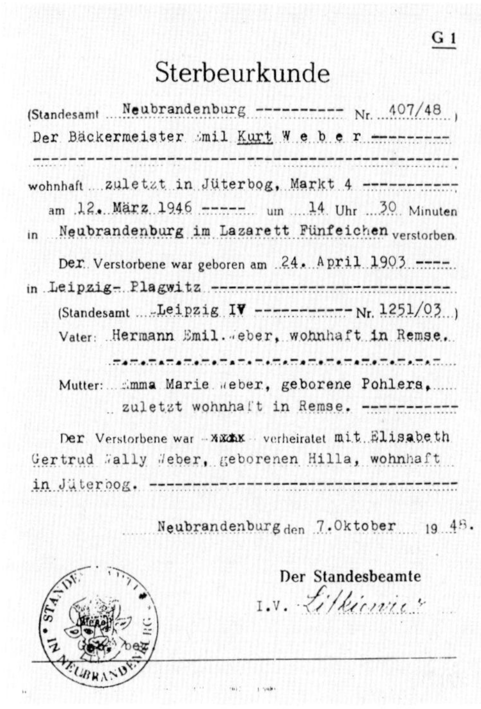

G 1

Sterbeurkunde

(Standesamt Neubrandenburg ---------- Nr. 407/48)

Der Bäckermeister Emil Kurt W e b e r ---------

----

wohnhaft zuletzt in Jüterbog, Markt 4 -----------

am 12. März 1946 ----- um 14 Uhr 30 Minuten

in Neubrandenburg im Lazarett Fünfeichen verstorben.

Der Verstorbene war geboren am 24. April 1903 ----

in Leipzig- Plagwitz ---------------------------

(Standesamt Leipzig IV ----------- Nr. 1251/03)

Vater: Hermann Emil Weber, wohnhaft in Remse.

-.-

Mutter: Emma Marie Weber, geborene Pohlers,

zuletzt wohnhaft in Remse. -----------

Der Verstorbene war XXXX verheiratet mit Elisabeth Gertrud Wally Weber, geborenen Hilla, wohnhaft in Jüterbog. ---------------------------------

Neubrandenburg den 7.Oktober 19 48.

Der Standesbeamte

I.V. Lifkiewic

Ein nicht alltägliches Dokument: Auf Drängen der Familie ausgestellte offizielle Sterbeurkunde für einen Fünfeichen-Häftling. Normalerweise wurde das Sterben in den Lagern verheimlicht.

uhr durch die Baracken lief und die jeweilige Uhrzeit verkündete. Sonnenuhren standen hoch im Kurs! Auch Sanduhren aus Flaschen wurden gebastelt, mit etwa einer halben Stunde Laufzeit. Wehe aber, man vergaß sie zu wenden! Dann passierte es, daß der Zwei-Uhr-Posten vom Geräusch des Türaufschließens überrascht wurde – und es war in Wirklichkeit schon sechs Uhr morgens.

Ich sehe mich heute noch in meiner Baracke sitzen, als ein »Melder« durchlief und verkündete: »Die heutige Brotration muß für morgen mit langen.« 300 Gramm Brot täglich – da setzte das große Sterben ein. Am Heiligen Abend 1946 zählte ich 86 Tote. Es war sehr kalt, der Morgendunst lag über den Baracken, und die Sonne erhob sich gerade als roter Ball über die Bretterplanke. Jeweils zwei Holzstangen waren durch ein Stück Stoff verbunden, darauf lagen sie, natürlich nackt, und bildeten eine unheimlich lange Reihe auf der abgesperrten Lagerstraße. Da öffnete sich vorn das Tor, jeweils zwei Träger hoben ihre Last an, und so defilierten sie auf ihrem letzten Gang an mir vorbei, der ich heimlich die Barackentür einen Spalt geöffnet hatte.

Aber nicht der Toten wegen. Ich wartete vielmehr auf ein junges Mädchen, das beim sowjetischen Arzt-Major als Aufwartung tätig war. Der war ein human gesinnter Mann, hatte aber leider nur einen sehr geringen Einfluß. Sie wurde frühmorgens – von einem Melder begleitet – auf jener Lagerstraße zum Tor geführt, und bei dieser Gelegenheit steckte sie mir ab und zu einen Kanten Brot zu: ihre Lagerration, die sie selbst nicht benötigte. Im Juni 1949, ein Jahr nach unserer Entlassung, haben wir geheiratet.

Die böseste Zeit war die der »Pülpe«. Das war ein Rückstand von der Kartoffelverarbeitung, ohne jeden Nährwert, reine Zellulose. Dieses Abfallprodukt wurde mit Wasser angereichert, es sah dann aus wie fein durchgedrehter Spinat, nur nicht so grün, mehr olivfarben. Dieses Zeug – manchmal mit ein paar Graupen durchsetzt – wurde auf die Kalorien nicht angerechnet. Es sättigte für eine kurze Zeit und ging dann unverdaut wieder ab, nur das Wasser blieb im Körper, führte zu den berüchtigten Ödemen und drückte so manchem das Herz ab. Unsere Ärzte warnten und wehrten sich, aber was tut einer, der am Verhungern ist? Nach etlichen Monaten wurde dann der

Verzehr verboten und eingestellt. Die gleiche Wirkung wie die Pülpe hatte das Steinsalz in Kieselsteingröße. Das gab es über alle die Jahre hinweg immer und reichlich genug.

Das Essen wurde etwas besser um die Jahreswende 1947/48, als die Öffentlichkeit im Westen auf die sowjetischen Lager aufmerksam wurde und aufmerksam machte. Da dachte man wohl erstmals an Entlassungen. Und vom März 1948 an spürte man die Besserung deutlich, auch wenn es immer noch unmöglich war, damit die total geschwächten Körper wieder aufzubauen. Die grassierende Tbc schob dem einen weiteren Riegel vor. Da nützte auch die Hefe nichts, die wir in den Wochen vor der Entlassung verabreicht bekamen! Die Brotration war bereits Mitte 1947 wieder auf 500 Gramm erhöht worden. Das alles tat dem Sterben von weiteren Tausenden von Häftlingen keinen Abbruch.

Im Sommer 1946 war das Lager so gut wie gefüllt; ich schätze die Belegung auf 10000 bis 12000 Personen. Nachdem eine kleine Gruppe aus Rochlitz nach Hause durfte, kam es im Frühherbst zu der ersten größeren Entlassungsaktion von einigen hundert Mann, fast alle aus der Dresdener Gegend. Ich vermute, daß das irgendwie mit dem Volksentscheid über die Enteignung der Kriegsverbrecher in Sachsen zusammenhing. Dann ging ein Transport in die UdSSR, dem fast nur ehemalige Offiziere und entsprechende Dienstgrade von Parteigliederungen angehörten. Sie kamen später als Kriegsgefangene wieder in die Heimat, soweit sie überlebten. Danach ging ein Transport »Volkssturm« nach Frankfurt/Oder. Nach fünf Tagen trafen sie wieder bei uns ein, halb verhungert und verdurstet. Man hatte ihnen Salzheringe als Verpflegung gegeben – sonst nichts. Sie schlurften zum Duschen ins Bad und tranken vom Badewasser – das war für weitere von ihnen der Tod.

Gegen Ende 1946 wurde das Internierungslager Torgau aufgelöst. Die Transporte gingen nach Buchenwald und Mühlberg. Unsere Baracken füllten sich wieder, auch wenn der Tod reiche Ernte hielt. Auch der dortige Lagerleiter Hoffmann, ein Baltendeutscher von einwandfreiem Charakter, kam damals mit zu uns. Zuerst wurde er neben Haller als »Lagerleiter«, aber ohne jede Befugnis, eingesetzt, weil auch der sowjetische Lagerkommandant von Torgau mitgekommen war. Nach Hallers Sturz wurde Hoffmann dessen Nachfolger. Wir atmeten auf! Aber auch in der sowjetischen Kommandantur fand ein Wechsel statt.

Vorerst aber, im Januar 1947, bei eisiger Kälte, kam eine sowjetische Ärzte-Kommission, die alle diejenigen heraussuchte, die noch arbeitsfähig erschienen. Kennzeichen waren noch vorhandene »runde Arschbacken«. Da hatte das gute Leben manches Lagerfunktionärs, manches Handwerkers oder des Küchenpersonals ein Ende. Der Verhaftungsgrund oder die Verstrickung in NS-Dinge spielte überhaupt keine Rolle. Viele wollten fort, egal wohin; ich wurde ausgemustert und blieb da. Die Ausgesuchten bekamen vor ihrem Abtransport alle russische Pelzmützen. Deshalb hieß dieser größte Transport, der je fortging, bei uns der »Pelzmützentransport«. Auch hier kamen später die Überlebenden aus der UdSSR zurück – als Kriegsgefangene!

Nun war Platz im Lager geworden, auch das tägliche Sterben trug dazu bei. Da kamen im April wieder »Neue«, darunter allein an die tausend Frauen. Das Lager Jamlitz war aufgelöst worden. Die Ankömmlinge befanden sich in einem noch weit jämmerlicheren Zustand als wir selbst. Zwei große Männerbaracken wurden geräumt und dem Frauenlager zugeschlagen. Der Lazarett-Bereich mußte vergrößert werden, die Zahl der Toten stieg weiter an.

Hauptgesprächsstoff war immer und jederzeit das Essen. Was wurden da für Kochrezepte ausgetauscht für daheim! Heimlich auf Stofffetzen geschrieben und in Kleidungsstücke eingenäht, erreichten sie nie die Freiheit – vor der Entlassung wurde jeder neu eingekleidet in Anzüge, die die Frauen in Handarbeit in den Monaten zuvor genäht hatten: ein lappiger Zellwollstoff, ohne Jackentaschen und mit nur einer Hosentasche, fast ohne Knöpfe. Ein Strick sollte die Hose am mageren Leib halten.

Welch eine Zeremonie beim Brotverteilen! Es gab in jeder Baracke *ein* Brotmesser, streng unter Verschluß gehalten. Die Kastenbrote wogen 1500 Gramm und mußten in drei, später in fünf Teile geschnitten werden. Die in der Regel nicht gewogenen Teile wurden nun reihum in der »Brotgemeinschaft« ausgewählt. In unserer Baracke hatten wir allerdings eine selbstgebastelte »Brotwaage« nach Art der alten

Krämerwaagen – und die drei Mann schauten genau hin, daß der Zeiger in der Mitte stehenblieb. Dann durfte man noch wählen zwischen Kanten und Mittelstück.

Unvergessen der Ruf: »Das Essen kommt!« Wie war da plötzlich alles lebendig in der sonst so trägen Atmosphäre. Und wieder wurde genau aufgepaßt, wie tief der Furier die Schöpfkelle eintauchte, umrührte und ja nichts verschüttete. »Nachschlag« war ein Zauberwort. Es gab viele Methoden, das Essen einzunehmen, den Suppeninhalt noch auf das Brot zu verteilen, ja sogar Marmelade, Zucker und Brot so zu vermengen, daß eine klitschige Masse entstand: die »Mühlberg-Torte«. Manche aßen nur einmal am Tag alles auf, andere jede Stunde einen Bissen – satt wurde keiner. Ich kannte jemanden, der hatte nur einen Teelöffel und war stolz darauf, denn er brauchte länger als die anderen zum Essen. Einmal – in der ganz schlechten Zeit – kam eine Anfrage aus der Küche, ob man die Kartoffeln geschält oder ungeschält in die Suppe tun sollte. Natürlich war die große Mehrheit für ungeschält. Aber das ging nicht lange, da verbot es der Arzt-Major aus gesundheitlichen Gründen. Wie recht hatte er, aber über welche Probleme durfte er wirklich entscheiden! Das jährliche weihnachtliche Festessen bestand aus Pellkartoffeln – ohne jede weitere Zutat.

Das Baden – mit vorsorglicher Entlausung verbunden – war stets eine Wohltat. Ich meine, wir waren so alle drei Wochen an der Reihe. Es gab ein kleines Stück Tonseife, aus den Duschen kam schön warmes Wasser. Erschrocken war ich jedesmal über den Anblick unserer Körper: nur Haut und Knochen und die Haut über den Beckenknochen grün und blau vom Liegen auf den harten Holzpritschen.

Die Wäsche wurde in bestimmten Abständen in die Wäscherei gegeben. Unsere Unterhosen sahen immer aus wie ein rotgepunktetes Kleidungsmuster – das Blut der vielen Flöhe, die wir täglich fingen. Verschlissene Kleidung und Wäsche konnten nur aus dem Nachlaß von Toten ersetzt werden. Dazu gab es (selten genug) »Bezugsscheine«. Die Lageroberen aber liefen immer in tadelloser Kleidung herum. Haller in Schaftstiefeln, blank geputzt, mit einer Stiefelhose aus schwarzem Stoff und stets eine Art Ballonmütze auf dem Kopf. Wir hatten ihn zu grüßen, gingen ihm aber soweit als möglich aus dem Weg.

Schlimm war es um die Schuhe bestellt. Ein Besohlen gab es nicht. Wenn sie durchgelaufen waren, wurde das meist noch intakte Oberleder an einer Holzsohle befestigt. Die nächste Stufe war eine Art Holzsandale mit Lederstreifen, und schließlich blieb noch der reine Holzpantoffel. Das Schlurfen der unbeweglichen Sohlen und der dadurch erreichte typische Häftlingsgang stehen mir heute noch vor Augen. Man bedenke auch: Es gab kein Toilettenpapier! Dazu dienten Stoffleckchen, immer wieder ausgewaschen und in einer Jackentasche verstaut. Wo blieb da die Hygiene?

Auch das Rasieren und Haarschneiden war problemreich. Wir wurden in Kolonnen dorthin geführt. Die Kopfhaare wurden uns nie geschoren, es sei denn, jemand hatte Läuse. Da fielen natürlich nicht nur die Kopfhaare. Das Rasieren war qualvoll. Einmal wöchentlich war die Regel. Die Rasiermesser waren stumpf, und es gab viel zuwenig, so daß man sich mit Rasierklingen behalf, die in hölzerne Halterungen Marke Eigenbau eingefügt waren. Auch die waren so stumpf, daß es kaum ging. Dazu kam die massenhafte Verbreitung der Bartflechte, eben durch diese Bedingungen. Als Mittel dagegen gab es nur Einpinseln mit Kaliumpermanganat – das halbe Lager lief immer lila im Gesicht herum.

Der sowjetische Lagerkommandant, Hauptmann Samoilow, war ein Kulturfanatiker. Er unternahm alles, um im Lager eine »Kulturelle Sektion«, kurz »Kultura« genannt, aufzubauen. Deren Tätigkeit war für die sowjetische Garnison, gleichermaßen aber auch für die deutschen Häftlinge bestimmt. Er konzentrierte seine ganze Energie auf diese Aufgabe, während ihn die sonstigen Zustände im Lager kaum interessierten.

Es war nicht schwer, aus den vielen Menschen solche herauszusuchen, die künstlerisch oder auf kulturellem Gebiet tätig gewesen waren oder sich dafür eigneten. Der »Kultura« gehörten zuletzt etwa 150 Männer und 50 Frauen an. Sie durchlief von 1945 bis 1948 eine Entwicklung, die hier nicht nachzuvollziehen ist. Ihre Angehörigen waren – auch wieder nach »Leistung« gestaffelt – in vielem besser gestellt als die meisten anderen Häftlinge. Das betraf weniger das Essen als vielmehr die Möglichkeit, einer sinnvollen Beschäftigung nachgehen zu können, die Sinne und den Geist anzustrengen und auf ein bestimmtes Ziel, eine bestimmte Aufführung auszurichten und sich untereinander mit Themen zu beschäftigen, wie sonst nirgends in den Baracken. Auch die Unterkünfte waren besser. Es war jene Baracke, in der ich meine ersten Nächte verbracht hatte. Stuben für 40 statt für 250 Mann, Holzfußböden, Berliner Öfen und große Fenster – das war ein Luxus in jener Welt. Daß die wenigen Musiker, die vorwiegend für die sowjetische Garnison spielten, noch einmal bevorzugt wurden, wer wollte es ihnen verübeln? Unter uns war das bekannt, aber es wurde nicht darüber gesprochen.

Schließlich sei auch nicht unerwähnt, daß der »berufliche« Umgang zwischen Männern und Frauen zu mancher Freundschaft führte, auch wenn es offiziell streng verboten war, außerhalb der unmittelbaren Bühnenauftritte oder Proben auch nur beieinander zu stehen. Der menschliche Geist ist in solchen Situationen besonders erfinderisch.

Die Tätigkeit der »Kultura« war stets äußerst umstritten. Ihre Aufführungen standen im krassen Gegensatz zu Not und Elend rundum, und es gab so manchen, der an den Theaterbesuchen keinerlei Interesse zeigte. Andererseits vermochten die Akteure den Elendsgestalten im Zuschauerraum für zwei Stunden im Monat eine Scheinwelt vorzuzaubern, während derer die Gedanken einmal nicht beim Essen waren. Daß für die Frauen und Männer der »Kultura« ihre Tätigkeit eine unschätzbare Überlebenshilfe war, versuchte ich oben schon darzustellen. Was unter den gegebenen Bedingungen aber künstlerisch geleistet wurde, ist mehr als beachtenswert.

Um die »Kultura« aufzubauen, bediente sich der Hauptmann Samoilow solcher Mittel, die sogar unter den damaligen gesetzlosen Umständen außergewöhnlich waren und kaum vorstellbar sind: Bestimmte Häftlinge durften unter Bewachung »schwarz« nach Hause fahren, wenn sie entsprechende Dinge »liefern« konnten, natürlich ohne jede Bezahlung. Also fuhr der Musikinstrumentenhändler nach Markneukirchen und brachte Instrumente mit, mit denen eine »Tanzkapelle« von etwa 15 Mann und ein »Großes Orchester« von etwa 25 Mann zusammengestellt werden konnten. Der Perücken- und Kostümverleiher aus dem Vogtland brachte seine Bestände ein, der Theaterbesitzer aus Leipzig in mehreren Transporten Kostüme, Kulissen, einen Theatervorhang, Notenmaterial für ganze und halbe Operetten, Klavierauszüge und Regieanweisungen. Ein Chorangehöriger fuhr nach Riesa und holte die sechs Bände für Männerchor des Deutschen Sängerbundes für alle vier Stimmen. Nicht gerechnet sind hier das Haus aus Fertigteilen und ein Auto (mit Radio) für den Kommandanten, je eine Kinoanlage für ihn und die Garnison, diverse Autobatterien und – Schnaps, Schnaps, Schnaps.

Auch im Lazarettbereich profitierte man von dieser Methode, ohne daß ich dazu Näheres sagen kann. Ein Zahnarzt aus Dresden holte seine ganze Praxis-Einrichtung. Dazu gehörte auch eine Bohrmaschine, die durch ständiges Treten mit dem Fuß in Bewegung gehalten wurde.

Nachdem das Notenmaterial da war, traten diverse Notenschreiber in Aktion. Auch das Notenpapier und die sorgsam gehüteten, weil sonst streng verbotenen Bleistifte stammten aus solchen Quellen.

Ich hatte mich bereits im Oktober 1945 bei dem gerade im Entstehen begriffenen Männerchor gemeldet. Mein Vergnügen am Singen war nicht erloschen. Chorleiter war ein kleiner, temperamentvoller Mann, dem ich schon am Tage meiner Ankunft im Lager begegnet war. Da lief er im Gang unserer Baracke auf und ab, fuchtelte mit den Armen und tat seine Überzeugung kund: »Der Führer lebt, der Führer lebt!« Das erschien mir recht verwunderlich. Nun stand der 7. November, der sowjetische Revolutionsfeiertag, vor der Tür. Da verfaßte er einen neuen Text auf einen alten Sängermarsch:

»Neue Zeit, die Fahnen wehn,
die über unserm Lager stehn.
Neue Zeit, wir sind bereit,
zu dienen dir in Freud und Leid.«

Das erschien mir wieder verwunderlich.

Am 7. November 1945 fand also die erste Veranstaltung statt. »Menschen im Umbruch« war sie betitelt und verriet so schon die Absicht, nicht in Konflikt mit der Besatzungsmacht zu kommen. Denn natürlich mußte jedes Wort ins Russische übersetzt werden, ehe es gesprochen oder gesungen werden konnte und durfte.

»Wir fühlen, daß von neuem Mensch wir werden
im Glücksgefühl verinnerlichter Tat.
Wir fühlen, in der frohen Arbeit hier auf Erden
wächst uns der Bruderliebe schönste Saat«

dichtete ein Wiener Journalist. Wir sangen den Sängermarsch mit dem neuen Text, und das Ganze gipfelte in einem Szenarium um den und mit dem alten Faust:

»Wer immer strebend sich bemüht,
den können wir erlösen«

gesprochen von einem alten Studienrat, ein wenig auf sächsisch.

Das Lagertheater konnten wir in gutem Zustand übernehmen. Der Zuschauerraum wurde im Frühling 1946 noch einmal um zehn Meter verlängert, so daß danach in dem etwa 35 Meter langen und zwölf Meter breiten Raum etwa 250 Personen Platz fanden. Auch ein Keller für das Orchester wurde angelegt. Die eingebaute Bühne war etwa zehn Meter breit und fünf Meter tief. In den angrenzenden Räumen fanden der Fundus, die Kostümschneiderei, der Aufbewahrungsraum für die Instrumente und der Theaterfriseur Unterkunft. Sein »Rouge«, aus Talg und Ziegelmehl gemixt, war eine Qual beim Ab- und Anschminken. Am wichtigsten aber waren zwei größere Probenräume. In jedem stand ein Klavier. Wo mochten die herstammen?

Die »Kultura« gliederte sich in mehrere Abteilungen. Neben dem »Chor«, dem ich zuerst angehörte, gab es die »Volkskunst«, eine Art volkstümliches Laientheater, geleitet von dem Erzgebirgsdichter Stephan Dietrich aus Eibenstock. Dann gab es die »Dramaturgie«, die sich mit Schauspielaufführungen beschäftigte. »Kabale und Liebe«, »Fiesco«, »Die Heirat«, »Der Revisor« sind mir in Erinnerung, aber auch »Der wahre Jacob« und ein gut geschriebenes Boulevardstück, »Mit meinen Augen«.

Das »große Orchester« agierte allein, unter anderem mit einer Bruckner-Sinfonie, oder als Begleiter mannigfacher Aufführungen. Was für eine andächtige Stille herrschte, wenn die Violinvirtuosin Elisabeth Weikert das Violinkonzert g-moll von Max Bruch spielte!

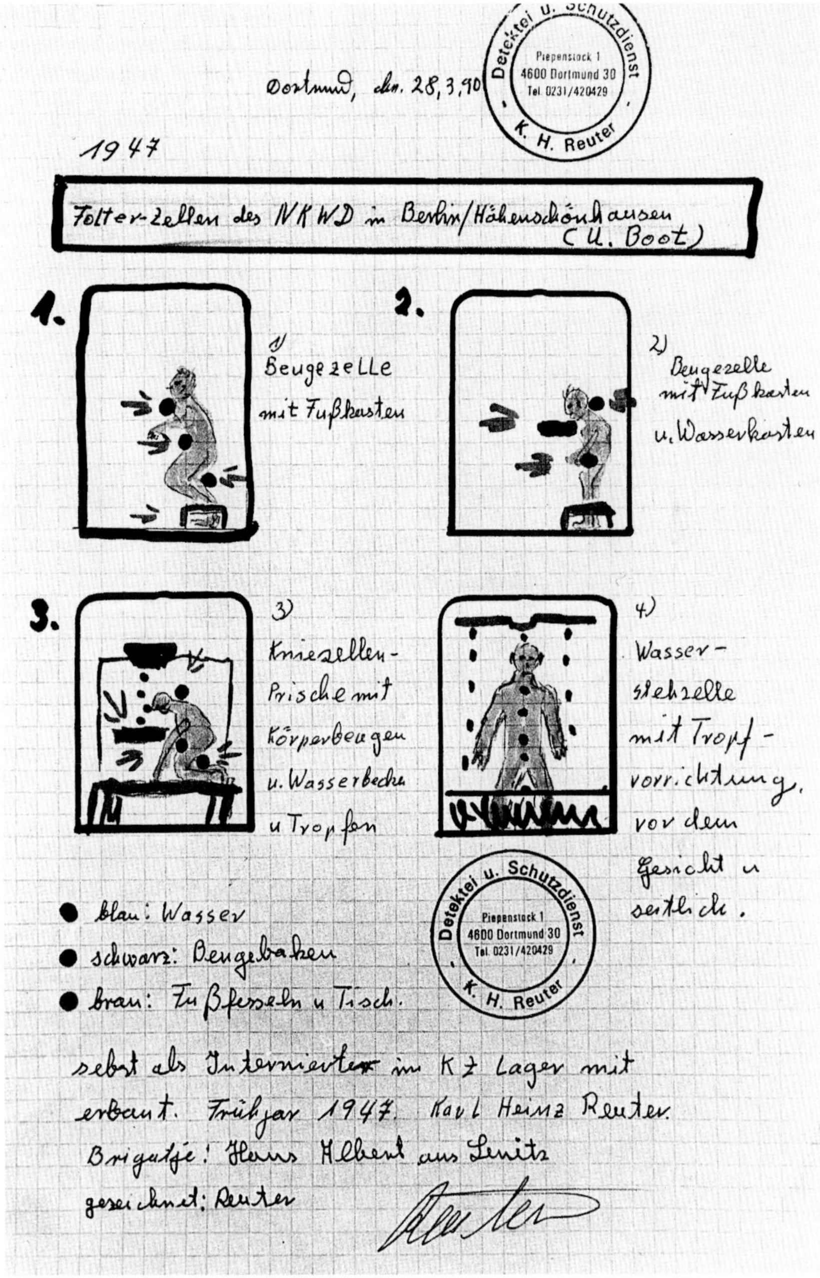

Um »Geständnisse« zu erzwingen, richtete der NKWD im Lager Hohenschönhausen Folterzellen ein. Die Gefangenen mußten oft tagelang im Wasser stehen. Die Skizze wurde von dem ehemaligen Häftling Karl Heinz Reuter, der selbst solche Zellen bauen mußte, aus dem Gedächtnis angefertigt.

Stacheldraht und Wachtürme auf dem Ettersberg bei Weimar galten in der DDR immer nur als Symbole der Nazi-Verbrechen. Daß hier auch nach 1945 Häftlinge litten, wurde verschwiegen.

In den zur Gedenkstätte ausgebauten Ringgräbern von Buchenwald liegen vor allem Lagertote aus den Jahren nach 1945; die Opfer der Nationalsozialisten waren zumeist verbrannt worden.

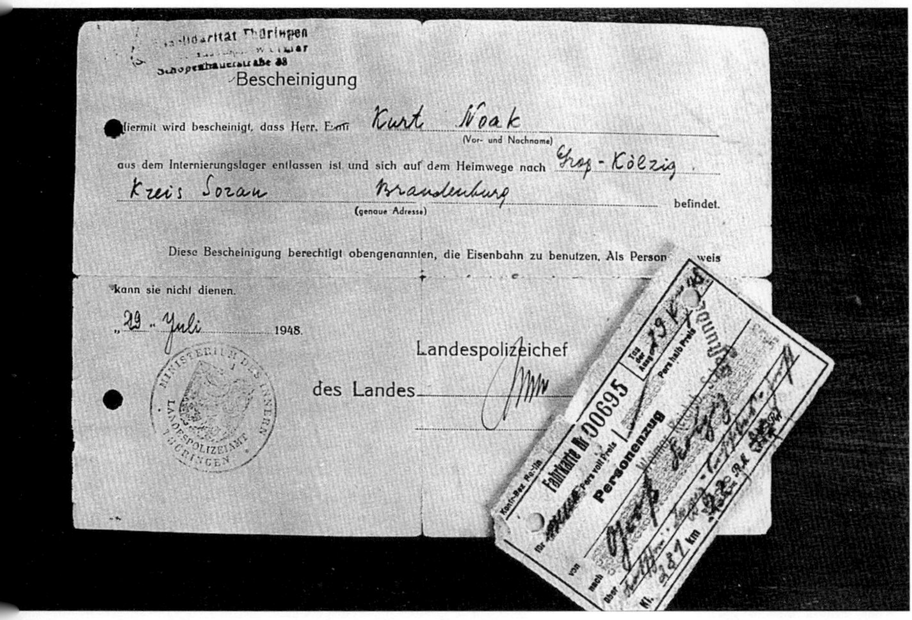

Bescheinigung

Hiermit wird bescheinigt, dass Herr, Frau Kurt Noak
(Vor- und Nachname)

aus dem Internierungslager entlassen ist und sich auf dem Heimwege nach Groß-Kölzig
Kreis Soran Brandenburg befindet.
(genaue Adresse)

Diese Bescheinigung berechtigt obengenannten, die Eisenbahn zu benutzen. Als Personalausweis kann sie nicht dienen.

„29.“ Juli 1948.

Landespolizeichef
des Landes

uchenwald 1950 – »In die Grube«. Eine Zeichnung von Professor
on Kursell, der in mehreren Lagern interniert war.

eder Häftling erhielt einen solchen Entlassungsschein. Kurt Noack (siehe S. 173)
oste in Weimar gleich eine Heimatfahrkarte.

KARTONAGEN

Tablettenkartons, flach, weiß, 51×40×9 mm 28.— pro Tsd., Schiebeschachteln, bezogen, 3 Größen, 70×43×23, 55×33×16, 45×30×12 mm zu 59.—, 55.— bzw. 48.— pro Tausend. Restposten kleine Holzspanschachteln 46.— pro Tausend ab Lager Berlin. **Hans Pohling, Berlin-Marienfelde,** Kirchstraße.

Familien-Nachrichten

Liebe Lore und Mutter! Herzliche Grüße. Zu Hause alles in bester Ordnung. Auf baldiges Wiedersehen. **Hans, Arndt und Hans**

Marke „BURGA" 26. 9. 95. Liebster Fritz! Glücklich üb. Lebenszeich. Bleib gesund, wir sind's auch. Jochen tüchtig im Geschäft. Hoffen auf baldiges Wiedersehen. Innige Neujahrsgrüße [illegible] **Mutter, Grete und Hermann**

Liebe Erika! Sind gesund und warten auf Dich. Wohnen jetzt Promenade 33. Herzliche Grüße **Deine Eltern u. Arndt**

Liebe Lotti! Sind in Gedanken immer bei Dir. Bleibe gesund wie wir Herzliche Grüße von **Vati, Mutti Magda, Fritz und Hansjoachim**

Bittkau

Lieber Vati! Wir senden Dir herzliche Neujahrsgrüße. Bleibe gesund. Wir denken immer an Dich und freuen uns auf ein bald. Wieders. **Berta u. Puppi**

Lb. Kurt! Grüße erhalt. Alles wohlauf. Gruß **Irmgard Ingrid, Sigrun, Gerda**

Mein Schnurkel Für Lebenszeich. Dank. **Oma,** Dresden, Quesnitz gesund, bei uns alles in Ordnung. Erwarten Dich bald. Immer Deine **Schnurkl, Torgau**

Lieber Herbert! Ein gesundes neues Jahr. Hoffen auf baldiges Wiedersehen. **Wieland und Winfried, Omi, Robert und Lilo** Oberpöllnitz

Liebster Porpelmann! Innige liebe Neujahrswünsche. Mit uns. Gedanken bei Dir, bleib gesund. Es grüßt Dich lieb, **Dein kl. Fraule, Mamsie und Karli**

Lieber Paul! (16. 8. 95) Herzliche Grüße, erwarte Dich sehnlichst **Deine Lotte**

Jusichen, Bitterfeld! Innige Neujahrsgrüße. Sorg Dich nicht, bleib gesund. Warte voller Sehnsucht. **Friedel**

Lieber Paps (Roller)! Bleibe gesund. Sind wohlauf. Bis auf Wiedersehen. Herzlichst **Lotte und Ursula. Jaucha.**

Ewald! Nachr. erh. Herzl. Neujahrsgrüße. Bleibe gesund. Warten sehnsüchtig. Deine zwei **Elsen, Heinz**

Lieber Opa Krull (Adolf, 2. 11. 1890)! Bin gesund. Gen. Anschr. b. Oskar. Ges. Neujahr. **Deine Olga,** Bln.-Lichtbg.

Bernimäusel! Nachr. erh. Bleibe zuvers. Alle ges. Geburtstagsw. 26. 12. **Mama Trude, Willy, Klärchen, Helga, Müllers**

Roßwein! Lieber Willy! Innige Neujahrsgrüße. Bin gesund, warte auf Dich **Deine Friede, Heinz**

Unserem besten Vati allerherzl. Grüße. Ruth in landwirtschaftl., Hannelore in [illegible] erwarten Dich sehnlichst **Elsa, Ruth, Hannelore, Christa. Truben**

Lb. Vati! Uns geht es gut, auch Hilbersdorfer Großmutter, Günther ist verheiratet auf der Bahnhofstr. Herzlichste Grüße **Mutti, Günther, Margarete**

Unserm lieben Heinz herzliche Grüße. **Mama, Papa, Herta, Willi und Oma** Auf ein baldiges Wiedersehen

Liebster Ernst! Haus und Bienen in Ordnung. Erwarte Dich tägl. daheim. In großer Liebe **Deine Gerl**

Liebe Mäusel Wernigeroder Grüße und innigste Wünsche für dein Wohlergehen. Alles gesund. **Vati, Mutti, Oma**

Liebste Mia und Mutti! Herzl. Geburtstags- u. Neujahrsgrüße, innige Wünsche für bald. Wieders. I. führt Haush. gut. Einrichtung Eigent. Deiner gedenken u. harren in Liebe die Deinen. **Lulu**

Lieber Geggi! Alle wohlauf. Alles andere in Ordn., Leiter noch da. Mache Dir keine Sorgen, bleibe zuvers. u. ges. Werner gespr. Innige Neujahrsgrüße! In Liebe u. Sehns. erwart. Dich tägl. **Annemie u. Buben, Mutter, Elt., Geschw.**

Schackchen! Herzliche Grüße, bleibe gesund. **Mutti, Ruth, Werner**

Lieber Vati! Herzliche Grüße. Sind gesund und warten auf Dich. Bleibe gesund! **Deine Luise und Ros in Herzberg**

Lieber Egon! Wir sind gesund, hoffen auch das Gleiche von Dir. Auf ein baldiges Wiedersehen u. herzl. Grüße von **Renatchen, Gundl, Mutti u. Deinen beiden Großeltern. (Musiker-Paul)**

Karlchen! Nachricht v. Tante Mariannel Freude war groß, alles gesund. Grüße von **Vater, Edith,** Badersleben, **Liesbeth und Kinder,** Bahrendorf

Unserem lieben Werner! (4.9.23) Herzl. Grüße, wir sind gesund. Vertraue auf Gott, wie auch wir. **Deine lieben Eltern,** sowie **Willi** und **Trutchen**

Eichwalde! Lieber Gustav! (23.10.93) Näherei erhält mich. Erwarte Dich sehnlichst. **Deine Grete**

Pappi! In Liebe u. Sehnsucht gedenken wir Deiner. Gesundheit für's Neue Jahr. **Günter, Wölfi, Martha Kuhs** Ackerstraße

[illegible] **Lieber Robert!** Erwarten Dich sehnl. Herzl. Grüße [illegible]**chen, Irmchen, Gerhard, Kl.-Gerd 15.8.47**

Herbert! Bleibe gesund und zuversichtlich wie **Gertrud, Christel, Margret, Günther 19. 11. 45, Tante, Onkel, Frieda, Else**

Mein liebes Diding! Zu Deinem Weihnachtsgeburtstag nachträglich die innigsten Wünsche und Grüße. **Mutti, Ute und Helm.**

Vater! Erwarten Dich, alle gesund **Gerda, Ilona, Mausi, Fr. Ullrich,** Moabit

Lieber Otto! (15. 1. 03) Erwarten Dich sehnlichst. Bei uns alles gesund und in Ordnung. **Ellen, Rainer, Madl, Erika und Meume**

Lieber Otto! 14. 5. 98. Nachricht erhalten (Nelke). Herzl. Neujahrsgrüße. Bleibe gesund, wir erwart. Dich mit großer Sehnsucht. **Dein Mariechen u. Erika** (bei Tante Hedwig), **Herbert, Ursel, Klein-Erhard u. Carmen (Wu . .)**

Liebster Pappi! Wir sind versorgt u. gesund in uns. Wohnung. Maida Labor Klingenb. Gesundes Neujahr! Sehnlichst Dein **Schnäuzl, Maida, Hettlein, Oma Böhnert**

Liebes Heinerle! Senden Dir herzl. Grüße. In Liebe **Deine Püppi, Gerd, Schotti u. Muttel**

Eine Propaganda-Schau machten die DDR-Medien aus der Lagerauflösung in Sachsenhausen 1950. Sie verbreiteten Fotos, die »gutgenährte« und »zufriedene« Häftlinge bei der letzten Mahlzeit im Lager und bei der Abfahrt zeigen.

Links oben: Gefürchtet und berüchtigt: das »Gelbe Elend« in Bautzen.

Links unten: Lebenszeichen tauschten Angehörige und Häftlinge über die »National-Zeitung« aus, nachdem die ersten Entlassenen berichtet hatten, daß im Lager Zeitungen gelesen werden durften. Zu den in dieser Ausgabe von 1948 angesprochenen Häftlingen gehörte auch der damals 21jährige Bernd Simon (»Bernimäusel« in der mittleren Spalte). (Siehe S. 74.)

Der Drahtzieher der Waldheimer Prozesse: Walter Ulbricht (links), hier mit DDR-Justizminister Max Fechner (Mitte) und Präsident Wilhelm Pieck (rechts).

Thomas Mann setzte sich in einem Brief an Walter Ulbricht (siehe S. 226) für die Waldheimer Angeklagten ein.

e protestierten gegen die Prozeß-
rce von Waldheim: der der Ost-
DU angehörende Staatssekretär
ı Justizministerium, Dr. Helmut
randt (oben links) und der stell-
ertretende Ministerpräsident und
DU-Vorsitzende Otto Nuschke
ben rechts).

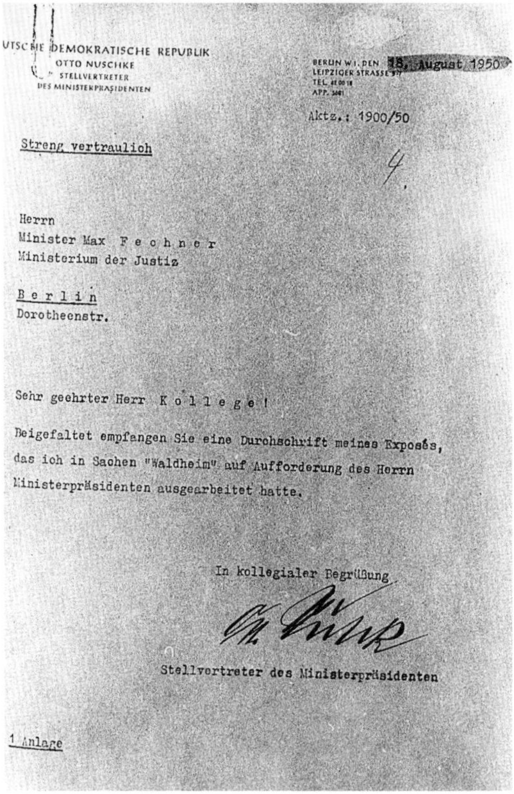

UTSCHE DEMOKRATISCHE REPUBLIK
OTTO NUSCHKE
STELLVERTRETER
DES MINISTERPRÄSIDENTEN

BERLIN W 1, DEN 18. August 1950
LEIPZIGER STRASSE
TEL.
APP.

Aktz.: 1900/50

Streng vertraulich

4.

Herrn
Minister Max F e c h n e r
Ministerium der Justiz

B e r l i n
Dorotheenstr.

Sehr geehrter Herr K o l l e g e !

Beigefaltet empfangen Sie eine Durchschrift meines Exposés, das ich in Sachen "Waldheim" auf Aufforderung des Herrn Ministerpräsidenten ausgearbeitet hatte.

In kollegialer Begrüßung

Stellvertreter des Ministerpräsidenten

1 Anlage

ne Kopie seiner brieflichen In-
rvention sandte Nuschke am
. August 1950 an Justizminister
chner.

Erst nach dem Umsturz in der DDR wurde im Spätherbst 1990 auf dem sogenannten Karnickelberg hinter der Strafvollzugsanstalt Bautzen I ein Gedenkstein für die Opfer des stalinistischen Terrors errichtet.

Ich erinnere mich auch an die Aufführung von Szenen aus der Oper »Eugen Onegin«. Höhepunkt aber war die Aufführung von Lehárs Operette »Friederike«. 120mal spielten wir sie, und unsere Hauptdarstellerin wurde später eine beachtliche Konzertsängerin.

Erster Dirigent des Orchersters war ein Militär-Kapellmeister, dem geriet alles zum Marsch. Aber der zweite war ein feinfühliger Mann, guter Arrangeur und Komponist: Hans Wolfgang Sachse, der nach seiner Entlassung bis zu seinem Tode Dirigent und Chorleiter in seiner Heimatstadt Plauen war. Zu seinem 80. Geburtstag erhielt er viele Ehrungen, aber auch zahlreiche Glückwünsche von ihm scheinbar völlig fremden Personen. Die ehemaligen Mühlberger hatten untereinander mobil gemacht.

Leiter der »Tanzkapelle« war Hans Hackemesser, ein Tanzlehrer aus Aschersleben, der leider noch in Mühlberg verstarb. Niemand will bestreiten, daß er und sein Orchester eine außergewöhnliche Vorzugsstellung einnahmen. Überwiegend war er für die sowjetische »Truppenbetreuung« eingesetzt und hatte damit meist satt zu essen. Er war gefragt, als Hauptmann Samoilow für seine Offiziere eine Tanzstunde nach europäischem Muster einrichtete. Mädchen von uns hatten den in solchen Dingen unbewanderten Offizieren Foxtrott, Tango, Walzer und gute Manieren beizubringen.

Aber auch als Begleitung und Solo-Orchester für Aufführungen im Lager waren seine Mannen tätig. Hackemesser komponierte selbst, sein langsamer Walzer »Fern in der Heimat wartet mein Lieb«, vorgetragen vom Bariton Alfred Spür, wurde zur »Lagerhymne«.

Im Sommer 1946 wurden von unserer »Kultura« sogar zwei Vorstellungen im Saal des Gasthofes in Mühlberg gegeben. Wir waren als »Berliner Künstlertruppe« angekündigt und spielten eine Art Revue »Die Reise um die Welt« mit einzelnen Musik- und Gesangsnummern. Natürlich wußte man, woher wir kamen, und im Saal saßen mehr Fremde als Einheimische: Angehörige von Häftlingen, die ihre Männer (oder Frauen) suchten. Es war ein erhebendes Gefühl für mich, im extra abgesperrten Gasthaus-Pissoir an die Wand zu pinkeln mit einem Wachtposten mit schußbereitem Gewehr im Rücken!

Inzwischen war ich avanciert. In der »Friederike« suchte man junge Sänger als Studenten, und auch Hackemesser brauchte jemanden für seine Schlager. Die Wahl fiel auf mich. Ein Gesangslehrer übte ständig mit mir, dann war ich so etwas wie ein »Buffo«. Allein oder zusammen mit einer Partnerin trat ich auf, meistens in Operettenszenen. Ich zählte als »Solist« und war damit in der »Kultura«-Hierarchie noch eine Stufe nach oben geklettert.

Einmal spielte man im Kino der sowjetischen Garnison den russischen Film »Zirkus«. Da wurden wir zu mitternächtlicher Stunde geweckt und mußten hinaus, uns diesen Film ansehen. In dem Film wird der »Mondwalzer« von Isaak Dunajewski gespielt und getanzt. Der Kommandant persönlich verlangte von uns, ihn auch aufzuführen. Es gibt darin eine Stelle, wo die Herren die Damen auf die Schultern heben und ein Stück weit tragen. Das sollten wir auch, aber dazu waren wir viel zu schwach. Da winkte er eine Ordonnanz heran, die verschwand und kam mit zwei Weißbroten und zwei Büchsen Leberwurst wieder. Jeder von uns Akteuren, auch alle Musiker, erhielten einen Bissen Brot mit Leberwurst. Mehr Kräfte hatten wir dadurch nicht – aus dieser Aufführung wurde nichts.

Den Höhepunkt erreichte unsere Tätigkeit nach dem Einzug der Torgauer und Jamlitzer. Natürlich versuchte die »Kultura«, entsprechende Leute bei sich unterzubringen. So kamen ein Berufsschauspieler, drei Rundfunksprecher, eine Ballettmeisterin für die Beinschwing-Gruppe und ein Dramaturg zu uns. Sie brachten nicht nur Rollenkenntnisse und Sprecherfahrungen mit, sondern auch Darstellungskunst. Gekrönt wurde das Ganze durch die junge, hübsche und von uns allen verehrte Filmschauspielerin Marianne Simson, die unter anderem in den Filmen »Familie Buchholz«, »Zwei in einer großen Stadt« und als »Mondfrau« in »Münchhausen« mitgewirkt hatte. Mit ihr kam der Filmregisseur Hans Helmut Zerlett, der unter anderem in »Truxa« und »Es leuchten die Sterne« Regie geführt hatte. Sie brachten ihr Können und ihr Wissen ein, und die darauf aufbauenden Aufführungen waren von beachtlichem Wert.

Noch einmal: Das tägliche Sterben um uns her ging weiter, auch Hans Helmut Zerlett mußte gehen. Bei keinem konnte durch uns verhindert werden, daß er Tbc bekam und ein Todeskandidat wurde. Wir waren auch nicht in der Lage, jemandem zu mehr Essen zu verhelfen oder gar eine Verbindung zu den Angehörigen daheim herzustellen. Und trotzdem: Ich habe von keinem anderen Speziallager des NKWD gehört, in dem es ähnlich große Möglichkeiten gab, denjenigen eine Hilfe durch geistige Ablenkung, durch musikalische Ablenkung zu bieten, die sie annehmen wollten.

Chef der »Kultura« war bis in den Herbst 1946 ein gewisser Winter, der ging mit den Offizieren auf Transport in die UdSSR. Nach einem kurzen Zwischenspiel kam dann jener Mann an die Spitze, dessen Namen wegen seines integren Charakters heute noch alle Beteiligten mit Hochachtung aussprechen: Gottfried Gülicher, ein ehemaliger Rundfunkredakteur. Er und auch Marianne Simson gingen dann noch über Buchenwald nach Waldheim. Sie überlebten, und wir bedanken uns heute noch bei den beiden!

Ein interessanter Mann in unserer »Kultura« war der Regierungsdirektor Arthur Gräfe aus Dresden. Er war 1945 für die Auslagerung der Dresdner Kunstschätze verantwortlich gewesen. Unmittelbar nach dem Einmarsch der Roten Armee ging er zu den »Kunstoffizieren« und nannte ihnen die Auslagerungsorte der Gemälde, zum Teil führte er sie auch dorthin. Zum Dank dafür sperrten sie ihn ein. In den späteren Veröffentlichungen über die »Entdeckung« der Gemälde wird sein Name nirgends erwähnt. Wie oft erzählte er uns seine Geschichte.

Eines Tages im April 1947 bekam ich einen neuen Pritschennachbarn. Er sollte in der Hackemesser-Kapelle die zweite Geige spielen. Das tat er mehr schlecht als recht, und wir wunderten uns, wer ihn wohl ausgesucht haben mochte. Es sei eine Anweisung der Lagerleitung. Er wurde einige Male zum Verhör nach draußen gerufen – das bedeutete nichts Gutes. Er war ein kleiner Mann, Ende Vierzig und mit einem ausgesprochen jüdischem Gesichtsausdruck. Da erzählte er uns seine Geschichte: Er war Jude. In Ungarn geboren und aufgewachsen, hatte er 1918/19 an der dortigen Räterevolution teilgenommen. Danach war er als Kommunist nach Deutschland gegangen und Redakteur der »Roten Fahne« geworden. 1933 emigrierte er in die Tschechoslowakei, fuhr aber 1936 zur Olympiade nach Berlin. Dort wurde er verhaftet, durch mehrere Zuchthäuser geschleppt und landete schließlich im KZ Buchenwald. Nach der Befreiung des Lagers war er sofort wieder journalistisch tätig geworden und hatte die »Buchenwalder Nachrichten«, eine hektographierte Zeitung, herausgegeben. Georg Krausz, so hieß mein neuer Pritschennachbar, war also dort ein bekannter Mann. Dann war er mit drei anderen nach Berlin aufgebrochen. Sie kamen jedoch nur bis Potsdam und trafen gerade zur Zeit der Potsdamer Konferenz dort ein. Alle vier wurden als »Sicherheitsrisiko« von einem Politoffizier verhaftet. Als er seine Geschichte erzählte, glaubte man sie ihm nicht. In Deutschland gäbe es keine Juden mehr, wurde ihm bedeutet. Nun war er über Ketschendorf und Jamlitz zu uns gekommen.

Er konnte das »Kommunistische Manifest« auswendig und trug es uns vor. Für mich waren das böhmische Dörfer, sowohl von den Vokabeln wie vom Inhalt her. Ich bewunderte nur, wie man einen so langen und schwierigen Text im Kopf haben konnte. Seine Überzeugung war ungebrochen. Er kämpfte um seine Freilassung. Es bedurfte aber erst einer geschmuggelten Nachricht an Wilhelm Pieck, um dessen Intervention zu erreichen. Im März 1948 wurde Krausz als einzelner entlassen, wie wir meinten. Inzwischen ist aber bekannt, daß er ins Zuchthaus Torgau gebracht wurde. Dorthin brachte man auch seinen Kameraden Robert Siewert, der inzwischen Innenminister von Sachsen-Anhalt geworden war. Erst, als sich die beiden in den Armen lagen, glaubte ihnen der NKWD-Offizier. Nun wurde Krausz wirklich freigelassen, und später war er Vorsitzender des »Verbandes der Journalisten« in der DDR. Meine mehrmaligen Versuche, brieflichen Kontakt aufzunehmen, blieben unbeantwortet. Auch im offiziellen Lebenslauf, der zu seinem 75. Geburtstag in einem Schreiben des SED-Zentralkomitees an ihn veröffentlicht wurde, werden die Jahre 1945 bis 1948 unterschlagen.

Wieder einmal war Frauenvorstellung. Durch das berühmte Loch im Vorhang sah ich in einer der ersten Reihen ein kleines, blondes Mädchen sitzen. Neben mir stand eine »Kollegin«. »Ach, das ist Mariannchen, sie ist aus meinem Heimatort. Soll ich sie einmal von dir grüßen?« So lernte ich meine spätere Frau kennen. Es war die, die beim Arzt-Major und später bei einer sowjetischen Offiziersfamilie beschäftigt war. Nun war mein körperlicher Zustand keineswegs so, daß es mich nach geschlechtlicher Liebe drängte. Aber allein schon der Gedanke, eine »Freundin« zu haben, brachte eine Selbstbestätigung und ein paar neue Lebensgeister. Den jungen Mädchen ging es ebenso. Da wurden nun Verbindungen geknüpft, die sich im Übermitteln von Nachrichten und dem Sehen im Vorübergehen erschöpften. Einige Male traf ich sie im Bad, wohin sie mit den Kindern ihrer Offiziersfamilie ging. Die bekamen natürlich ein Wannenbad in den zwei vorhandenen Wannen. Zu ihrem Geburtstag ließ ich ihr einen Anhänger aus Knochen schnitzen – gegen Brot natürlich.

Die letzten Monate standen wir sogar in schriftlichem Kontakt. Das kam so: Ab Herbst 1947 gab es im Lager Zeitungen: die »Tägliche Rundschau«, das »Neue Deutschland« und die »Berliner Zeitung«, ein Exemplar – nicht immer das neueste – für eine Baracke. Vorleser wurden bestimmt, die jede Zeile daraus vorlasen. So erfuhren wir, daß Churchill wieder ein »Kriegshetzer« war und die Produktion von Glas durch eine neue Wanne um 1000 Prozent gesteigert werden konnte. Auch sei eine neue Technologie bei der Schuhherstellung entwickelt worden: Die Schuhe würden gegossen – der Igelit-Schuh war erfunden. Die Zeitungsränder aber waren breit genug, um mit Hilfe kleiner, versteckt gehaltener Stückchen Bleistiftminen Worte darauf zu schreiben. Diese Art Liebesbriefe schmuggelte nun wieder eine Schwester aus dem Lazarett ins Frauenlager hinein und die Antwort heraus. Dazu waren nicht viele im Lager in der Lage.

Seit Ende Februar 1948 lag ich im Lazarett. Der Barackenarzt hatte bei mir abendliche erhöhte Temperatur festgestellt, an sich ein Zeichen beginnender Tbc. Aber beim Abhören gab es keine Geräusche. So kam ich in die Baracke für »Inneres«, die unter der Leitung des holländischen Arztes Dr. Bekering stand. Man vermutete eine Störung des vegetativen Nervensystems, was es dann wohl auch war. Endlich kam eine alte, fahrbare Durchleuchtungseinrichtung ins Lager. Der Tag, an dem Professor Keller hinter dem Bildschirm sein »o. B.« (ohne Befund) aussprach, zählt zu den Sternstunden in meinem Leben. Das war aber schon wenige Tage vor der Entlassung.

Vorbereitet wurde diese durch einen sowjetischen Arzt-Oberst, der durch die Lazarettbaracken ging und besseres Essen ankündigte. In meiner Gegenwart ließ er auch fragen, wie es uns gefiele, daß wir nun Zeitungen bekämen. Natürlich hatten wir einhellig eine positive Meinung. Da ließ er durch den Dolmetscher verkünden, in vierzehn

Tagen käme eine Zeitung, über die würden wir uns noch viel mehr freuen. Zunächst war uns das unverständlich, und wir dachten an einen Übersetzungsfehler. Dann aber erschien die Nummer eins der »National-Zeitung« (die Partei dazu gab es noch nicht), und die beschäftigte sich gleich in ihrer ersten Ausgabe mit den politischen Gefangenen.

Da ich im Lazarett lag, brauchte ich nicht in die Quarantäne-Baracken umzuziehen, die schon Wochen vor der Entlassung eingerichtet worden waren und die alle bestehenden Kommandos, auch die »Kultura«, durcheinandergewirbelt hatten. Der Zweck der Einrichtung war natürlich unbekannt, und diejenigen, die nicht darin waren, machten sich keine großen Sorgen. Am Ende waren es aber diejenigen, die nach Buchenwald gebracht wurden. Darunter befand sich neben vielen Jugendlichen auch meine Freundin aus der Schulzeit. Viel später haben wir ergründet, daß der Verhaftungsgrund »Werwolf-Verdacht« ausreichte, um die Betreffenden weitere anderthalb Jahre gefangenzuhalten.

Aus der Quarantäne heraus wurde im Juni ganz kurzfristig ein geheimnisvolles Kommando in der Baracke 1a zusammengezogen. Stapelweise mußte nagelneues Papiergeld mit briefmarkengroßen Coupons beklebt werden, die noch einmal dieselbe Geldwertziffer enthielten, die schon auf den Scheinen aufgedruckt war. Der Sinn des Ganzen erschien rätselhaft, ja sinnlos. Wenige Tage später lasen wir in der Zeitung von einer Währungsreform. Für die Geheimhaltung der Vorbereitung und den Schutz vor Unregelmäßigkeiten waren die Lagerbedingungen natürlich bestens geeignet. Keiner von uns konnte mit etwa beiseite gebrachtem Geld etwas anfangen!

Zwei Tage vor meiner Entlassung erlebte ich noch eine große Freude. Marianne war es gelungen, einen Brief an meine Eltern aus dem Lager zu schmuggeln. Daraufhin traf nun die Antwort ein. Die Sache lief über einen toten Briefkasten im Feuerraum eines Waschkessels in der Garnison, wo ihn Lastwagenfahrer, die Gemüse brachten, aufnahmen und ablegten. So erfuhr ich, daß daheim alles in Ordnung war – eine Riesenberuhigung!

Am 14. Juli 1948, dem zweiten Tag der Entlassungen, war ich an der Reihe. Wie wir gekommen waren, ging es wieder heimwärts, also mit allen noch Lebenden aus meinem Heimatort. Am Tor hielt uns ein sowjetischer Offizier eine kurze Rede. Wir könnten annehmen jede Stellung in Ökonomie und Verwaltung, sollten uns fernhalten der Politik des Schumachers (SPD-West!) und gut Freund werden der Sowjetunion. War das nicht ein bißchen viel verlangt?

Ein Lastwagen brachte uns zum Bahnhof Neuburxdorf. Dort bezog ein ehemaliger deutscher Lagerfunktionär die erste Prügel. Dann ließ man einen Güterzug für uns halten, der uns bis Falkenberg brachte. Wie staunte ich über die überall noch vorhandenen Kriegszerstörungen, nachdem ich von soviel Aufbauerfolgen in der Zeitung gelesen hatte! Ein Zug nach Leipzig stand bereit – die Fenster alle mit Pappe vernagelt.

Aus dem ersten Abteil holte mich der Schaffner wieder heraus. Das sei ein »Arbeiterabteil«. Aus dem zweiten stieg ich freiwillig aus, denn da hatte jemand an die Wand der Sitzbank gekritzelt:

»Der Herr schenk uns das fünfte Reich,
das vierte ist dem dritten gleich.«

Das wollte ich weder beurteilen noch geschrieben haben!

Am nächsten Morgen fuhr ich mit der Eisenbahn die wenigen Stationen bis in meinen Heimatort. Kein bekanntes Gesicht auf dem Weg nach Hause, aber im Hause zu allererst die Frage einer Nachbarin: »Weißt du etwas von meinem Mann?« Ich wußte nichts, später wurde bekannt: Er war in Jamlitz geblieben.

Als ich nach einem gründlichen Bad daheim am Tische saß, kam mir der 29. Juni 1945, der Tag meiner ersten Heimkehr, in den Sinn. Der Krieg hatte mich unsäglich milde behandelt, die neuen Herren aber hatten das Versäumte drei- und vierfach nachgeholt. Das Gefühl, das Schlimme überstanden zu haben, wieder daheim zu sein, überwog alles.

Fünf Tage später kam ein Anruf: »Hier ist Marianne, ich bin gestern nach Hause gekommen.« Im Juni 1949 heirateten wir. Unsere Heiratsanzeige setzten wir in die »National-Zeitung«, und sie wurde von denen gelesen, die noch immer eingesperrt waren.

FRANKFURT/ODER

Von Mai bis Oktober 1945 bestand in Frankfurt östlich der Oder in dem Häuserblock »An der Waschbleiche« ein Lager, das mit politischen Häftlingen aus der Mark Brandenburg und Sachsen belegt war. Ein zweites Lager entstand im Mai 1945 in massiven Gebäuden und einigen Baracken auf dem Gelände der früheren Horn-Kaserne. Beide Lager waren durchschnittlich mit jeweils 3 000 bis 4 000 Internierten belegt.

Frankfurt/Oder nimmt insofern eine Sonderstellung unter den sowjetischen Speziallagern ein, als dort neben deutschen Zivilinternierten auch viele Kriegsgefangene, polnische Häftlinge und etwa 2 500 Angehörige der ehemaligen Wlassow-Armee saßen. Zeitweilig dienten Teile des Lagers in der Horn-Kaserne auch als Durchgangs- und Entlassungsstation für Heimkehrer aus sowjetischer Kriegsgefangenschaft. Ende Juli 1945 kamen ungefähr 3 500 Häftlinge aus Weesow und Ketschendorf, die schon zwei Monate später in das Lager Jamlitz transportiert wurden. Bei Auflösung des zweiten Lagers im September 1947 überstellte man die restlichen 500 Gefangenen in das KZ Sachsenhausen. Der Häuserblock »An der Waschbleiche« blieb bis 1951 Repatriierungslager für von den Deutschen verschleppte sowjetische Zivilgefangene.

Die Zahl der von 1945 bis 1947 gestorbenen Frankfurter Häftlinge wird nach Schätzungen auf 1 000 bis 2 000 beziffert. Sie liegen auf einem Freigelände südlich der Lager in mehreren Massengräbern.

Herbert Zimpel

»Hohlwangige und lethargische Gestalten»

Als ehemaliger Wehrmachtsangehöriger im Range eines Leutnants wurde Herbert Zimpel Anfang Februar 1946, knapp 21 Jahre alt, aus dem US-amerikanischen Kriegsgefangenenlager Marburg/Lahn entlassen. Gemeinsam mit rund 500 Offizieren, die in die Ostzone heimkehren wollten, wurde Zimpel mit einem Sonderzug über die Zonengrenze transportiert. Die thüringische Landespolizei nahm die Heim-

kehrer in Empfang und beförderte sie nach Wegnahme der amerikanischen Entlassungsscheine in ein von deutscher Polizei bewachtes Lager auf dem Gelände einer ehemaligen Fabrikanlage in Erfurt.

In Erfurt wurde uns gesagt, daß dieses Lager nur ein Entlassungslager für Mannschafts- und Unteroffiziersdienstgrade sei, Offiziere jedoch ausschließlich vom Lager Oranienburg bei Berlin aus entlassen würden, wohin wir erst gebracht werden müßten. In einer buchstäblichen Nacht-und-Nebel-Aktion wurden wir dann auf einem abgelegenen Gleis des Erfurter Hauptbahnhofs nach Oranienburg verladen. Die blaugekleidete Polizei war plötzlich verschwunden. Vor den Waggontüren standen pelzbemützte Soldaten mit aufgepflanztem Bajonett. Das waren die ersten sowjetischen Soldaten, die ich in der Ostzone zu Gesicht bekam.

Die Perfektion, mit der diese »Vereinnahmung« ahnungsloser und gutgläubiger Menschen, die nichts anderes als friedlich heimkehren wollten und denen nicht einmal Gründe für ihre Inhaftierung genannt wurden, vonstatten ging, läßt erkennen, daß zum besagten Zeitpunkt die Ostzonenpolizei bereits ein gut funktionierendes Rädchen im großen und komplizierten Apparat des Stalinschen Lagersystems war.

Das Offizierslager im KZ Sachsenhausen bei Oranienburg war ein Erweiterungsareal, das an die gesamte Nordseite des als großes Dreieck angelegten Objektes angebaut war. Wie das Hauptlager war es mit Elektrozaun, Mauer und Wachtürmen umgeben und durch einen Mauerdurchbruch mit dem Hauptlager verbunden. Das Konzentrationslager, das wir wie die ehemals eingekerkerten Antifaschisten durch das berüchtigte Tor mit der Losung »Arbeit macht frei« betraten und in das wir in der Folgezeit zum Duschen und Entlausen gelegentlich geführt wurden, war mit Zivilisten, darunter auch Frauen, vollgestopft.

Im Offiziersteil dieser riesigen Menschenkonzentration dominierten die schwarz umgefärbten amerikanischen Armeeuniformen, mit denen die Amerikaner ihre Gefangenen vor der Entlassung eingekleidet hatten. Die Träger dieser Uniformen zählten bei meiner Ankunft bereits nach Tausenden. Ein weiteres starkes Kontingent bildeten hier die sogenannten »Norweger«. Das waren Angehörige der in

Norwegen stationierten deutschen Besatzungstruppen, die nach Rückführung in die britische Besatzungszone mit Entlassungstransporten im sowjetisch besetzten Teil Deutschlands angekommen und mit den gleichen Methoden über einen Zwischenaufenthalt im Lager Mühlberg nach Sachsenhausen verbracht worden waren.

Unsere Unterbringung erfolgte in ungeheizten und völlig verwanzten Baracken. Auf langen, dreistöckigen Bretterpritschen ohne Stroh und Matratzen lagen in drangvoller Enge 300 Personen pro Baracke. Mit Einbruch der Dunkelheit durften die Baracken nicht mehr verlassen werden. Auf alles, was sich danach außerhalb der Unterkünfte bewegte, wurde von den Wachtürmen aus geschossen. Wer schlaftrunken versehentlich die Baracke verließ, aus Atemnot frische Luft suchte oder der Wanzenplage vorübergehend entfliehen wollte, riskierte sein Leben, und tatsächlich waren Todesopfer zu beklagen.

Die Verpflegung bestand ausschließlich aus Wassersuppe und einer kleinen Brotration. Unter dieser radikalen Umstellung litten besonders die an gute Verpflegung gewöhnten Rückkehrer aus den USA. Eine weitgehende Entkräftung setzte ein.

Nahezu wöchentlich kamen neue Transporte an. Der Bewegungsraum im Lager wurde immer enger. Stundenlang dauerten die Zählappelle der zu Tausenden angetretenen Gefangenen. Im Juni begannen sowjetische Ärzte im Schnellverfahren mit Untersuchungen auf Arbeitstauglichkeit. Die übergroße Mehrzahl von uns wurde für arbeitstauglich befunden. Nun begann die Phase des Abtransports von Arbeitsfähigen aus Sachsenhausen.

Anfang August 1946 wurde ich nach halbjährigem Aufenthalt in diesem Lager mit einem Transport ehemaliger deutscher Offiziere, die größtenteils gleich mir aus amerikanischer Gefangenschaft entlassen und beim Betreten der Ostzone ohne Angabe von Gründen inhaftiert worden waren, in verschlossenen Güterwagen nach Frankfurt/Oder gebracht. Die Fahrt dauerte bei glühender Hitze drei Tage, mit umständlichem Rangieren und langen Aufenthalten inner- und außerhalb von Berliner Stadtbahnhöfen. Beim Blick durch die kleine stacheldrahtvernagelte Waggonluke – die einzige Frischluftzufuhr – entdeckte ein in Berlin beheimateter Kamerad zufällig unter den Wartenden eines Bahnsteigs eine Bekannte aus seiner Straße und rief ihr in einem günstigen Augenblick seinen Namen sowie Herkunft, Art und Reiseziel des Transportes zu. Was er hier mündlich tat, vollzog ich wenig später schriftlich in Form eines durch einen Spalt im Waggonboden geschobenen Briefes an meine Angehörigen, den offensichtlich Reisende eines auf dem Nebengleis abgestellten Flüchtlingszuges aufgefunden und in einen Briefkasten geworfen haben.

Die Entladung in Frankfurt/Oder erfolgte im Morgengrauen. An einem Haus nicht weit von der Entladestelle las ich den Straßennamen »Schubert-Straße«. Beim Vorbeiziehen der schwerbewachten Kolonne schlossen die Anwohner die Fenster.

Für die Zeit bis Mitte September wurde nun die Frankfurter Horn-Kaserne mein Aufenthalt. Sie lag etwas erhöht am westlichen Stadtrand an einer Hauptverkehrsstraße zwischen den großen Eisenbahnlinien nach Berlin und Eberswalde und umfaßte ein weitläufiges Gelände mit mehreren innenhofartigen Anlagen. Ihr Hauptbestandteil waren mehrstöckige Kasernengebäude aus roten Hartbrandklinkern. Die ganze Anlage, wahrscheinlich aus den dreißiger Jahren stammend, schien mir damals mit ihrem soliden Mauerwerk für die Ewigkeit gebaut zu sein. Die Inneneinrichtung bestand noch aus dem alten Wehrmachtsinventar. Wie in Sachsenhausen waren die Unterkünfte total verwanzt.

Während man in Sachsenhausen hinter hohen Mauern völlig von der Umwelt abgeschnitten war, hatte man in Frankfurt einen freien Blick. Dieser wurde von den Inhaftierten inbrünstig genossen, vor allem vom Dach des im Zentrum der Anlage gelegenen Kasernengebäudes aus, das in seiner vollen Länge und Breite zu einer großen Dachterrasse gestaltet war. Der Blick von hier reichte von der Altstadt mit ihrer markanten doppeltürmigen Kirche über die Berliner Eisenbahnstrecke hinweg bis zur Autobahn. Die Orientierung wurde erleichtert durch eine riesige, ehemals zu militärisch-geländekundlichen Zwekken auf den Terrassenfußboden gemalte Windrose mit Orts- und Entfernungsangaben nach Mühlrose, Müncheberg, Küstrin und anderen Orten der Umgebung. Diese Terrasse mit ihrer umlaufenden Eisenbrüstung erinnerte irgendwie an die Kommandobrücke eines großen Schiffes. Der freie Blick tat gut nach dem monatelangen Dahindämmern hinter Mauer und Elektrozaun.

Den Mangel an Mauern hatte man in Frankfurt wettgemacht durch eine Unmenge verbauten Stacheldrahtes. Er umgab nicht nur die Kaserne insgesamt, sondern unterteilte sie auch noch in mehrere Teillager. Der Zugang zu einem solchen Teillager bestand aus einem ganzen System von Stacheldrahttoren. Erstmals in meinem Leben sah ich hier Hundelaufgassen, in denen zwischen den einzelnen Teillagern nachts die Wachhunde an langen Führungsdrähten hin- und herliefen.

Die Horn-Kaserne hatte 1946 eine Doppelfunktion: Einerseits war sie Entlassungslager für die aus der Sowjetunion heimkehrenden Kriegsgefangenen, andererseits war sie Sammellager für die aus den KZs und Speziallagern der Ostzone in die UdSSR zur Zwangsarbeit zu Verbringenden. Obwohl der Krieg bereits über ein Jahr beendet war, gingen aus Frankfurt laufend Gefangenentransporte Richtung Osten ab.

Folgende Einteilung des Kasernengeländes ist mir erinnerlich: Wenn man die Kaserne durch das Haupttor betrat, befanden sich rechts, um einen Innenhof gruppiert, und auch dahinter die Gebäude für die aus der Sowjetunion eintreffenden und landesweise weiterzuleitenden Heimkehrer. Links vom Haupteingang an der Straße lag das Lazarett. Es war infolge der vielen krank und nicht weiter transportfähig eintreffenden Heimkehrer ständig überfüllt. Das daneben liegende Gebäude an der Straße war Quarantänestation, hauptsächlich belegt mit Durchfallkranken. Das Zentrum des Kasernements bildete das Sammellager für die aus den Speziallagern der Ostzone ankommenden Transporte. Abgegrenzt davon befand sich im Westteil der Kaserne ein Lager, in welchem die aus dem Sammellager zusammengestellten und für den Arbeitseinsatz in der Sowjetunion vorgesehenen Transporte auf den Abmarsch zum Verladebahnhof warteten.

Der Lageralltag war vom Untätigsein bestimmt. Morgens und abends fanden Zählappelle auf einem Freiplatz zwischen Haupttor und Lazarett statt. Dieser Platz, der direkt an der Straße lag, durfte nur zu den Zählappellen betreten werden.

Das Essen war in der Qualität nicht besser als in Sachsenhausen und bestand aus Wassersuppe, meist mit Graupen, Sago oder Dörrgemüse, sowie aus einer kleinen Brotration. Die Lagerzeit hatte inzwischen hohlwangige, abgemagerte und ziemlich lethargische Gestalten produziert, die gegen Erkältungskrankheiten sehr anfällig waren. Eine ausgesprochene Lagerkrankheit war die Furunkulose. Allenthalben sah man halbentblößte Gestalten mit der Beobachtung und Behandlung dieser Geschwüre beschäftigt.

Den Hauptbestandteil des Sammellagers machten auch hier die an ihren schwarz umgefärbten US-Uniformen erkennbaren ehemaligen POWs aus, die aus Sachsenhausen antransportiert waren. Alle übrigen schienen hauptsächlich aus den Lagern Neubrandenburg, Mühlberg und Torgau zu kommen, auch ein Lager bei Pretzsch an der Elbe war im Gespräch. Viele der Schwarzgekleideten hatten bereits eine lange Kriegsgefangenschaft in den USA hinter sich. Ihre einst prallgefüllten Seesäcke waren infolge permanenter »Filzungen« durch sowjetische Wachmannschaften und deutsche Lagerpolizei nahezu leer. Zu den Weitgereisten zählten auch die zahlreichen »Norweger« im Lager.

Waren die Ankömmlinge aus Sachsenhausen allesamt irgendwie uniformiert, so trugen die aus den übrigen Lagern Kommenden Zivil. Darunter waren die unterschiedlichsten und merkwürdigsten Schicksale. Teilweise waren es Offiziere, die sich mit Entlassungsscheinen westlicher Alliierter individuell nach Hause durchgeschlagen hatten und bei der polizeilichen Anmeldung, die ja Voraussetzung für die Zuteilung von Lebensmittelkarten war, festgehalten und sowjetischen Kommandanturen überstellt worden waren. Andere waren aus sowjetischen Kommandanturen, wo sie ihren westlichen Entlassungsschein gegenzeichnen lassen sollten, nicht wieder zurückgekehrt.

Einen anderen Teil der Lagerinsassen bildeten kleine Nazis, deren Name ein größerer Nazi auf eine Liste gesetzt und sowjetischen Behörden zugespielt hatte, um damit die eigene Haut zu retten. Unerklärlich war in vielen Fällen, wieso diese Leute nun eigentlich in einem Offizierslager steckten, wo sie doch mitunter nicht einmal Militärangehörige waren. Man hörte von Anschwärzungen durch Nebenbuhler und Geschäftskonkurrenten. In der großen Zeit der Denunzianten gehörte offensichtlich das Wort »Offizier« zu jenen

Bezichtigungen, mit denen man persönliche Feinde oder andere mißliebige Personen schnell und sicher aus dem Wege räumen konnte. Unter den Verhafteten waren Eisenbahner, die wohl wegen ihrer Dienstmütze ein offiziersmäßiges Aussehen hatten. Junge Burschen, die auf dem Tanzboden mit angeblich hohen Diensträngen und Kriegsauszeichnungen geprahlt hatten, waren genauso unversehens hinter Stacheldraht gelandet wie jene ahnungslosen Passanten, die von Bewachungssoldaten in die vorbeiziehende Häftlingskolonne gezwungen wurden, damit die abzuliefernde Gefangenenstückzahl wieder stimmte.

Die meiste Zeit des Tages habe ich in Frankfurt/Oder auf dem beschriebenen Kasernendach verbracht. Die an dem Lager vorbeiführende Straße war von hier aus gut einsehbar. Sie hatte auf der gegenüberliegenden Seite einen breiten Grünstreifen mit Promenadenweg und schönen Bäumen. Die dahinter liegende Siedlung schien ausnahmslos von sowjetischen Militärangehörigen mit ihren Familien bewohnt zu sein. Auf dieser Straße schleppten sich die Elendszüge der kranken und ausgemergelten Heimkehrer vom Ankunftsbahnhof Klingetal zur Horn-Kaserne dahin. Es waren zerlumpte, abgemagerte oder von Wassersucht aufgedunsene Gestalten. Viele gingen an Stöcken oder wurden von Kameraden gestützt.

Nachhaltig beeindruckt hat mich eine Fuhre gehunfähiger und fast zum Skelett abgemagerter Frauen, die auf einem flachen Rollwagen von anderen Kriegsgefangenen in das Lager hineingezogen wurde. Die Vorstellung, so oder ähnlich selbst einstmals heimzukehren, war wohl die drückendste psychische Last während meiner Frankfurter Zeit. Übrigens sollte ich mich in diesem Punkt nicht täuschen: Nach anderthalb Jahren Schwerstarbeit in Moskauer Eisengießereien und auf Großbaustellen schleppte ich mich auch krank und entkräftet auf dieser Straße dahin.

Während diese Transporte kaum noch bewacht waren, sahen die Abtransporte in die Sowjetunion, die ebenfalls diese Straße passieren mußten, ganz anders aus: Da gingen Hundeführer vor und hinter der Kolonne und nebenher Soldaten mit der Maschinenpistole im Anschlag. Passanten, die solcher Kolonne ansichtig wurden, verließen fluchtartig die Straße Richtung Grünanlagen.

Auch die Beerdigungskommandos nahmen diese Straße. Natürlich kam es im Lazarett und auf der Quarantänestation häufig zu Todesfällen. Die Toten wurden auf luftbereiften und zeltbahnüberspannten Sanitätskarren in die angrenzende Feldmark hinausgefahren. Verfolgen konnte ich diese Transporte immer nur bis zur Einmündung der Fürstenwalder Poststraße, weil mir dann Bäume den Blick versperrten.

Berichtenswert erscheinen mir noch zwei politische Kundgebungen im Entlassungslager. Auf der ersten Kundgebung sprach der damalige FDGB-Vorsitzende Hans Jendretzky, auf der zweiten der SED-Vorsitzende Wilhelm Pieck, dessen Rede mit Blasmusik eingeleitet wurde. Inhaltlich unterschieden sich beide Veranstaltungen kaum voneinander, es ging um die Abrechnung mit dem Faschismus und den Wiederaufbau in der Ostzone. Beide Redner konnten die schwarzgekleideten POWs , die am inneren Stacheldrahtzaun zuhörten, gut erkennen. Nach ihrem Schicksal hat sich offensichtlich keiner von ihnen erkundigt, geschweige denn etwas für sie getan.

Inzwischen mußten Nachrichten über den gegenwärtigen Aufenthaltsort der Inhaftierten in zahlreiche Heimatorte gelangt sein, denn es mehrten sich Fälle, daß Angehörige auf der vorbeiführenden Straße erschienen und nach ihren Lieben Ausschau hielten. Immer waren es Frauen und Kinder, Männer schienen sich begreiflicherweise nicht in die Nähe des Lagers zu trauen. Sofern man Angehörige erkannte, blieb es bei einem Winken aus der Ferne. Der Lagerleitung wurde diese Kontaktaufnahme langsam lästig. Sie ließ deshalb sogenannte Lagerpolizisten auf der Straße patrouillieren, die alle auffälligen Späher zu verjagen hatten. Der Status dieser Lagerpolizisten blieb unklar. Es waren Halbuniformierte mit einer weißen Armbinde. Wahrscheinlich waren es Kriegsgefangene, die sich durch besondere Zackigkeit ihre Entlassung verdienen wollten. Man erzählte sich, daß diese im Hintergrund wieder von anderen Lagerpolizisten bewacht wurden.

Auch meine Mutter und mein vierzehnjähriger Bruder hatten sich auf den Weg nach Frankfurt gemacht. Von ihrem Aufenthalt in der Stadt erfuhr ich durch Mitglieder eines außerhalb des Lagers beschäftigten Arbeitskommandos, über welches ich wiederum vermitteln ließ, daß sich meine Angehörigen zum Zeitpunkt des nächsten Zählappells auf der am Lager vorbeiführenden Straße einfinden mögen. Zu diesem Zählappell – er fand wie üblich am Lagerzaun neben dem Lazarett statt – ging ich mit einem faustgroßen Stein in der Hosentasche, um den ein Brief mit einer kurzen Beschreibung meiner Lage geschnürt war. In einem günstigen Augenblick warf ich den Stein über den Lagerzaun meinen des Weges daherkommenden Angehörigen genau vor die Füße, die mit der eiligst aufgerafften Nachricht sofort vor dem heraneilenden Lagerpolizisten davonliefen. Das ganze dauerte nur Sekunden und war der einzige Kontakt mit meinen Angehörigen innerhalb von drei Jahren.

Inzwischen hatten wieder Untersuchungen auf Arbeitstauglichkeit in Schnellverfahren, bei denen man sich nicht einmal auszuziehen brauchte, stattgefunden. Es gab demzufolge kaum jemanden, der nicht arbeitstauglich war. Die nächste Maßnahme, die auf einen baldigen Abtransport in die UdSSR hindeutete und jede Hoffnung auf Entlassung schwinden ließ, war das Einziehen aller Bekleidungsstücke amerikanischer Herkunft und die Umkleidung des gesamten Lagers in deutsche Wehrmachtsuniformen. Ich zum Beispiel erhielt eine nagelneue deutsche Luftwaffenuniform, obwohl ich nie Angehöriger der Luftwaffe war! So wurde das zuvor buntscheckige Lager ehemaliger POWs und Zivilinternierter innerhalb weniger Stunden in ein Lager deutscher Kriegsgefangener einschließlich Reichsarbeitsdienst umgewandelt.

Alles weitere ging nun sehr schnell: Zu Hundertschaften wurden Marschblöcke zusammengestellt und mit allen Habseligkeiten in das Transportlager verlegt. Nächste Schritte waren hier das Kahlscheren der Köpfe – obligatorische Maßnahme aller sowjetischen Transporte von längerer Dauer – sowie das nochmalige Durchsuchen aller Sachen. Bei dieser Filzung wurde alles einkassiert, was aus Metall war, einschließlich Gürtelschnallen und Hackeneisen.

An einem schönen Septemberabend des Jahres 1946 wurden wir auf dem Bahnhof Klingetal, versehen mit einer größeren Ration Hartbrot, in Güterwagen verladen, mit denen offensichtlich kurz zuvor ein Entlassungstransport aus dem Osten angekommen war. Man beförderte uns nach Moskau, wo Schwerstarbeit in Eisengießereien und auf Großbaustellen auf mich wartete.

Als krankheitshalber entlassener sowjetischer Kriegsgefangener traf ich am 18. März 1948, direkt aus Moskau kommend, wieder auf demselben Bahnhof ein, von welchem achtzehn Monate zuvor die Fahrt in entgegengesetzter Richtung begonnen hatte. Den Weg zur Horn-Kaserne – Anlaufpunkt für Entlassungsformalitäten – hatte ich mir so gut eingeprägt, daß mich die Kameraden, die ich dorthin führte, fragten, ob ich in Frankfurt beheimatet sei. Was ich darauf geantwortet habe, weiß ich nicht mehr, ich weiß nur, daß ich die Horn-Kaserne, 1948 wohl nur noch ausschließlich Entlassungslager, in Erinnerung an eine wohl wenig typische »Kriegsgefangenschaft« an dieser Stelle sehr eilig wieder verlassen habe.

TORGAU

Am 8. September 1945 wurde von den Sowjets in dem ehemaligen Militärgefängnis Fort Zinna bei Torgau, einem aus napoleonischer Zeit stammenden Festungsbau, in Baracken und Kasematten ein Internierungslager eingerichtet. Im Fort hatte während des Krieges seit Sommer 1944 das Reichskriegsgericht getagt; etwa 160 von ihm gefällte Todesurteile waren an Ort und Stelle vollstreckt worden. Nach einem größeren Häftlingstransport aus Landsberg/Warthe befanden sich Anfang 1946 7000 Menschen im Lager Torgau. Dieses Gelände wurde Ende Mai 1946 geräumt und in einen Gewahrsam für die von sowjetischen Militärtribunalen Verurteilten umgewandelt. Die Internierten kamen aus dem Fort in die frühere Seydlitz-Kaserne von Torgau. Dort waren zeitweilig bis zu 6000 Häftlinge konzentriert. Die Mehrzahl der Internierten wurde im Dezember 1946 oder Januar 1947 in die Lager Buchenwald und Mühlberg verlegt. Insgesamt 4000 Gefangene mußten zur Zwangsarbeit in die UdSSR. Nach dem Abtransport eines Restkommandos von 135 Häftlingen nach Mühlberg wurde das Lager Torgau am 24. März 1947 aufgelöst. Das Fort Zinna diente ab Januar 1950 als Strafvollzugsanstalt.

Infolge der schlechten Haftbedingungen starben in Torgau schätzungsweise 1500 Internierte. Über ihre Grabstätten ist bisher nichts bekannt.

Friedrich Seidler

»Im Lager kam auch ein Kind zur Welt«

Friedrich Seidler wurde am 25. August 1945, einen Tag vor seinem siebzehnten Geburtstag, in Schwanebeck (Kreis Halberstadt) vom NKWD verhaftet. Man warf ihm seine Tätigkeit als HJ-Führer und »Werwolf«-Aktivitäten vor. Nach sechstägigen Verhören brachte man ihn nach Magdeburg in den sogenannten Justizpalast. Ende September 1945 kam er mit einem Sammeltransport nach Torgau.

Nach mehrstündiger Fahrt wurden wir im Dunkeln ausgeladen und marschierten zu einer unbekannten Festung. Festung – meine Eindrücke waren zur damaligen Zeit beängstigend. Wir hatten zwei Stunden vor dem Tor zu stehen, ehe wir Einlaß erhielten. Während dieser Zeit erkannte ich einen acht bis zehn Meter breiten und vier Meter tiefen Wallgraben. Hinter dem Eingangstor war eine Katakombe sichtbar. In Decken eingehüllt, froren wir und warteten geduldig auf den Einlaß. Endlich ließ man uns auf den Festungshof. Vor mir zeichnete sich ein großer Kreuzbau ab, der aus rechteckigem Felsgestein erbaut war. Während der Wartezeit auf dem Hof kam plötzlich ein russischer Soldat zu mir, streifte meine Hose hoch und musterte meine guten Stiefel. Ich wurde in eine dunkle Ecke geführt, und meine Stiefel mußte ich gegen ein paar abgewetzte russische Stiefel eintauschen. Danach wurde ich wieder in Reih und Glied eingeordnet. Nach einer weiteren einstündigen Wartezeit wurden wir dann ins Quartier eingewiesen.

Ich gehörte zum ersten Transport, der in das Fort Zinna eingewiesen wurde. Die Inhaftierten belegten das Kreuzbauparterre. Ich kam in den Nordflügel, meine Zellennummer war die 74. In meiner Zelle befanden sich noch drei weitere Gefangene: ein Hauptwachtmeister der Polizei, Hermann Meier aus Magdeburg, ein lieber, guter, väterlicher Kumpel, Herbert Müller, ein Ingenieur aus Magdeburg, der bei der Firma Krupp beschäftigt war (mit ihm entwickelte sich eine enge Freundschaft während der Lagerzeit), und ein Leutnant der Polizei, stammend aus Torthun bei Egeln. Wir vier Genossen teilten uns nun für unbestimmte Zeit den Zellenraum.

In der Zelle befanden sich ein hochklappbares Bettgestell ohne Aufleger, ein Wasserspülklosett gleich rechts neben der Tür und ein Waschbecken mit fließendem Wasser. Ein vergittertes Fenster in Richtung Osten erhellte das Zimmer. Der Zelleneingang war mit einer stabilen Holztür mit Schloß und Riegel sowie einem Guckloch versehen. Hermann Meier war der Älteste, er durfte das Bettgestell belegen, wir anderen schliefen auf dem Fußboden. Im Laufe der Zeit war es möglich, an Papier heranzukommen; so wurden Zeitungen, Kartonagen als Unterlage benutzt, oder sie ersetzten die Bettdecke.

Der Kreuzbau war sehr kühl und kalt, auch im Winter schwach beheizt. Papier war ein Wärmeschutz und deshalb hoch begehrt. Nach einer Nacht waren Dehn- und Lockerungsübungen notwendig, um sich normal bewegen zu können.

Die Tagesverpflegung bestand aus einem Liter graublau schimmernder Wasserschleimsuppe und 300 Gramm Schwarzbrot. Diese Verpflegung erhielten wir täglich.

In der nächsten Zeit häuften sich die Transporte, und Fort Zinna nahm binnen kurzer Zeit einige tausend Menschen auf. Ende des Jahres 1945 wuchs die Zahl auf rund 10000 an. Kreuzbau und Katakomben reichten bei weitem nicht mehr aus, so wurden Holzbaracken aufgebaut. Mit den weiteren Transporten kamen auch immer mehr Schwanebecker Bürger. Ich selbst war über das Erscheinen dieser Menschen hocherfreut, sie verkörperten ein Stück Heimat und brachten neue Nachrichten mit. Insgesamt waren im Fort Zinna achtzehn Schwanebecker Bürger, die teilweise dort ihr Leben ließen. Der geringe Verpflegungssatz und die Wassersuppe führten zur Wassersucht. Die Beine schwollen an, die Menschen erhielten ein unästhetisches Aussehen, die Geschlechtsorgane vergrößerten sich. Diese Wassersucht war eine Todesursache. Otto Dunn, ein nominelles Parteimitglied während der Nazizeit, war das erste Opfer aus Schwanebeck, der Ortspolizist Karl Stippkugel das nächste. Auch mein ehemaliger Klassenlehrer, Willi Oppermann, verließ uns für immer. Ein Mensch, der in seinem Leben nur Gutes verkörperte und Gutes tat, der nur aufgrund seiner Lehrerstellung Mitglied der Nazi-Partei wurde, mußte sein Leben so beenden.

Der Tagesablauf der Gefangenen beschränkte sich auf Morgen- und Abendappelle sowie Verpflegungsausgabe und Freizeitgestaltung. Die Appelle wurden um neun Uhr und um achtzehn Uhr durchgeführt. Ihre Dauer war unterschiedlich, es kam stets auf den diensthabenden Offizier an. Die Offiziere, die regelmäßig Appelle abnahmen, erhielten ihren Spitznamen. Erschien der Hauptmann Dr. Mabuse, dauerte der Appell länger – teilweise bis zu zwei Stunden, und das bei Wind und Wetter. Seine Art des Zählens nahm viel Zeit in Anspruch, sie war schikanös. Ein anderer Hauptmann, wir nannten ihn Schnelläufer, führte den Zählappell zügig durch. Nach den Appellen begann die »Freizeitgestaltung«.

Wir Schwanebecker besuchten uns gegenseitig und tauschten die neuesten Parolen aus. Ein Schwanebecker war ein ausgesprochener Parolenjäger, er war ein Original, ein Tageblatt. Parolen wie: »Wilhelm Pieck setzt sich für die Gefangenen ein, er verhandelt mit der sowjetischen Besatzungsmacht« oder: »Wir sind irrtümlicherweise eingesperrt, man läßt uns bald wieder heim!« waren für viele Insassen wohltuend, sie stellten das seelische Gleichgewicht wieder her, stärkten die Hoffnung auf baldige Heimkehr. Sehr sensibel waren zwei Bauern während der Haftzeit. Ihre Gedanken waren stets mit der Tätigkeit ihres Hofes verbunden, kreisten um Fragen wie: »Schaffen die Lieben die Rübenernte? Der Acker muß gepflügt werden, die Wintersaat muß rein!« Beide haben die Gefangenschaft nicht überstanden, sie starben in Torgau.

Ich kam schon damals zu der Erkenntnis, meine Gefangenschaft durch eine Tätigkeit besser überstehen zu können. Durch Zufall und Glück kam ich in ein Transportkommando. Wir transportierten Lebensmittel für das Lager, für die russischen Familien und teilweise für die Bevölkerung Torgaus. Mehl, Fleisch und Fette fuhren wir aus. Es war eine schwere Arbeit. Zwei-Zentner-Säcke Mehl mußten in den Privatbäckereien schmale Treppen hochgeschleppt werden. Bei all diesen Transportarbeiten besserten wir unseren Tageskonsum auf. Es bot sich immer eine Gelegenheit, Nahrungsmittel sofort zu essen oder sie in das Lager zu schmuggeln. Ohne Schwierigkeiten schleppten wir rohen Weizen in unseren Hosen- und Jackentaschen ins Lager. Er diente zur Verbesserung der Ernährungslage meiner Zellengenossen. Der bereits erwähnte Mithäftling Meier ließ den Weizen einige Tage quellen, und dann wurde er auf einer selbstgebauten Kochstelle aufgekocht. Wenn ich von meiner Tätigkeit zurückkam, hatte ich stets irgendeine zusätzliche Verpflegung, und meine Zellenbrüder erhielten selbstverständlich etwas davon ab.

Wenn die Transportarbeiten ausfielen, übernahm ich Installationsarbeiten. Die Wohnhäuser russischer Familien erhielten zu Weihnachten eine Reihenschaltung für den Weihnachtsbaum, oder es mußte eine Steckdose verlegt werden – es gab für mich immer eine Beschäftigung, die meine Lage moralisch und auch materiell verbesserte. Das Überleben stand für mich im Vordergrund, denn ich sah, wie im Lager Menschen an Hunger starben und elendig eingingen. Meine Angst vergrößerte sich. Deshalb war für mich die Arbeit die beste Therapie. Während meiner Tätigkeit außerhalb des Lagers stand ich immer unter Bewachung. Trotzdem bot sich die Gelegenheit, Kontakte mit der Bevölkerung aufzunehmen. Als Elektriker hatte ich einen Werkzeugkasten mit einem doppelten Boden. Hier versteckte ich Nachrichten, Lebenszeichen, überwiegend von Schwanebecker Bürgern; diese Lebenszeichen erreichten den Heimatort. Keiner der Angehörigen wußte ja etwas über den Verbleib der Inhaftierten. Die Klempnermeisterfrau Jürgens erhielt eine solche Nachricht und reiste nach Torgau. Sie war voller Hoffnung, ihren Mann einmal sehen oder gar sprechen zu können. Alle mit großem Mut unternommenen Bemühungen waren jedoch vergebens. Sie mußte unverrichteter Dinge die Heimreise antreten. Sprech- und Schreiberlaubnis wurde nicht erteilt, das war strengstens verboten.

Im Fort Zinna versuchten einige Insassen einen Ausbruch. Sie gruben einen Tunnel, der mehrere Monate Arbeit in Anspruch nahm. Durch einen Denunzianten, solche Typen gab und gibt es zu jeder Zeit, wurde dieser Ausbruchsversuch vereitelt. Die vier Häftlinge wurden hart bestraft, erhielten Prügel und Einzelarrest.

1946, im Monat März oder April, wurden die Insassen der Festung plötzlich verlegt. Wir kamen in die Husarenkaserne, die nicht weit von der Festung entfernt war. In der Kaserne wurde ein Camp abgetrennt, in dem über hundert Frauen untergebracht wurden. In diesem Frauenlager kam auch ein Kind zur Welt. Zutritt zu den Frauen war strengstens verboten. Eine Unterhaltung auf Distanz war trotzdem möglich. Einige dieser Frauen sahen wir später in Sibirien in unserem Lager Anshero-Sudschensk wieder. Auch sie wurden zur Zwangsarbeit verschleppt. Diese Frauen waren Mitglieder der Nazi-Partei und Angehörige des BDM.

Für die Inhaftierten gab es keine Veränderungen im Tagesablauf, doch ihre Freizeitgestaltung verbesserte sich. Während sonst das Erzählen, die Unterhaltung in Gruppen und Spiele (Mensch ärgere dich nicht, Halma, Kartenspiele) vorherrschten, wurden jetzt auch Vorträge gehalten. Für mich war es damals ein Erlebnis, die Jagdgeschichten des Herzogs Joachim Ernst von Anhalt zu hören. Dieser

Mensch hatte während der Nazizeit im Konzentrationslager zu leiden gehabt und wurde 1945 wiederum eingesperrt. Einzelne Könner gingen ihren Neigungen nach. Sie schnitzten, gravierten und malten. Es entstanden die herrlichsten Kunstwerke. Aus Rinderknochen wurden naturgetreue Tulpen und Rosen hergestellt, aus schmalen Verstärkungseinlagen eines Stahlhelms Rasiermesser gefertigt. All diese Beschäftigungen erhöhten die Moral der Gefangenen.

Eines Tages erhielten wir die Nachricht, das Lager Torgau wird aufgelöst. Diese Nachricht wurde zur Wirklichkeit. 1946, im Oktober – der genaue Zeitpunkt ist mir entfallen –, wurden wir nach Mühlberg verlegt. Hier traf ich weitere Jugendfreunde aus dem Kreis Oschersleben. Mühlberg war ein Barackenlager, hier standen über 30 Baracken. Es hinterließ einen noch grausameren Eindruck als Zinna und Torgau. In den Monaten November und Dezember zählte man teilweise bis zu siebzig Tote täglich. Die Baracken 22, 23, 24 waren die reinsten Todesbaracken. Hier wohnten abgestumpfte, entkräftete, unterernährte Menschen, die darauf warteten, vom Tod abgeholt zu werden. Es ist unbeschreiblich, wie es in diesen Baracken aussah.

Die Atmosphäre dieses Lagers war für mich niederschmetternd. Hier überlebst du nicht, waren meine Gedanken. Deshalb wollte ich bei günstiger Gelegenheit auch hier nach Arbeit suchen. Im Dezember 1946 kam eine Kommission, sie suchte arbeitsfähige Menschen. Ich wurde in den Arbeitstransport eingegliedert. Mein ehemaliger Sport- und Mathematiklehrer Herr Bordeck, Häftling in Mühlberg, verabschiedete sich mit den Worten: »Du kommst nach Rußland, du bist noch jung und wirst alles überstehen, ich aber werde in Mühlberg sterben. Grüße all meine Angehörigen!« Er ist tatsächlich in Mühlberg verstorben.

Im Januar 1947 wurden wir nach Westsibirien, nach Anshero-Sudschensk im Kusnezker Becken, transportiert. Vier Wochen dauerte die Eisenbahnfahrt bei grimmiger Kälte. Hier wurde ich Bergmann, und damit begann die zweite Etappe der Gefangenschaft.

Die letzte Etappe verbrachte ich als Zugführer einer Baubrigade in Leninsk-Kusnezk. Mit einem einmonatigen Aufenthalt in Brest-Litowsk endete meine Gefangenschaft am 5. Mai 1950.

FÜNFEICHEN

Das aus Baracken bestehende frühere Kriegsgefangenenlager Fünfeichen bei Neubrandenburg wurde im Juli 1945 mit Häftlingen, vor allem aus Rostock, wieder in Betrieb genommen. Nach Zugängen aus Hohenschönhausen, Graudenz, Weesow und Ketschendorf stieg die ursprüngliche Zahl der Gefangenen von 6000 bis zum Jahr 1946 auf 12500 an. Insgesamt durchliefen mehr als 20000 Menschen dieses »Speziallager Nr. 9«.

Zu den Insassen des Lagers Fünfeichen gehörte auch der schon von den Nazis verfolgte Schriftsteller und Schliemann-Forscher Heinrich-Alexander Stoll aus Parchim. Unter den Gefangenen befanden sich mehrere Kinder im Alter von zwölf bis vierzehn Jahren, die als »Werwolf-Verdächtige« galten. In einem abgesonderten Teil des Lagers mußten die entkräfteten Gefangenen Schwerarbeit leisten. Im Juli/August 1948 wurden etwa 4500 Häftlinge entlassen. Weitere 1000 mußten zur Zwangsarbeit in die Sowjetunion. Die restlichen rund 3000 Insassen des Lagers wurden am 2. März und am 10. September 1948 ins KZ Buchenwald gebracht. Das 160 Mann zählende Restkommando kam am 30. November 1948 in das KZ Sachsenhausen.

In Fünfeichen starben etwa 7000 Menschen. Sie wurden auf einer Kiefernlichtung, im »Mühlenholz« nahe der Bahnlinie von Neubrandenburg nach Burg Stargard, in Massengräbern beigesetzt. Lange Zeit befand sich dort ein militärisches Übungsgelände, bis im März 1990 die ersten Massengräber nach Hinweisen aus der Bevölkerung entdeckt wurden. Auf dem ehemaligen Lagerareal war 1961 ein lange verwahrloster Friedhof für die Kriegsgefangenen aus zehn Ländern hergerichtet worden, die von 1939 bis 1945 in Fünfeichen saßen und viele Opfer zu beklagen hatten.

Konrad Wächter

»Zeitungen – für uns einfach unglaublich«

Nach dem Lager Ketschendorf (vgl. seinen Bericht S. 70) erwartete den jungen Konrad Wächter eine weitere Leidensstation: Fünfeichen.

Ich gehörte nach meiner Erinnerung zur letzten Gruppe, die Anfang 1947 Ketschendorf verließ. Auf dem Gleis vor dem Lager stand ein langer Güterzug, in den wir verladen wurden. Immer fünfzig Leute in einen zweiachsigen Waggon. Es war der reine Wahnsinn, das schlimmste Erlebnis während meiner gesamten Lagerzeit, ausgenommen die Tage meiner »Wasserkrankheit«, die mich um Haaresbreite das Leben gekostet hätte. Der Zug fuhr nach Norden. Erster Halt war Oranienburg. Durch Ritzen und Spalten wurde das Lager Sachsenhausen erkannt. Ein Teil des Zuges wurde abgehängt. Die Fahrt ging weiter nach Norden und endete nach vier oder fünf unendlich langen und furchtbaren Tagen bei minimaler Verpflegung und großer Kälte schließlich in Neubrandenburg. Nachmittags wurden wir ausgeladen und liefen auf verschneiter Straße hinauf nach Fünfeichen, einem aus wenigen Häusern bestehenden Dorf, das offenbar voll in russischen Händen war. Mit Einbruch der Dunkelheit erreichten wir das Lager. Durch die »Schleuse«, die offenbar allen Internierungslagern gemeinsam war und die linker Hand durch die sogenannte Steinbaracke begrenzt wurde, trotteten wir völlig zerschlagen in das Lagerinnere. An weitere Einzelheiten erinnere ich mich nicht mehr. Es war uns so ziemlich alles egal, Hauptsache war, daß die Strapazen endlich ein Ende hatten. Schließlich wurden wir auf einige Baracken des sogenannten Nordlagers verteilt.

Vieles in diesem Lager war für uns neu. Bisher in Ketschendorf in Wohnhäusern einer Arbeitersiedlung zusammengepfercht, wurden wir hier in Baracken untergebracht. Neu für uns war vor allem die Ausstattung mit dreistöckigen Pritschen und mit aus Backsteinen gemauerten Öfen, die übrigens zu unserer großen Überraschung geheizt waren. Ich erinnere mich, daß ich wahnsinnigen Durst hatte und in meiner grauen Emailleschüssel, zu der ich irgendwann in Ketschendorf gekommen war, Schnee hereinholte, um diesen dann auf der eisernen Ofenplatte zu schmelzen.

Die Baracken hatten in der Mitte einen gemauerten Teil, einen Waschraum mit fließendem Wasser und eine Art Waschküche mit einem gemauerten Kohleherd. Sie diente zum Reinigen der Essenkübel. Die sogenannten »Stuben« wurden durch das gezielte Aufstellen der Pritschen gebildet. Die Baracken waren hoffnungslos verwanzt, was besonders in den Sommermonaten zur Plage wurde. Wanzen werden ja erst bei entsprechenden Temperaturen und bei eintretender Ruhe, also nachts, richtig aktiv. Auch Flöhe waren an der Tagesordnung. Beiden unangenehmen Störungen versuchten wir dadurch zu begegnen, daß wir so lange die Stockwerke in den Pritschen tauschten, bis wir entsprechend der Anfälligkeit der einzelnen gegen die beiden Insektenarten die richtige Belegung der Pritschen gefunden zu haben glaubten, wobei man den Flöhen immerhin mit »Sauberkeit« beikommen konnte. (Decken täglich ausklopfen, Pritschen recht oft mit viel Wasser saubermachen, Sachen täglich ausklopfen und so weiter.) Gegen die Wanzen hätte zu dieser Zeit nur das Abbrennen der Baracken helfen können. (Was übrigens später offenbar auch gemacht worden sein muß; denn beim Besuch dieser Gegend in den sechziger Jahren waren nur noch die massiven Bauten zu erkennen.)

Läuse gab es übrigens zu dieser Zeit in Fünfeichen nicht. Ich weiß nicht, ob hier 1945/46 das Läuseproblem eine ebenso große Rolle spielte wie zur gleichen Zeit in Ketschendorf, wo man erst in der zweiten Hälfte 1946 damit fertig wurde. Läuse sind bekanntlich wegen der Übertragung von Krankheiten (besonders Flecktyphus) so gefährlich. In Fünfeichen standen Läuse geradezu unter Strafe. Obwohl kaum ernsthaft durchgeführt, waren Läusekontrollen angeordnet, und es gab eine Lagerläusekommission, die in den Baracken Stichproben machte. Wurde gar eine Laus gefunden, wurde die Baracke förmlich umgedreht, und die gesamte Belegschaft ging mit Sack und Pack in die Entlausung.

Ganz anders als in Ketschendorf war die Einteilung des Lagers. Das war sicherlich auf die Tatsache zurückzuführen, daß Ketschendorf unmittelbar nach dem Kriege eingerichtet wurde, während Fünfeichen schon im Kriege als Kriegsgefangenenlager entstanden ist und einfach als Internierungslager übernommen wurde. Es gab ein Nord- und ein Südlager. Sie waren meiner Erinnerung nach streng voneinander getrennt. Ich selbst war in den eineinhalb Jahren meines Aufenthaltes in Fünfeichen nur drei- oder viermal im Südlager, aus besonderen Anlässen, zum Beispiel zu einem sogenannten Aktenvergleich oder unmittelbar vor der Entlassung. In diesem Zusammenhang fällt mir ein, daß heute immer wieder die Frage nach Akten gestellt wird. Natürlich hat es die gegeben, denn sonst hätte man ja keine »Aktenvergleiche« machen können. Zu diesem Ereignis wurden wir in die »Theaterbaracke« des Südlagers geholt, und dort harrten wir der Dinge, die nun passieren würden. Es kamen endlich sowjetische Offiziere mit zahlreichen Aktenbündeln. Dann wurde aufgerufen, z.B.: »Müller, Klaus!« Antwort: »Erich, vierzehn!« Oder: »Wächter, Konrad!« Antwort: »Johannes, 29!« Das bedeutete soviel wie: Aufgerufen wurde mit Namen und Vornamen, geantwortet wurde mit Vatersnamen und Geburtsjahr. Wenn das übereinstimmte, stimmte offenbar alles andere auch. Soweit ich mich erinnere, ging die Sache nicht nach dem Alphabet. Ich mußte jedenfalls ewig lange warten, bis ich drankam. Ich wundere mich heute noch, daß die Sache überhaupt funktionierte.

Im Gegensatz zum Südlager, in dem übrigens auch Frauen untergebracht waren, war das Nordlager durch die Lagerstraße, die zu beiden Seiten durch eine hohe Steinmauer, die auf Ihrer Krone noch einen elektrischen Stacheldraht trug, in zwei Teile getrennt. Die somit eingemauerten beiden Nordlagerteile, in denen nach meiner Erinnerung jeweils etwa zehn bis zwölf Baracken standen, waren nun ihrerseits nochmals durch Zäune geteilt. Man befand sich also in bestimmten »Gattern«, die normalerweise nicht verlassen werden durften. Die jeweiligen Tore zur Lagerstraße wurden durch die »deutsche Lagerpolizei« bewacht. (Diese setzte sich natürlich auch aus Inhaftierten zusammen.) Daß das gesamte Lager durch einen mehrfachen Stacheldrahtzaun mit hohen Postentürmen umgeben war, muß sicher nicht besonders erwähnt werden. Zwischen diesem Außenzaun und den Baracken befand sich natürlich auch eine Mauer, in die die sogenannten Hochhäuser (das waren die Toiletten) eingebunden waren, deren Fenster von außen ebenfalls mit elektrischem Stacheldraht gesichert waren. Aber trotzdem konnte man von dort weit in die so ersehnte Freiheit sehen, beispielsweise auf den unterhalb von Fünfeichen liegenden Tollensesee. Diese Mauer um das Nordlager war also gleichzusetzen mit dem hohen Bretterzaun von Ketschendorf. Allerdings war im Gegensatz zu Ketschendorf, wo unmittelbar nach dem Bretterzaun das Stacheldrahtsystem begann, zwischen Mauer und

Stacheldraht ein ziemlich großer Freiraum (etwa hundert Meter), der teilweise als Anbaufläche für Kraut und Kohlrüben genutzt wurde und der am Tage durch ein ebenfalls von der deutschen Lagerpolizei bewachtes Tor für Arbeitskommandos zugänglich war.

Die beschriebenen Sicherungsanlagen, die für alle Lager gleich gewesen sein dürften, machten Fluchtversuche von vornherein unmöglich. Trotzdem erinnere ich mich an wenigstens drei solcher Versuche. Während in Ketschendorf die mir bekannt gewordenen Versuche mit ihrer Entdeckung und langer Karzerhaft für die Beteiligten endeten, war eine Flucht aus dem Lazarett in Fünfeichen erfolgreich. Nach den bei uns umlaufenden Gerüchten ist es einem Jugendlichen nachts gelungen, das nach meiner Erinnerung nicht ganz so dichte Stacheldrahtsystem des Lazaretts unbemerkt zu überwinden und die östlich des Lagers verlaufende Eisenbahnlinie zu erreichen. Angeblich fehlte von dort an jede Spur.

Im Nordlager befanden sich auch eine oder zwei Isolierbaracken (die genaue Zahl weiß ich nicht mehr). Diese waren durch Mauern von den anderen Baracken getrennt. In ihr waren offenbar Leute untergebracht, die wohl doch eine ernstere Vergangenheit aufzuweisen hatten. Ich erinnere mich, daß Dr. Vogel, der in Ketschendorf unser »Hausarzt« war, den ich durch meine »Wasserkrankheit« kannte und der mir das Schachspielen beigebracht hatte, in der Baracke 1 gelegen hat. Er war mit nach Fünfeichen gekommen, und ich habe dann keinen Kontakt mehr zu ihm gehabt. Angeblich soll er Arzt bei der Filmgesellschaft Ufa gewesen sein.

Gleich die erste Baracke in unserem Lagerteil, das heißt im Nordlager auf der zum Tollensesee gelegenen Seite, war extra abgezäunt. Das war die sogenannte Kriegsgefangenenbaracke. Die hier untergebrachten Männer galten als Kriegsgefangene. Sie wurden jeden Morgen aus dem Lager zur Arbeit irgendwohin an den Tollensesee gebracht. Soviel ich weiß, hat es dort während des Krieges eine Torpedowerft gegeben, die von diesen Gefangenen demontiert wurde. Nach Beendigung dieser Arbeiten wurden sie dann eines Tages in die UdSSR abtransportiert.

Ganz neu für uns war, daß es im Lager eine Arbeitsmöglichkeit gab. Es existierte so etwas Ähnliches wie eine Lagerfabrik oder Lagerwerkstatt. Dort wurden zum Beispiel auch die Fahrzeuge für die Russen repariert und Reifen geflickt. Sogar Vulkanisieren war nach meiner Erinnerung möglich. Eine Beschäftigung war natürlich nach eineinhalbjähriger Untätigkeit hoch begehrt, zumal man dadurch auch in die Vergünstigung einer um fünfzig Gramm (!) größeren Brotportion kam. Durch einen Bekannten meiner Eltern, der mich dort wiedererkannte und der nach meiner Erinnerung irgend etwas mit dem Holzplatz des Lagers zu tun hatte (es gab ja hier im Winter Holz zum Feuern), bekam ich eine Arbeit in der »Fabrik«. Ich hatte Leichtmetallgußgehäuse für Haarschneidemaschinen zu putzen. Wieso und warum dort ausgerechnet Haarschneidemaschinen hergestellt wurden, weiß ich nicht zu sagen. Aber dieses große Glück dauerte nur knapp zwei Wochen.

Zum Lager gehörte auch ein etwas außerhalb des Hauptlagers gelegenes Lazarett (in Richtung Burg Stargard). Und dort gab es eine Röntgeneinrichtung! Wir, das heißt alle Neuankömmlinge, wurden dort im Laufe der ersten Wochen geröntgt! Und hier hatte ich wieder unheimliches Glück. Der Arzt erkannte eine beginnende Lungenentzündung, die ich sicherlich nicht überstanden hätte, wäre sie zum Ausbruch gekommen. Ich war nun die Arbeit wieder los, rückte ins Lazarett ein und verlor damit auch wieder die gerade spärlich gewachsenen Haare. Ich war natürlich im Moment todunglücklich, erkannte aber dann später sehr wohl, daß hier zu meinem großen Glück »jemand den Daumen dazwischen hatte«. Denn wie eine Untersuchung ergab, hatte ich tatsächlich eine Lungenentzündung.

Nach der Entlassung aus dem Lazarett kam ich nicht in meine alte Baracke zurück, sondern wurde in einer Krankenbaracke untergebracht. Hier lagen alles mehr oder weniger angeschlagene Leute, die irgendeinen »Defekt« an der Lunge hatten. Hier durfte niemand zu Arbeitseinsätzen herangezogen werden. Für ein Jahr galt normalerweise diese Schonzeit. Man mußte sich die Zeit wieder mit Erzählen, Schachspielen oder mit einem Gang um die drei Baracken vertreiben. Später bewarb ich mich beim Barackenältesten um den Hilfssanitäterposten, der durch einen Krankheitsfall frei wurde, und da ihn niemand weiter wollte, bekam ich diesen dann auch. Damit hatte ich wenigstens wieder ein bißchen Beschäftigung. Mein Jackenärmel wurde mit einem kleinen roten Kreuz versehen. Ich durfte nun manchmal auch mit den Essenholern zum Küchenplatz fahren, um die Essenkübel auf einer Karre heranzuschaffen. Oder ich durfte die Krankgemeldeten zur Ambulanz bringen. Das war keine große Arbeit, aber eben eine wohltuende Beschäftigung.

Ich erinnere mich übrigens einer ganz besonderen Geschichte. Erstmals während meiner Lagerzeit wurden die völlig zerschlissenen Sachen durch neue ersetzt. Diese stammten offenbar aus der russischen Kleiderkammer. Ich bekam Unterhemd, Unterhosen, russische Militärhosen und Militärbluse, dazu eine alte deutsche Wehrmachtsjacke und einen russischen Militärmantel, wie man ihn aus den russischen Kriegsfilmen kennt. Und natürlich auch Fußlappen! Aber trotz allem; wir hatten wieder etwas Ganzes anzuziehen.

In der Zeit, in der ich in Fünfeichen war, also von Anfang 1947 bis Juni 1948, war die Verpflegung regelmäßig, wenn auch sehr knapp bemessen. Sie bestand im wesentlichen aus einer Portion Brot (500 Gramm) und zwei warmen Mahlzeiten (je dreiviertel Liter Suppe). In der Regel gab es Krautsuppe und Grütze, die Krautsuppe meist aus Sauerkraut beziehungsweise Salzgemüse. Außerdem gab es wohl täglich noch einen Löffel Zucker und Marmelade. Trotz dieser Eintönigkeit war die Verpflegung besser als in Ketschendorf.

Die Teilung eines Vier-Pfund-Kastenbrotes war eine Zeremonie. Es waren Brotkästen gebaut worden, in die das Brot genau hineinpaßte, mit genau bemessenen Schlitzen auf der Längs- und Querseite. Mit einer »Brotsäge«, einem Stahldraht mit Holzknebeln an den Enden, wurde das Brot mit Hilfe des geschlitzten Brotkastens in vier gleiche Teile zerlegt. Damit für jeden Chancengleichheit bestand, wurde der Empfang der Brotportionen in strenger Reihenfolge gewechselt. Wer heute der erste war, war morgen der letzte und so weiter.

Die hygienischen Gegebenheiten waren ebenfalls besser. Schon allein der Umstand, daß in den Baracken fließendes Wasser vorhanden war, spricht für diese Tatsache. Außerdem ging es in ziemlich regelmäßigen Abständen in die Entlausung zum Duschen. Die »Toiletten« waren menschenwürdiger als der »Donnerbalken« in Ketschendorf. Und letztlich gab es eine Ambulanzbaracke, in der mehrere Ärzte, natürlich ebenfalls Lagerinsassen, tätig waren, darunter auch ein

Zahnarzt. Letzterer hatte sogar eine Bohrmaschine, die allerdings durch Treten, ähnlich einer Nähmaschine, in Bewegung gesetzt werden mußte. Dank dieser komischen Bohrmaschine konnte mir persönlich übrigens ein Zahn über die Lagerzeit hinweg gerettet werden. Gegenüber der grausigen Lagerzeit von Ketschendorf war für uns mit der Überführung nach Fünfeichen eine deutliche Verbesserung der Umstände eingetreten.

Während ich mich nicht erinnern kann, in Ketschendorf jemals den russischen Lagerkommandanten zu Gesicht bekommen zu haben, kannte man in Fünfeichen diesen Mann. Man sah ihn auch ab und zu im Lager, und man kannte auch einige andere zur russischen Lagerleitung gehörende Offiziere. Es soll sogar Lagerinsassen gegeben haben, die sich wegen irgendwelcher Ungerechtigkeiten seitens ihrer Barackenältesten an den russischen Lagerkommandanten wendeten und dort sogar ihr Recht bekamen – so etwas war in Ketschendorf undenkbar.

Die Zahl der Sterbefälle war drastisch zurückgegangen, obwohl insgesamt auch hier wenigstens 10000 Leute gefangengehalten wurden. Natürlich glaube ich, daß auch in Fünfeichen im ersten Jahr hohe Verluste, wie in den anderen bekannten Lagern, zu beklagen waren. Jedoch ist mir nicht in Erinnerung, daß zu unserer Zeit in Fünfeichen davon die Rede gewesen wäre. Das lag sicherlich auch daran, daß wir als Neuankömmlinge Anfang 1947 von den »Alteingesessenen« im Südlager sorgsam getrennt blieben. Das war bestimmt auch Methode. Aber aus heutiger Sicht meine ich doch, wer das erste Jahr ohne Schaden überstanden hat, hatte das Allerschlimmste hinter sich und damit die Chance zu überleben.

Nach dem Winter 1947/48 verbesserte sich die allgemeine Lagersituation erneut. So etwa ab März/April kamen Zeitungen in das Lager. Für uns einfach unglaublich! Es handelte sich um drei verschiedene Zeitungen, wenn ich mich recht erinnere, um die »Tägliche Rundschau«, den »Start« (Vorläufer der »Jungen Welt«) und eine Berliner Zeitung. Da es für die ganze Baracke nur je ein Exemplar gab, wurden Vorleser bestimmt. Es wurde keine Zeile ausgelassen. Es war seit zweieinhalb Jahren unsere erste Verbindung zur Außenwelt. Kurz darauf gab es eine Tabakzuteilung, ich glaube, es waren zwei Zigaretten pro Tag. Ebenfalls gebildet wurde eine Kulturgruppe, und eine Theaterbaracke wurde in beiden Lagerteilen eingerichtet. Ich kann heute nicht mehr sagen, wie viele Vorstellungen stattfanden, aber an eine erinnere ich mich mit Sicherheit.

An dieser Stelle muß ich einflechten, daß man in unserer Baracke bemüht war, den Geburtstagskindern eine Freude zu machen. Das sah so aus, daß jeder in der »Stube« ein Winziges von der Brotportion opferte, damit das Geburtstagskind an diesem Tage eine doppelte Portion hatte. Außerdem bekam es dann zum Mittag einen Viertelliter Nachschlag. Der Rest des warmen Essens wurde übrigens regelmäßig als Nachschlag verteilt, und zwar immer reihum. Irgendwann konnte man also auch schon mal mit einem Liter Mittag- oder Abendessen rechnen.

Ende Mai oder Anfang Juni 1948 begann im Lager eine Umgruppierungsaktion. Es war offenbar festgelegt worden, wer entlassen werden sollte und wer nicht. Für mich sah es zunächst gar nicht gut aus. Jedesmal, wenn der Barackenälteste mit einer Liste von Leuten kam, die umziehen sollten, fehlte mein Name. Es war wie bei dem Aktenvergleich, ich kam nicht dran! Schon hatte ich alle Hoffnung aufgegeben. Seit Tagen waren keine Listen mehr herausgegeben worden. Da geschah es doch: Spät abends war der Barackenälteste zur Lagerleitung gerufen worden, und er brachte eine lange Liste mit, die letzte, die meines Wissens herausgekommen ist. Mit den ersten Namen wurde auch meiner verlesen. Am 17. Juni wurde ich in die Baracke 19 auf der anderen Seite der Lagerstraße verlegt. Gleich bekam ich auch wieder einen Posten zugewiesen. Da ich in dieser Baracke der einzige Rot-Kreuz-Träger war, wurde ich kurzerhand zum Barackensanitäter ernannt. Ich war dann noch genau einen Monat in dieser Behausung.

Aber wie bereits bei der Umgruppierung im Lager müssen die für die Entlassung Verantwortlichen mit mir oder meiner Akte irgendwelche Schwierigkeiten gehabt haben. Wenn ich mich richtig erinnere, ging die Entlassung nach dem russischen Alphabet. Und da hätte ich mit meinem »W« ja ganz vorn dabeisein müssen. War ich aber nicht.

Täglich wurden hundert Leute entlassen, und das nach einer genau festgelegten Prozedur, die insgesamt zwei Tage in Anspruch nahm: Vormittags Abholen der Kandidaten ins Südlager zum Aktenvergleich, Sachenkontrolle und Austausch von Kleidungsstücken, die nicht für die Entlassung »taugten« (zum Beispiel meine halbe Russenuniform), dann in die Entlausung zum Duschen, anschließend nach nochmaliger Kontrolle der wenigen Habseligkeiten (damit nicht aus Versehen ein Brief oder Ähnliches hinausgeschmuggelt wurde) in eine der Steinbaracken am Lagereingang. Dort Übernachtung und am nächsten Tag Warten bis zum erneuten Aufruf zum Aktenvergleich (damit kein Falscher entlassen wurde), Aushändigung des Entlassungsscheines und des Reisegeldes mit Quittungsunterschrift (ich bekam 45 Coupon-Mark, die Währungsreform war gerade vorbei). Danach Umzug in die Entlassungsbaracke. Am nächsten Tag dann Empfang der Marschverpflegung (ich erhielt anderthalb Brote und vielleicht 250 Gramm Zucker). Wer wollte, konnte sich nochmals die Haare schneiden oder sich rasieren lassen. Um neun Uhr erfolgte die Entlassung, das heißt, die Leute wurden mit einem Lastwagen zum Bahnhof Neubrandenburg gefahren. Dort war man dann frei!!!

So war für mich am 17. Juli '48 der lang ersehnte Tag der Freiheit gekommen. Nur wer eine solch harte Zeit der absoluten Isolierung von der Außenwelt unter allen diesen geschilderten Bedingungen durchgestanden hat, kann ermessen, wie uns zumute war. Ein solches Glücksgefühl ist einfach nicht zu beschreiben. Und im nachhinein denke ich an die niedergeschlagene Stimmung derjenigen, die erst nach weiteren zwei Jahren nach Hause durften.

Die Heimfahrt von Neubrandenburg in meinen Heimatort dauerte zu dieser Zeit zwei Tage. Aber was spielt das nach fast drei Jahren Freiheitsentzug schon für eine Rolle. Wir waren in Hochstimmung. Aber je näher man dem Zuhause kam, desto mehr dachte man auch daran, was einen dort erwarten könnte. Auf Grund der Tatsache, daß man ja seit drei Jahren ohne jede Nachricht von Zuhause war, hatte ich eine gewisse Angst davor, es könnte böse Überraschungen geben. Deshalb hatte ich versucht, bei einem längeren Aufenthalt von Cottbus aus irgendeine Verbindung zum Heimatort herzustellen, was mir letztlich auch gelang. Die Folge war, daß es sich wie ein Lauffeuer herumgesprochen hatte, daß ein längst Verschollengeglaubter nach

Hause kommen würde. Ich war der erste Heimkehrer aus einem solchen Lager im Ort. Der Bahnhof war voller Leute, die das erleben wollten. Für mich war das schon wieder ein schlimmer Augenblick, denn die Angst, möglicherweise wieder abgeholt zu werden, um erneut zu verschwinden, war groß. Zehn Tage später waren die anderen Jungs auch zu Hause. Von fünfzehn oder sechzehn Jugendlichen meines Heimatortes, die 1945 weggeholt wurden, waren sieben übriggeblieben.

BERLIN-HOHENSCHÖNHAUSEN

Mitte Mai 1945 wurde auf dem Gelände einer ehemaligen Großküche in Berlin-Hohenschönhausen, Freienwalder Straße, das »Speziallager Nr. 4« errichtet. Es diente als Auffangstation für alle im Raum Groß-Berlin festgenommenen Deutschen. Die Gefangenen wurden entweder in Kellerräume einer zur Küche gehörenden Molkerei oder in neugebaute Baracken gesperrt. Schon im August 1945 mußte das ummauerte Lager auf die Gebäude der benachbarten Fleischmaschinenfabrik Richard Heike ausgedehnt werden. Die beiden Bereiche trugen daraufhin die Bezeichnungen »Lager I« und »Lager II«. Dort wurde am 13. September 1945 ein Transport von 1500 Männern und 200 Frauen zusammengestellt, die zu Fuß nach Sachsenhausen marschieren mußten. »Ein Marsch des Grauens ohne Menschlichkeit«, wie Karl-Heinz Stolp, ein Teilnehmer dieses fünfzehnstündigen Martyriums, berichtete. Bei einer durchschnittlichen Belegung mit 2000 Internierten durchliefen das Lager Hohenschönhausen mindestens 10000 Häftlinge, die meist nicht lange blieben, sondern in andere Lager (vor allem nach Sachsenhausen, Ketschendorf und Weesow) transportiert wurden.

Im Oktober 1946 kamen die letzten hundert Häftlinge frei, das Lager wurde nach siebzehn Monaten aufgelöst. Die Haft in Hohenschönhausen hatte mehr als 3000 Gefangenen das Leben gekostet. Das »Lager I« diente ab 1946 den sowjetischen Sicherheitsorganen als zentrales Untersuchungsgefängnis, bis es im März 1951 für denselben Zweck dem Ministerium für Staatssicherheit der DDR übergeben wurde. Im ehemaligen »Lager II« befand sich zeitweilig ein Haftarbeitslager des MfS.

Die toten Häftlinge wurden 1945/46 alle zwei bis drei Tage mit einem Pferdewagen über das Bahngleis des Hohenschönhausener Industriebahnhofs auf ein Gelände nahe der Gärtnerstraße gebracht und in Massengräbern verscharrt. Ende der sechziger Jahre entstanden dort ein Zementplattenwerk und eine Deponie für Bauschutt.

Helmut Kind
»Ich sah, wie einige verrückt wurden«

Helmut Kind (geboren 1922) mußte 1939 als Siebzehnjähriger in den Krieg ziehen. Er hatte das Glück, die schweren Jahre bis 1945 unversehrt zu überstehen. Zunächst eher unpolitisch, gehörte er im Juli 1945 zu den Mitbegründern der Liberal-Demokratischen Partei in Halle. Diese Tatsache brachte ihn schließlich in mehrere Internierungslager.

Nach kurzer Kriegsgefangenschaft, ich war zuletzt Panzeroffizier, arbeitete ich zunächst als Pförtner in der chemischen Fabrik Julius Jacob in meiner Heimatstadt Ammendorf (heute Halle-Süd). Dort wurde ich bald darauf entlassen mit der Begründung, als ehemaliger Offizier dürfe ich keine klassenbewußten Proletarier kontrollieren. Im Juli 1945 gehörte ich zu den ersten Mitgliedern der LDP in Sachsen-Anhalt und arbeitete ab September als Landesgeschäftsführer. In dieser Eigenschaft zog ich über Städte und Dörfer, um für diese Partei zu werben. Sämtliche Rededispositionen mußten übrigens den Besatzungsbehörden in russischer Sprache vorgelegt werden.

Im Herbst 1945 wurde ich viermal vom sowjetischen Geheimdienst verhaftet. Während der Verhöre, die im NKWD-Gefängnis am Steintor in Halle oder in Merseburg stattfanden, mußte ich mir immer wieder Vorwürfe wegen »Neugründung einer bürgerlichen Partei« anhören. Das war um so verwunderlicher, als die LDP eine von den sowjetischen Behörden ausdrücklich genehmigte demokratische Partei war. Ich wurde zwar durchaus korrekt behandelt, aber es gab immer wieder bohrende Fragen nach dem Charakter meiner Partei. Irgendwie sah man in mir ständig den ehemaligen Wehrmachtsoffizier oder »Werwolf« oder Nazi. Mitglied der NSDAP bin ich aber nie gewesen.

Diese Verhaftungen haben mich damals nicht übermäßig beeindruckt. Man kam ja jedesmal nach kurzer Zeit wieder frei, und ich hatte mir überdies nichts vorzuwerfen. Meine Rechtsauffassung ging dahin, daß Unschuldigen nichts passieren könne.

Als ich im November 1945 zum fünften Male verhaftet und ins Polizeigefängnis Halle eingeliefert wurde, ahnte ich natürlich nicht, daß nun mehr als vier Jahre Haft und Entwürdigung folgen sollten. Fast sechs Monate mußte ich im Polizeigefängnis bleiben, wo unbeschreibliche Zustände herrschten. In einer Zwei-Mann-Zelle hausten zwölf Personen; wir lagen fast übereinander. Es gab eine Scheibe Brot am Tag und wenig Suppe. Manche waren so schwach, daß sie nicht mehr hochkamen. In meiner Zelle saß ein Mörder. Heute fällt es schwer, zu beschreiben, wie ein normaler Mensch sich an so ein Zuchthausleben gewöhnen kann und muß.

Nachdem man mich zum politischen Gefangenen deklariert hatte, mußte ich in eine Einzelzelle. Ende April 1946 wurden wir ins Zuchthaus Halle (den »Roten Ochsen«) verlegt. Das war die Sammelstelle für eine Verschickung in die einzelnen Konzentrationslager. Der Transport durch Halle war entwürdigend. Wir mußten zu Fuß durch die halbe Stadt, verwahrlost, unrasiert, in Handschellen. Vom »Roten Ochsen« aus wurde ich zweimal im Viehwaggon zum Lager Torgau, in die ehemalige Reiterkaserne, transportiert. Doch das total überfüllte Lager nahm mich immer nur für ein paar Stunden auf. Dann ging es wieder zurück nach Halle über Leipzig, wo man uns mit Hunden den Bahnsteig entlanghetzte.

Der russische Kommandant des Zuchthauses Halle rief mich dann eines Tages zu sich und sagte: »Du Spezialist. Wir suchen Leute für Hohenschönhausen.« Als ehemaliger Panzermann besaß ich Führerscheine aller Klassen, was mich offenbar als geeigneten Mann für dieses Berliner Lager prädestinierte. So fing das Trauerspiel erst richtig an.

In Hohenschönhausen befand sich hinter Mauern und Stacheldraht eine Spezialwerkstatt der Roten Armee. Darin wurden oft gestohlene Ami-Autos umfrisiert, mit falschen Motornummern versehen und so weiter. Dort mußte ich mit ungefähr fünfzig anderen, den »Spezialisten«, als Kfz-Monteur arbeiten. In dieser Zeit hätte ich mehrfach Gelegenheit zur Flucht gehabt, aber ich hütete mich, so etwas zu tun. Ich dachte dabei an meinen Vater, denn zuweilen erlebten wir im Lager, daß nach einer geglückten Flucht wenig später ein anderes Familienmitglied des Geflohenen eingeliefert wurde. Außerdem war ich der Meinung, daß meine Haft nicht lange dauern könne, wenn sich nur erst meine Unschuld herausstellen würde.

Im Sommer 1946 kamen schlagartig mehr Leute ins Lager (darunter aus Ketschendorf), weil die ehemalige Großküche zu einem Zellengefängnis umgebaut werden sollte. Ich wurde also Hucker, Hilfsarbeiter, und mußte mit anderen völlig entkräfteten Menschen das Gebäude »hochziehen«. Darin gab es zum Beispiel Zellen, die so winzig waren, daß man sich darin nur stehend aufhalten konnte. Antreiber bei dieser Arbeit waren immer deutsche Häftlinge, die sich ganz mies aufführten.

Der Tod war in Hohenschönhausen allgegenwärtig. Es existierte ein Beerdigungskommando, das mehrmals in der Woche die Leichen wegkarrte. Wir hausten in unbeheizten Fabrikräumen, die Hygiene war grauslich, das Essen mehr als saumäßig. Die meisten von uns sahen wie Gerippe aus. Viele starben an Wassersucht. Das ständige Hungern veranlaßte einige, übermäßig viel Wasser zu trinken, um ein Sättigungsgefühl zu erzielen. Auch daran starben nicht wenige. Medizinische Betreuung fehlte völlig. Bekleidung wurde nicht ausgegeben, so daß der Winter 1946/47 etliche Kältetote forderte. Ich gehörte zu den Glücklicheren und ergatterte zufällig einen russischen Militärmantel.

Im ganzen Lager gab es nur eine einzige Waschgelegenheit, und die Häftlinge sahen dementsprechend aus. Die Hungerödeme entstellten einen noch zusätzlich. Man war im Kopf schon gar nicht mehr normal, alles drehte sich nur ums Überleben, und jeder schien sich selbst der Nächste zu sein. Das Hungergefühl brachte furchtbare geistige Verirrungen hervor. Einige drehten regelrecht durch und phantasierten sich die tollsten Kochrezepte zusammen. Ich sah, wie einige Leute wirklich verrückt wurden, und zwar meist diejenigen, die vorher geistig hochstehende Menschen waren. Ein Häftling, Pfarrer, soviel ich weiß, hatte beispielsweise die Manie, sich alle zwei bis drei Stunden mit einer Wurzelbürste die Kopfhaut massieren zu müssen. Eines Tages starb er in völliger geistiger Verwirrung.

Anfang 1947 hatte die Zeit in Hohenschönhausen ihr Ende, ohne daß es in diesem Dreivierteljahr jemals eine Vernehmung oder Anklage gegeben hätte. Mehr tot als lebendig mußten mehrere hundert Häftlinge etliche Viehwagen besteigen und wurden ins KZ Sachsenhausen abtransportiert.

Die nächsten drei Jahre mußte ich in Sachsenhausen verbringen. So furchtbar es dort auch war – verglichen mit Berlin-Hohenschönhausen gab es doch manche Erleichterung. Beispielsweise erhielten wir nach einiger Zeit frische Kleidung. Auch mit der Hygiene stand es besser. Ich habe im Bad und in der Entlausungsstation gearbeitet und mußte jeden Tag zwei Stunden Holz hacken, um die Desinfektionsöfen zu beheizen. Im Lager tat man buchstäblich alles, um am Leben zu bleiben. Wer arbeiten durfte, empfand das als große Gnade. Es gelang mir sogar, ein wenig Tabak zu pflanzen und damit Handel zu treiben. Solcherart Tauscherei gehörte in Sachsenhausen zum Alltag. Überleben war wirklich Glückssache, denn der Hunger wuchs oft bedrohlich an. Ich erinnere mich vor allem an das immer wieder verabreichte Sauerkraut. Wer magenkrank war, ist entweder gestorben oder wieder gesund geworden. Daß ich diese Torturen überlebt habe, ist vielen Zufällen zu danken.

Wer aus dem Lager entlassen werden sollte, ging zuvor meist in eine abgesonderte Baracke. Dort wurden neue Kleider verteilt, und die Häftlinge erhielten Sonderrationen, damit sie dann in einigermaßen passablem Zustand entlassen werden konnten. Für mich kam dieser Tag am 17. Januar 1950. Nach vier Jahren und zwei Monaten Zuchthaus, Gefängnis und Lager winkte endlich die Freiheit. Man gab mir zwanzig Mark und einen Entlassungsschein. Warum ich so lange Zeit hinter Gittern und Stacheldraht verbringen mußte, hat mir bis heute niemand gesagt. Meine Partei stellte mich sofort wieder ein. Ab März 1950 arbeitete ich als Abteilungsleiter im Landesverband Sachsen-Anhalt der LDP. 1987 hatte ich größere Schwierigkeiten, die vier Jahre Lagerhaft auf meine Rente angerechnet zu bekommen. Man wollte mir damals einreden, ich hätte einst doch politische Verbrechen begangen und sei zu Recht »gemaßregelt« worden.

WEESOW

In dem Dorf Weesow bei Werneuchen (nordöstlich von Berlin) wurden im Mai 1945 fünf Bauerngehöfte als provisorisches Internierungslager hergerichtet. Wahllos verhaftete deutsche Zivilisten mußten die Stacheldrahtzäune und Wachtürme bauen. Weesow war vorrangig als Durchgangslager gedacht, wo zahlreiche Transporte aus Berlin-Hohenschönhausen eintrafen, die dann nach Landsberg/Warthe, Frankfurt/Oder, Sachsenhausen und Fünfeichen weitergeleitet wurden. Am 16. August 1945 mußten die letzten 2000 Häftlinge den Fußmarsch ins KZ Sachsenhausen antreten. Zwei Männer, die unterwegs nicht weiterlaufen konnten, wurden vom Wachpersonal erschossen.

Von ungefähr 10000 Menschen, die das Lager Weesow durchliefen, starben etwa 1000 Häftlinge. Sie wurden in den umliegenden Wäldern verscharrt. Zu den Insassen von Weesow gehörte zeitweilig auch der Regisseur und Schauspieler Gustaf Gründgens.

Erwin Krombholz

»Jeder Tag war ein Elendstag«

Der 1917 in Wien geborene Erwin Krombholz war seit 1936 Angehöriger der deutschen Luftwaffe. Im Februar 1942 wurde er bei einem Aufklärungsflug über der Sowjetunion abgeschossen. Schwerverwundet kehrte er nach Deutschland zurück, wo er erst zwei Jahre später – an der linken Hand gelähmt – aus dem Lazarett entlassen werden konnte. Ende Mai 1945 fiel Erwin Krombholz aufgrund von Denunziationen aus der Nachbarschaft dem NKWD in die Hände. Sein Weg führte über das Durchgangslager Biesdorf bei Berlin nach Weesow.

Weesow war ein Dorf in einer ausgesprochen bäuerlichen Gegend. Unser bunt zusammengewürfelter Haufen schleppte sich mühselig zu Fuß nach Weesow. Die Angst vor einem körperlichen Zusammenbruch spornte uns an. Voller Ungewißheit über das weitere Schicksal empfand vor allem die ältere Generation unter uns die Situation als tragisch. Man sah es den Gesichtern an.

Als Lager hatte man mehrere Bauernhöfe eingezäunt. Unsere Bewacher waren Polen in Zivil. Der Aufenthalt wurde durch Schläge, Schikanen und Plünderungen zur Qual. Da ich als Österreicher zu den »Ausländern« zählte, blieb ich von Schlägen verschont. Den Deutschen aber erging es erbärmlich.

Bereits der Aufnahmevorgang war niederschmetternd. Gleich nach dem Betreten des ersten Hofes fand ein mehr als fragwürdiger Entlausungsvorgang statt. In mehreren großen Kochkesseln wurden unsere Sachen simpel gebrüht. Die Kessel standen in der freien Hofmitte auf offenen Holzfeuern. Total entblößt auf dem Erdboden hockend, warteten wir auf die Aushändigung unserer Sachen. Geschrumpft, versengt, verdorben, vielfach für weiteren Gebrauch untauglich, bekamen wir dann die Reste unserer Kleidung an den Kopf geworfen. Während der Wartezeit stapften die Bewacher durch die Menge und äugten nach eventuell noch verbliebenen Habseligkeiten. Nach der Fledderei beim NKWD war aber nichts von Wert übriggeblieben. Doch es kam Nachschub an Häftlingen aus der unmittelbaren Nachbarschaft. Bei ihnen waren noch hin und wieder eine Uhr oder ein sonstiger Wertgegenstand zu holen.

Nach der »Entlausung« wurden uns die Quartiere zugewiesen. Wie eine Viehherde trotteten wir unter Schlägen in unsere Löcher. Voller Angst über das Bevorstehende verkrochen sich alle. Ich befand mich im Kreis der Wlassow-Leute und empfand eine Gefühlsverwandtschaft mit ihrem Schicksal. Eine echte Freundschaft besiegelte dieses Gefühl. Mein spezieller Freund war ein Moslem namens Mohammed. Eindringlich hatte er mich ersucht, im eventuellen Notfall nach ihm zu rufen. Diese Voraussicht wurde bald auf die Probe gestellt. Ein polnischer Bewacher entdeckte nämlich meine sehr guten Wanderschuhe an den Füßen. Seine Aufforderung, diese zu übergeben, stieß natürlich auf meinen entschiedenen Widerstand. Ein Geplänkel und Geschubse setzte ein, die Notlage war da, und ich brüllte durch die Scheune um Hilfe. Die Lage wendete sich umgehend. Von hinten am Kragen gepackt und mit Fußtritten begleitet, wurde der Strolch hinausbefördert.

Die Behausung war unerträglich. Das Schlafen auf Strohresten ist wahrlich nicht empfehlenswert. Da die Scheune zugesperrt war, konnten wir uns die Beine kaum vertreten. Die sanitäre Lage wurde immer entsetzlicher. Die Ungewißheit über unser weiteres Schicksal schuf eine zusätzliche seelische Belastung. Schreie aus der Nachbarschaft brachten mir jedesmal zu Bewußtsein, in was für eine Maschinerie ich da hineingeraten war.

Mit meinen Wlassow-Freunden konnte ich mir die Zeit mit Erzählungen halbwegs gut vertreiben. Ich bekam einen Einblick in ihr Leben und ihre Mentalität. Meine Zuneigung und mein Verständnis bildeten eine Basis der Achtung für diese Menschen, die letztlich für ihre Freiheit gekämpft hatten. Ich betone ausdrücklich, wie sehr ich bedaure, daß sie alle vernichtet wurden.

Über Todesfälle wurde mir in Weesow nur bekannt, daß vorwiegend wohlgenährte Bauern Opfer der plötzlichen Lebensumstellung wurden. Der Durchfall setzte schnell ein, und das war unter diesen Umständen dem Todesurteil gleichzusetzen.

Jeder Tag war ein Elendstag. Er begann mit dem Sonnenaufgang und endete mit dem Einbruch der Dunkelheit; dann war man froh, wieder einen Tag der Qual hinter sich gebracht zu haben. Der Zweifel an der Gerechtigkeit im Leben beschäftigt einen, wenn man sich keiner Schuld bewußt ist und so dahinvegetiert.

Unser Aufenthalt wurde plötzlich und unerwartet beendet. In einer Marschkolonne ging es zum Eisenbahntransport nach Bernau. Flankiert von sowjetischen Soldaten, zog ein armseliger Menschenhaufen in müdem, schleppendem Tempo die Landstraße dahin. Ein bescheidenes Aufatmen darüber, den polnischen Peinigern entkommen zu sein, war der Abschied von Weesow. Der Zufall wollte es, daß ich in der letzten Reihe der Kolonne meinen Platz hatte, die Bewacher als unmittelbare Rückendeckung. Es wäre ein schöner Spätsommertag gewesen, hätte man dafür Muße gehabt. So aber schlich ein ausgemergelter Trupp Menschen, in Staub und Lumpen gehüllt, einer ungewissen Zukunft entgegen.

Bei diesem Trott gab es eine unvorhergesehene Abwechslung. Ein des Weges ziehender deutscher Soldat in zerschlissener Uniform war am Straßenrand stehengeblieben, um die Elendskolonne passieren zu lassen. Sein Unglück war, daß er einen Wehrmachtsbrotbeutel mit einer Feldflasche daran auf dem Rücken trug. Einer der Wachsoldaten wurde darauf aufmerksam, und diese Entdeckung führte zu einer lebensentscheidenden Veränderung für den armen Schlucker am Wegesrand. Er wurde aufgefordert, die Feldflasche auszuhändigen, und war sich der Tragweite seiner Ablehnung nicht bewußt. Dem einsetzenden Wortwechsel konnte ich entnehmen, daß er einen gültigen Entlassungsschein besaß und auf dem Heimweg war. Ohne viel Federlesens bekam er einen kräftigen Tritt in den Hintern und war die Flasche los. Er wurde das neueste Mitglied in unserem Lumpenhaufen. Alles Protestieren half nichts, die angelegte Maschinenpistole erstickte jeden Widerspruch.

Jeder war zur Genüge mit seiner Lage beschäftigt. Sprechen war verboten. Ich selbst hatte einen Kassiber vorbereitet und suchte eine Gelegenheit, diesen unbemerkt fallen zu lassen. Es war ein kleines Stück Papier mit einer kurzen Nachricht an meine Familie, um einen Stein gewickelt. Beim Zug durch Bernau standen vereinzelt Einwohner an der Straße, die sich die Gesichter in der Kolonne ansahen. Wir waren sicherlich nicht die ersten, die in Richtung Bahnhof unterwegs waren. Vielerorts wurden Angehörige und Freunde vermißt und gesucht. Mein Vorhaben klappte! Eine passende Gelegenheit bot sich, und mein Wurf gelang. Der Kassiber kam bei meiner Familie an und ist heute noch in meinem Besitz.

Mein weiterer Schicksalsweg führte mich über Landsberg/Warthe in das berüchtigte NKWD-Speziallager Buchenwald.

In Buchenwald blieb Erwin Krombholz bis zum Januar 1950. Danach wurde er mit vielen anderen nach Waldheim gebracht und während der dort abgehaltenen »Kriegsverbrecherprozesse« (vgl. S. 211) zu fünfzehn Jahren Zuchthaus verurteilt. Im Zuge einer Amnestie anläßlich des dreijährigen Bestehens der DDR kam er am 5. Oktober 1952 frei.

BUCHENWALD

Das im Juli 1937 von der SS am Nordhang des Ettersberges bei Weimar errichtete Konzentrationslager Buchenwald bestand aus fünfzehn doppelgeschossigen Steinbaracken und 32 eingeschossigen Holzbaracken. Von Mai bis Juli 1945 stand es für die Bevölkerung zur Besichtigung frei und wurde am 12. August 1945 als »Speziallager Nr. 2« vom NKWD wieder in Betrieb genommen. Die ersten Insassen waren Häftlinge aus den NKWD-Gefängnissen Erfurt, Weimar, Arnstadt und Jena. Ende 1945 saßen bereits etwa 3000 Männer und Frauen in Buchenwald ein. In den Jahren 1946 bis 1948 kamen Massentransporte aus den sowjetischen Lagern Landsberg/Warthe, Torgau, Ketschendorf, Jamlitz, Mühlberg und Fünfeichen hinzu. Im Durchschnitt befanden sich 10000 bis 12000 Häftlinge in Buchenwald, etwa 32000 Internierte durchliefen insgesamt das Lager.

Ab November 1946 begann eine vollständige Isolierung innerhalb des Lagergeländes. Alle Baracken wurden durch Stacheldraht voneinander getrennt, strenge Kontrollen waren an der Tagesordnung. In den mit jeweils etwa 300 Mann stark überbelegten Baracken mußte man mit drastisch reduzierten Verpflegungssätzen auskommen. Erst Ende 1947 lockerten sich diese Haftbedingungen wieder. Mindestens 2100 Internierte wurden von Buchenwald aus in die UdSSR deportiert.

Im Juli/August 1948 erfolgte die erste größere Entlassungsaktion, die etwa 8000 Häftlinge betraf. Ein ehemaliger Lagerinsasse erinnert sich: »Die Gruppe Wirtschaft, Justiz, Stabsoffiziere sowie Anhänger des neuen Regimes, die in Ungnade gefallen waren, blieben zurück.« Frei kamen vor allem die sogenannten kleinen Parteigenossen der NSDAP. Nach Entlassung von weiteren 7000 Internierten im Januar/Februar 1950 wurden die restlichen 2200 Gefangenen von den DDR-Behörden übernommen und in das Zuchthaus Waldheim gebracht.

Die Haft in Buchenwald überlebten mehr als 12000 Häftlinge nicht. Sie starben an Hungerödemen, Tuberkulose und Typhus. Viele trugen aufgrund ihrer jahrelangen erzwungenen Untätigkeit im Lager schwere psychische Schäden davon. Die Toten wurden meist in Massengräber am Südhang des Ettersberges und in eine Schlucht beim Dorf Hottelstedt geworfen. Weitere Gräber befinden sich östlich und nördlich des Lagers.

1958 entstand in Buchenwald eine Mahn- und Gedenkstätte, die aber lediglich den Opfern von 1937 bis Mai 1945 gewidmet ist.

Kurt Noack

»Immer ein Quentchen Hoffnung«

Ketschendorf, Jamlitz und nun Buchenwald: Kurt Noack wurde durch drei Lager geschleift. Hier die Fortsetzung seines Berichts:

Am Ostersonnabend 1947 um fünf Uhr früh kamen wir in Weimar an und wurden mit dem Waggon auf dem Ettersberg abgestellt. Am Ostersonntag betrat ich gegen Abend das Lager Buchenwald.

Der Weg von der Entladestelle zum Lager war nicht weit. Hier brachen Leute zusammen und konnten nicht mehr weiter. Zwei Mann kamen nicht wieder zu sich, das erfuhren wir drinnen. Wir hörten auch, daß es während des Transportes Tote gegeben hatte. Einer von ihnen war ein bekannter Spremberger Turner aus den Jahren vor dem Kriege. Am schmiedeeisernen Tor, das voll mit Brettern verkleidet war, nahm ich das von der SS angebrachte höhnende »Jedem das Seine« wahr. Noch nachts wurden wir entlaust und erhielten, nachdem wir gegen Morgen auf die Baracken verteilt worden waren, Grütze einmaliger Qualität, so dick, daß der Löffel stand. Ein besonderes Erlebnis als Gruß des neuen Lagers. Wir durften nachfassen und erhielten so die Rationen der vergangenen drei Tage, in denen wir völlig ohne Essen waren.

Mein erstes Buchenwalder Quartier war im unteren Teil des Lagers die Baracke 14 in der Zone II. Ich wurde der B-Kompanie zugestellt. Die Baracke war ein Steinhaus mit Obergeschoß, zu dem eine steinerne Außentreppe führte. In ihrem Mittelteil befand sich ein gefliester Raum mit einer Wascheinrichtung in seiner Mitte und Spülklosetts an den Wänden. Alles mit fließendem Wasser. Es war sauber, fast nicht zu begreifen angesichts des hinter uns liegenden Drecks, sowohl in Ketschendorf als auch in Jamlitz.

Jede Kompanie, etwa 125 Mann, bewohnte zwei Räume, von denen der vordere etwas kleiner war und vor unserer Zeit als Tagesraum genutzt wurde. In beiden Räumen standen Doppelstockpritschen in getischlerter Ausführung und von bisher nicht gehabter Qualität. Nach einem Jahr gab es im Frühjahr 1948 für mehrere Mann jeweils einen mäßig gefüllten Strohsack. Mit diesen Strohsäcken kam dann im Sommer die enorme Plage mit den Flöhen, als das Stroh zermahlen war, aber die Säcke bleiben mußten. Neben den vielen Läusen und Wanzen kannten wir zwar schon Flöhe, aber in dieser Menge waren sie bisher noch nicht aufgetreten.

Eiserne Gitter vor den Barackenfenstern und Stacheldraht zwischen den Barackengiebeln waren erst nach 1945 angebrachte Zusatzsicherungen, wie auch der kilometerlange Bretterzaun rings um das Lager und die auf die Lagerstraßen gerichteten nächtlichen Scheinwerfer. Vor dem Elektrozaun und den dahinter stehenden Postentürmen aus der Zeit der SS-Herrschaft waren zusätzlich ein weiterer Stacheldrahtzaun, zwischen beiden ein Streifen ständig geharkter Erde und daran anschließend die breite Schießzone bis zu dem Wald mit dem prächtigen alten Buchenbestand angelegt. Die Barackentüren wurden abends von außen durch den Lagerschutz verschlossen. An der Tür zum Hof, die ebenfalls nachts verriegelt wurde, stand tagsüber eine Wache aus den eigenen Reihen. Keiner durfte das Gatter verlassen, soweit er nicht Essenholer war oder kompanieweise zur Entlausung und zum Duschen geführt wurde beziehungsweise zur ärztlichen Ambulanz mußte. Auch der hin und wieder notwendige Weg zur Wäscherei, um Wäsche für die Kompanie abzuholen, war eine willkommene Abwechslung. Eigenmächtiges Entwischen aus dem Barackenhof gelang mir erst lange später in der Dunkelheit des nächtlichen Winters.

Buchenwald brachte uns den Luxus gewaschener Kleidung, weil der uns hinterlassene Bestand an blau-weiß gestreiften Zebra-Anzügen unserer Vorgänger ausreichte, einen großen Teil von uns zu versorgen. Ich konnte hier meine schon miserable, schmutzige Russenuniform abgeben und gegen einen gestreiften Anzug tauschen. Über die auf den Jacken aufgenähten Winkel in den verschiedenen Farben wußten wir Bescheid, weil unter uns auch Leute waren, die schon vor dem April 1945 im Lager saßen. Durch sie – das waren in zwei konkreten Fällen aus der Wehrmacht desertierte Soldaten, die ins KZ gesteckt wurden und im Buchenwalder Rüstungsbetrieb arbeiten mußten – erfuhren wir manches über die Bedingungen, unter denen sie während der Nazi-Zeit hier gelebt hatten. Durch sie waren wir über die damalige medizinische Betreuung und über die Lagerhygiene, über die Bewegungsmöglichkeiten des einzelnen, über den regelmäßigen Post- und Paketempfang informiert und wußten, in welcher Baracke Filme gezeigt wurden und Theateraufführungen der Kulturgruppen stattfanden, wußten von der Lagerbücherei und auch von der ehemaligen Bordellbaracke im unteren Teil des Lagers.

Buchenwald brachte uns wieder die Berührung mit der Natur. Wir erlebten mit den Knospen an den Sträuchern und Trauerweiden entlang der Lagerstraßen den Frühling, sahen wieder Blüten an Blumen und Sträuchern und hörten den Gesang von Vögeln. Unvorstellbar schön war der weite Ausblick auf das Thüringer Land nordwestlich des Ettersberges. Unmittelbar an das Lager angrenzend lag ein Dorf. Wir sahen seine Häuser. Bei schönem Wetter sahen wir weit entfernt das Kyffhäuser-Denkmal, sahen das Gelb großer Flächen blühender Rapsfelder, sahen in weiter Entfernung abends die Lichter einer Eisenbahn und schließlich auch die Überschwemmungen der Unstrut. Alles prägte sich fest ein, lockerte die Enge des Gefangenendaseins. Unvergeßlich sind für mich auch die Minuten, als die Luft mir am Stacheldraht zur Lagerstraße einen Hauch vom Duft blühenden Holunders, der irgendwo in der Nähe des Magazingebäudes gestanden haben muß und der meinen Augen verborgen war, in die Nase trug. Das war der Augenblick, dem ich Tränen und das plötzliche große Gefühl von Heimweh verdankte.

In Buchenwald konnten wir in kürzeren Abständen, vielleicht monatlich einmal, kompanieweise duschen. Der Duschraum in der Nähe der Desinfektionsanlage war groß und hoch, bis oben gefliest. Die Brauseköpfe befanden sich unter der Decke. Mit dem Duschen war auch hier die Entlausung unserer Kleidung verbunden. Als einziges Relikt der einstigen SS-Herrschaft wurde von der neuen Verwaltung des Lagers das Krematorium unbenutzt gelassen. Um das geduckte Gebäude herum war ein hoher Bretterzaun gezogen. Wo die Gräber unserer Toten versteckt wurden, wußte wie in Jamlitz niemand. Bald hatten wir alle unsere Häftlingsnummern weg. Ich hörte fortan auf die Nummer 18383. Sie trat an die Stelle des Namens und spielte immer eine Rolle. Ein letztes Mal hörte ich sie nach dem Zählappell des Abends vor dem Tag meiner Entlassung nach sechzehn Monaten Aufenthalt in Buchenwald.

In der Enge der Baracken und des Gatters davor richteten wir uns ein. Das Lager war in vier Zonen gegliedert. Es bestand aus etwa fünfzehn Steinbaracken und etwa doppelt sovielen ebenerdigen Holzbaracken, die im Halbrund an den Nordhang des Ettersberges gebaut waren. Insgesamt mögen sich nach unserer Einlieferung fast 13000 Mann im Lager befunden haben. Das war ein Häftlingsbestand, den es unter der SS-Herrschaft in den von uns benutzten Baracken nicht gegeben haben kann. Ein Frauenlager bestand unseres Wissens nicht. Die Ketschendorfer und Jamlitzer Frauen waren offenbar alle nach Mühlberg gebracht worden.

Über die Anzahl der Buchenwalder Toten gab es keine verläßlichen Anhaltspunkte. Die Tatsache aber, daß zwischen meiner Häftlingsnummer und dem damaligen Bestand an Gefangenen eine große Differenz von mehr als 5000 Mann lag, könnte auf die seit Sommer 1945, dem Beginn der zweiten Epoche des Lagers, eingetretenen Verluste hinweisen, wenn man berücksichtigt, daß es in Buchenwald nie Abgänge durch Transporte oder gar Entlassungen gab.

In unseren Höfen erlebten wir die täglichen Zählappelle, die oft genug und besonders dann, wenn Wind und schlechtes Wetter uns zu schaffen machten, Stunden dauerten. Der Befehl zum Wegtreten kam erst, nachdem der jeweils für eine Zone zuständige Sergeant am letzten seiner fast 4000 Leute vorbeigegangen war. Aussicht auf ein schnelles Wegtreten bestand nur, wenn Sergeant Sokolow, ein drahtiger junger Bursche mit viel Metall an der Bluse, bei Kälte und Regen am Durchlaß im Zaun erschien und dem meldenden Batailloner die Frage stellte, ob alle daseien. Aussicht auf ein ebenso schnelles Wegtreten bestand bei seinem Amtsbruder, dem blonden Sergeanten, selbst unter schlechtesten Wetterverhältnissen und Kälte nicht. Er nahm seine Aufgabe nach Vorschrift wahr. Wir erlebten, daß er gerade in solchen Situationen noch zusätzliche Zeit ranhängte, nachdem er die in Fünferreihen angetretenen Kompanien mit verbissener Miene abgeschritten war, kaum jemandem ins Gesicht blickte, aber den Leuten der ersten Reihe zuweilen auf die Kleidung spuckte. Irgendwann sprach sich herum, daß er als Jude bitterste Erfahrungen hinter sich hatte und seine Familie verlor. Jetzt glaubte er, die Schuldigen dafür vor sich zu haben.

Aufregung brachten an einem Sonntag Schüsse aus dem unteren Teil des Lagers und sofort einsetzendes Sirenengeheul. Ein dummes Gefühl beschlich uns, als ein früh ausgerücktes Harkkommando aus meiner Kompanie am späten Nachmittag noch nicht wieder zurück war. Die Kameraden hatten den Streifen lockerer Erde zwischen dem Elektrozaun und dem hinter dem Stacheldraht liegenden Bretterzaun zu harken. Dabei passierte es, daß der langbeinige Hans Mittag, Zahnarzt von Beruf, es direkt unter einem Postenturm wagte, sich durch eine Lücke im E-Zaun zu zwängen, tatsächlich hindurchkam und versuchte, die breite Schießzone bis zum Wald kriechend zu überwinden. Vielleicht hätte ihn der Posten nicht bemerkt, aber Max Deckbar, ein Schneidermeister aus Löbau, rief ihn an und wies auf den Kriechenden. Eine Salve löschte sein Leben aus.

Der Winter kam, und mit ihm das rauhe Wetter an der Nordseite des Ettersberges. Es sollte der letzte Winter hinter Stacheldraht für mich werden. Kurz vor Weihnachten 1947 fiel viel Schnee, der niemanden störte. Dennoch kam als »Weihnachtsgeschenk« der Befehl, allen Schnee auf einem Berg zusammenzutragen. Wir hingen Türen aus und benutzten die Platten der Tische, packten den Schnee des Barackenbereiches und der Lagerstraße darauf und trugen ihn jeweils zu viert je Tür oder Tisch zum befohlenen Platz. Es wurde innerhalb von zwei Tagen ein ansehnlicher Berg in der Nähe des Reviers und für uns »fröhliche Weihnachten«. Wir holten uns nasse Kleidung und kalte Glieder und wußten nicht, wem wir solchen Blödsinn zu verdanken hatten.

Zu unverhoffter Weihnachtsstimmung am Heiligabend kamen wir dennoch. Mir gelang es in der Dunkelheit, von den vor dem Seitenflügel des Torgebäudes offenbar für den Stab und die Handwerker abgestellten Weihnachtsbäumen einen wegzunehmen. Unter meinem Mantel trug ich ihn weg. Meine Kameraden in der Baracke waren mir ausgesprochen dankbar dafür. Wir fanden für dieses Geschenk einen Platz in der Mitte des Raumes und lauschten am Heiligen Abend mit Andacht der Weihnachtsgeschichte, die unser Kamerad Friedrich Krauß, Fabrikant von Waschgeräten oder Badewannen aus Schwarzenberg im Erzgebirge, uns in seiner beeindruckenden Sprache nahebrachte.

Alle von uns bekamen jetzt hin und wieder auch eine kleine Portion Machorka, die mit dem Papier der »Täglichen Rundschau« zu Zigaretten gemacht wurde. Dieser Tabak war wirklich seit fast drei Jahren die einzige Bereicherung des für unsere Lebenserhaltung täglich zu Erwartenden. Wir bekamen mit Ausnahme von zwei Tagen seit 1945 nie etwas anderes als zweimal täglich dünne Suppe, fast immer mit Grütze und manchmal mit Gemüse, ein Stück Brot, einen Löffel Zucker und eine bestimmte Menge Kaffee oder Kiefernnadeltee. Nie gab es Butter, Marmelade, Milch oder Wurst. Nie gab es Abwechslung, die ergab sich höchstens mit dem Nachdenken.

Etwa im Mai 1948 widerfuhr mir etwas höchst Seltsames, für das mir jede Erklärung fehlte. Ich wurde zur Vernehmung nach draußen geholt. Zunächst war ich betroffen, glaubte an eine Gemeinheit, weil Vernehmungen hier im Lager ein ganz seltenes Ereignis und die von ihnen betroffenen Leute manchmal auch verdächtig waren, Spitzel zu sein. Dafür gab es Indizien, die sich hauptsächlich darin zeigten, daß zum Verhör Abgeholte nach ihrer Rückkehr gelegentlich heimlich Brot aßen. Ich wurde in der Garnison vor dem Lagertor einem älteren, gütig dreinschauenden und deutsch sprechenden Offizier mit Nickelbrille vorgeführt.

Die Frage, ob ich wüßte, wie es meinen Brüdern und meinen Eltern ginge, mußte ich verneinen. Die Frage, wie es mir ginge und wie es mir im Lager gefalle, konnte ich beantworten. Ob ich eine Frage hätte, brauchte ich nicht zu überlegen. Väterlich gab er Antwort: Wir sollten warten, wenn Ernte sei, würden wir nach Hause kommen. Wer sollte ihm das glauben, warum sollte gerade das Hoffnung wekken? Oft schien es, daß ein Offizier sich geäußert hätte oder Leute vom Häftlingsstab von einer bevorstehenden Entlassung wußten. Immer die jeweils hoffnungsträchtigste war die letzte Parole. So hielten wir uns nun schon im dritten Jahr in Erwartung des kaum noch Vorstellbaren. Doch bewahrten wir uns immer ein letztes Quentchen Hoffnung.

Ich gestehe, auch daran interessiert gewesen zu sein, von Buchenwald viel zu sehen, denn von anderen KZs der Nazis wußte ich nichts. Buchenwald stand für den KZ-Begriff schlechthin. Ihn kannte ich schon von Zuhause, von meinen Eltern, und glaubte zu wissen, was hinter ihm steckt. Von Gaskammern und Verbrennungsöfen, vom ganzen großen Ausmaß des Schrecklichen, erfuhr auch ich erst nach dem Ende des Krieges. Die Buchenwalder Gaskammern* vermuteten wir in den Anlagen der Desinfektion und im großen Duschraum, aber aufgefallen war uns, daß der Kopf des Schornsteines im Krematorium, das mit einem hohen Bretterzaun umgeben und für uns nicht zugänglich war, keine Zeichen dauernder schwarzer Rauchwolken trug. Von einem durch Bombeneinwirkung ziemlich beschädigten Einfamilienhaus außerhalb der westlichen Lagerbegrenzung hieß es, daß hier früher einer der prominenten Häftlinge der SS untergebracht war.

Bald darauf wurde ich mit einem Kommando meiner Kompanie ein letztes Mal für eine Arbeit gebraucht. In der Gärtnerei, wo das Gemüse für die sowjetische Garnison wuchs, mußten in der Nähe der Kläranlage liegende Müllhaufen umgelagert werden. Dafür gab man uns Schaufeln und große, einachsige Holzkarren mit einer Deichsel. Auf den Karren stand »KL Bu«. Interessant aber für uns war, was wir in den Haufen fanden, nachdem uns alte Buchenwalder, die nun schon den dritten Sommer hier waren, berichteten, daß der von ihnen in den Häftlingsbaracken vorgefundene Dreck aus NS-Zeiten hier unten zusammengetragen war. Für uns schien es unvorstellbar, daß unsere Buchenwalder Vorgänger im Besitz von Rasierapparaten und -messern, Scheren, Kämmen, Spiegeln, Socken, Schuhen, Bürsten, Büchern, Schreibgeräten, ja selbst von Präservativen waren, die wir in großer Zahl fanden. Zumeist Dinge, für deren Besitz wir in den Bunker gegangen wären.

* In Buchenwald hatte es keine Gaskammern gegeben. Es war ein sogenanntes Arbeitslager.

Die jetzt beginnenden letzten Wochen bitterer Jahre im Gewahrsam des NKWD unterschieden sich in jenem Sommer 1948 nur darin vom Sommer 1947, daß wir noch mehr von der Möglichkeit unserer Entlassung sprachen als sonst. Über die uns nun erreichenden Zeitungen hatten wir endlich auch einen Blick nach draußen, fühlten uns nicht mehr in der totalen Isolierung früherer Jahre. Es wurde für uns vorstellbar, daß das Leben nach dem Krieg weitergegangen war. Wir wußten, daß es deutsche Verwaltungen und Regierungen gab, es gab wieder Sportveranstaltungen, und junge Menschen lernten wieder. Es wurde überall gearbeitet, in Ost und West. Nur wir blieben ausgeschlossen von allem, blieben isoliert, waren untätig, mußten hungern. Für die noch Überlebenden des Sommers 1945 hatte das vierte Jahr ihrer Haft begonnen.

Am 10. Juli 1948 aber kam die Wende. Wir erfuhren nicht gleich davon. Gegen Abend gelangte die Nachricht zu uns, daß 180 Mann heute mittag durch das Tor gegangen waren. Später zeigte sich, daß an diesem Tag auch in den anderen Lagern die Entlassungen begannen.

Noch immer gaben die Russen nicht preis, was erst nach Tagen für uns, ohne ihr Zutun, zur Gewißheit wurde. In die Karten haben sie sich eigentlich nie schauen lassen. Sie bevorzugten immer, über Tatsachen nicht vor ihrem Vollzug zu sprechen, sahen in der Überraschung die Methode. Wir wußten nun, was geschah. Auch in meine Baracke kam immer abends der Melder des Lagerstabes und übergab die Nummern derer, die am nächsten Morgen nach dem Appell zur Entlausung gebracht werden sollten. Immer wieder hieß es, die Aufgerufenen würden neue Sachen bekommen und in einer Zahl von täglich 200 Mann durch das Tor gehen. Bei rund 12000 Häftlingen, die noch in Buchenwald waren, betraf das also täglich jeden sechzigsten. Es hieß zunächst auch, daß allen nochmals eine Glatze geschnitten würde und daß oben am Bahnhof des Lagers ein Zug mit Güterwagen stehen solle. Wir tappten im dunkeln, doch hatten die, die uns täglich verließen, mehr Grund zum Optimismus, als an Schlimmes zu denken.

Nach etwa einer Woche besaßen wir endlich Gewißheit. Im Dorf unterhalb des Lagers – wir konnten es täglich sehen – wollte einer, der es nicht weit bis nach Hause hatte, aus einem bestimmten Fenster ein Zeichen geben. Am Tage darauf sollte zu vereinbarter Zeit ein weißes Tuch zu sehen sein. Das Tuch zeigte sich, und wir wußten nun Bescheid. Alle Zweifel waren weg, es ging tatsächlich nach Hause.

Die letzten Julitage waren sehr warm. Zwanzig Tage nach den ersten Entlassungen schlug auch für mich die ersehnte Stunde, an die ich oft genug nicht mehr zu glauben wagte, wie alle von uns. Am 28. Juli 1948 hörte ich abends nach dem Appell das letzte Mal meine Nummer 18383. Sie war unter denen, die morgen aufhören sollten, für Namen Buchenwalder Häftlinge zu stehen. Unvergeßlich bleibt die letzte Nacht, in der ich kein Auge zumachte. Die innere Erregung war groß.

Zum letztenmal folgte für mich einer Nacht der Buchenwalder Morgen. Nach Appell und Empfang meiner Tagesration an Brot, Zucker und Kaffee wurden Hände gedrückt, und die kleine Gruppe aus meiner Baracke setzte sich durch den langen Durchlaß im Stacheldraht, der den Barackenhof begrenzte, in Bewegung. Einer meiner zurückbleibenden gleichaltrigen Kameraden, Günter Richter aus der Nähe von Luckau, stand mit tränenden Augen, die Hände am Stacheldraht und blickte mir nach. Für mich unvergeßlich. Wir gaben unsere Klamotten in die Entlausung und bekamen sie danach wieder, konnten duschen und erhielten neue Kleidung. Alle bekamen einen von den im Lager nicht unbedingt fachgerecht geschneiderten grauen Anzügen aus billigem Stoff mit Fischgrätenmuster, ein bläuliches Stoffhemd, eine Mütze, Socken, Segeltuchschuhe und ein Handtuch. Von der Rückgabe persönlichen Eigentums, etwa Wertsachen, die den älteren Häftlingen nach ihrer Verhaftung abgenommen wurden, konnte keine Rede sein.

In den Mittagsstunden des 29. Juli 1948 verließen wir 200 Mann durch das Tor mit dem von den Nazis geschmiedeten Hohn unser Lager. Das große eiserne Tor war noch immer mit in üblichem Grün gestrichenen Brettern vernagelt. Einzeln nahmen wir in einem niedrigen Gebäude vor dem Tor von einem grünbemützten Offizier unseren Entlassungsschein entgegen. Genau um 13.50 Uhr hielt ich ihn in der Hand, meine zweite Geburtsurkunde. Jetzt war die Freiheit unumstößliche Wahrheit geworden.

BAUTZEN

Die ehemalige Landesstrafanstalt Bautzen wurde Ende Mai 1945 als »Speziallager Nr. 3« eingerichtet und bestand bis zum Februar 1950. In Bautzen saßen Strafgefangene und Internierte. Der große Ziegelbau, von den Häftlingen »Gelbes Elend« genannt, besaß hauptsächlich Ein-Mann-Zellen, in denen zuweilen fünf Gefangene eingesperrt wurden. Die meisten Internierten lagen im sogenannten Außenlager, einem Barackengeviert im Innenhof des Zuchthauses.

Von 1945 bis 1950 war das Lager im Durchschnitt mit 7 000 Internierten und Verurteilten aus Verfahren vor sowjetischen Militärtribunalen belegt. Insgesamt dürften fast 30 000 Menschen während dieser Zeit in Bautzen eingesessen haben. Häftlingstransporte kamen hauptsächlich aus den Lagern Mühlberg und Torgau sowie aus dem NKWD-Gefängnis Magdeburg. 1945/46 wurden mehrere große Transporte nach Mühlberg, Jamlitz und Sachsenhausen zusammengestellt. Mindestens 4 000 Internierte oder Verurteilte sind in sowjetische Zwangsarbeitslager deportiert worden. Über ihr Schicksal ist nichts bekannt. Im Juli/August 1948 wurden etwa 5 000 Internierte entlassen, Anfang 1950 folgten etwa 5 000 weitere. 5 400 Strafgefangene blieben bei der Übernahme des Lagers durch die Volkspolizei in Bautzen, während etwa 700 Internierte ins Zuchthaus Waldheim gebracht wurden.

Schätzungen geben die Zahl der Bautzener Opfer mit etwa 12 000 Toten an. Im Unterschied zu den anderen Lagern wurden in Bautzen auch Gefangene – mit und ohne Gerichtsurteil – hingerichtet. Die meisten Häftlinge starben indes an den Folgen der unmenschlichen Haftbedingungen; sie verhungerten, fielen Seuchen zum Opfer oder begingen Selbstmord. Die Leichen wurden größtenteils in Massengräbern nahe der Strafanstalt und dem Dorf Niederkaina verscharrt. Auf dem sogenannten Karnickelberg unmittelbar neben dem Gefängniskomplex wird die größte Massengrabstätte der deutschen Nachkriegszeit vermutet.

Nachdem die Anstalt 1950 in DDR-Verwaltung übergeben worden war, verschlechterten sich die Haftbedingungen für die politischen

Gefangenen weiter. Sie mußten oft brutale Mißhandlungen erdulden. Am 31. März 1950 versuchten die Häftlinge einen Aufstand, der jedoch mit großer Härte unterdrückt wurde.

Manfred Wächter
»Aus den Wasserzellen drang das Stöhnen«

Manfred Wächter wurde im Januar 1945 als Fünfzehnjähriger von den Nazis in das Wehrertüchtigungslager Cunnersdorf bei Kamenz einberufen und für die Panzernahbekämpfung ausgebildet. Im April verlegte man zwölf Jugendliche, zu denen auch er zählte, in ein HJ-Lager in der Sächsischen Schweiz. Aus ihnen wurde ein Panzerjagdkommando gebildet, das aber nicht mehr zum Einsatz kam.

Nach Kriegsende kehrte ich am 18. Mai 1945 in mein Heimatdorf Reichenau (Kreis Kamenz) zurück. Am 4. Oktober gegen zehn Uhr wurde mir von der Gemeindeverwaltung meines Heimatortes ein Zettel mit der Aufforderung zugestellt, mich noch am selben Tag bis 16 Uhr im Kamenzer Rathaus zwecks einer Registrierung zu melden. Nichts Böses ahnend, begab ich mich zum Rathaus. Dort wurde ich von einem Mann in Reithose und SA-Stiefeln empfangen, der, nachdem ich mich vorgestellt hatte, sagte: »Auf dich haben wir schon lange gewartet!« Nachdem man mir Ausweis, Geldbörse und Taschenmesser abgenommen hatte, wurde ich in Richtung NKWD abgeführt. Der mich begleitende Deutsche lief mit gezogener Pistole hinter mir. Flucht war also ausgeschlossen.

Bis zum NKWD-Gebäude waren es etwa 300 Meter. Ich wurde einem sowjetischen Offizier übergeben und mit einem Tritt in den Hintern die Kellertreppe hinabbefördert. In diesem Keller verblieb ich bis zum nächsten Tag, an dem die Überführung in ein anderes Gebäude erfolgte.

Am 6. Oktober wurde ich erstmals vernommen. Im Vernehmungszimmer stand ein zirka vier Meter langer Tisch. Daran saßen der verhörende Offizier und ein Dolmetscher, der kaum deutsch sprechen konnte. Hinter dem Offizier waren ein Spiegel und zwei Scheinwerfer angebracht, mit denen man angestrahlt wurde. Im Spiegel konnte ich sehen, daß eine uniformierte Person hinter mir stand und eine Pistole auf mein Genick richtete. Meine Vernehmung dauerte etwa sechs Stunden. Man wollte mir zur Last legen, Angehöriger des »Werwolf« gewesen zu sein. Nachdem ich diese Anschuldigung mehrmals verneint hatte, gab es erst einmal mit der Pistole ein paar Schläge ins Genick. Der Dolmetscher sagte sinngemäß: »Wir machen Sie so klein, Sie kommen 20 oder 25 Jahre nach Sibirien, dann sind Sie sowieso kaputt!«

Dann mußte ich mich mit ausgestreckten Beinen mit einer Seite des Gesäßes auf einen Stuhl setzen. Das mag an die zwei Stunden gedauert haben. Zwischendurch wurden immer wieder Fragen gestellt, und es gab Fußtritte. Wohin sie trafen, spielte keine Rolle. Nachdem ich weiterhin die Anschuldigung, beim »Werwolf« gewesen zu sein, abstritt, ließ man sich eine neue Methode einfallen. Nun mußte ich mich mit ausgestreckten Beinen auf eine Flasche, den Flaschenhals nach oben, setzen. Das zog sich etwa eine Stunde hin. Man verlor ja vor Schmerz und Angst jegliches Zeitgefühl. Zur Abwechslung gab es immer wieder Schläge und Fußtritte, und ich war froh, wenn ich für ein paar Sekunden mit der Flasche umkippte, weil dann die Schmerzen wenigstens kurzzeitig aufhörten.

Nachdem alle Torturen keinen Erfolg gebracht hatten, wurde ein sogenanntes Protokoll aufgenommen. Es wurde in russisch abgefaßt und war aus diesem Grunde für mich nicht lesbar. Nun wurde es mir in gebrochenem Deutsch vorgelesen, und ich mußte es unterschreiben. Bezüglich des »Werwolfs« stand darin, daß ich nicht dabeigewesen war – so wurde jedenfalls vorgelesen. Beim Verhör habe ich dann auch erfahren, daß ich vom Bürgermeister meiner Gemeinde denunziert worden war.

Eine Vernehmung am Tage war fast die Ausnahme. In der Regel fanden Vernehmungen in der Nacht von 20 Uhr bis gegen 5 Uhr morgens statt. Oftmals wurden die Verhörten so zugerichtet, daß sie sich kaum noch allein fortbewegen konnten. Am 7. Oktober früh brachte man einen, der schon halbtot war, so hatte man ihn beim Verhör mißhandelt. Nach einer Stunde ungefähr war er tot. Den zweiten grausigen Fall erlebte ich am 9. oder 10. Oktober. Einem Kriegsversehrten

– er hatte das linke Bein bis übers Knie verloren und trug eine Prothese – hatte man beim Verhör den Stumpf so bearbeitet, daß er nur noch ein Blutklumpen war. Der Mann war infolge seiner Untauglichkeit zum Wehrdienst nach seiner Verwundung als hauptamtlicher HJ-Führer eingesetzt worden. Was aus ihm geworden ist, weiß ich nicht, da ich ein paar Tage später in das sogenannte »Bautzen-Zimmer« im selben Gebäude verlegt wurde, wohin alle die Gefangenen kamen, die nach Bautzen verlegt werden sollten.

Gegen Ende Oktober 1945 erfolgte meine Verlegung in die U-Haftanstalt Bautzen, in Einzelhaft. Die dortige Verpflegung bestand aus einer dünnen Runkelrübenbrühe und 300 Gramm Brot täglich. Ein Verhör folgte dem anderen. Spätestens hier wurde mir klar, daß das Protokoll vom Kamenzer Verhör inhaltlich nicht mit dem mir vorgelesenen Text übereinstimmte. Die Vernehmungen wurden mit der gleichen Härte wie in Kamenz geführt. Trotz der dicken Wände und Türen hörte man deutlich die Schreie der Verhörten. Ständig stellte sich einem die bange Frage: Wann bist du wieder dran? Wer so etwas nicht selbst miterlebt hat, kann diese Grausamkeit nicht nachempfinden.

Nach knapp drei Wochen Einzelhaft wurde ich Mitte November mit ungefähr sechzig weiteren Häftlingen ins sogenannte »Gelbe Elend« in Bautzen verlegt. Die Zelle 40 im vierten Stock des Ostflügels war für mich und weitere vier Häftlinge das Zuhause für die nächsten Monate. Fünf Personen in einer Einzelzelle, man muß sich das vorstellen. Als »Betten« dienten eine dreietagige Pritsche, das Zellenbett und ein paar Bretter auf dem Fußboden. Anfang Januar 1946 zeigten sich an den Hüftknochen die ersten braunen Stellen, die vom Liegen auf den bloßen Brettern ohne jegliche Unterlage herrührten. Noch schlimmer empfand ich jedoch den Kübel für das Verrichten unserer Notdurft: Jeden Morgen lief er über. Dazu kam die fürchterliche Langeweile in der Zelle.

Hunger litten wir ständig. Einmal am Tag gab es eine trübe Wassersuppe und für alle Zelleninsassen ein Brot. Oft bekamen wir Nudeln mit Fisch, und obenauf schwammen dicke Maden. Als Eßgeschirr dienten verrostete Konservendosen, in vielen Fällen aber auch Nachttöpfe. Man versuchte mit allen Mitteln, uns zu demütigen.

Unser täglicher Rundgang von dreißig Minuten Dauer führte an der Anstaltskirche vorbei. Darunter befanden sich die berüchtigten Wasserzellen. Aus ihnen drang das Stöhnen derjenigen, denen man eine Aussage abpressen wollte. Ich habe persönlich vier Stunden in so einer Zelle zugebracht. Von oben tropfte unablässig Wasser, Tropfen für Tropfen. Immer auf den Kopf. Damit man nicht ausweichen konnte, wurde man festgebunden. Vier Stunden wurden bei solch einer Quälerei zur Ewigkeit.

Unter der Kirche befand sich nach dem Hof zum Westflügel zu auch der sogenannte Isolator. Dort waren vorwiegend Häftlinge mit Gesichtsrose und Schweißdrüsenentzündung untergebracht. Länger als zwei Tage sah man in der Regel nicht dieselben Gesichter am Fenster. Der Tod hatte sie von ihren Qualen erlöst.

Mitte 1946 wurde ein Teil der im Ostflügel Inhaftierten in den West- und den Saalflügel verlegt. Vom Saalflügel aus hatte man einen direkten Blick zum Anstaltskrankenhaus und zur daneben befindlichen Leichenhalle. Darin lagen täglich zwischen 16 und 22 Tote, aufgestapelt wie Mehlsäcke. Im Laufe des Vormittags kam täglich ein Pferdewagen und holte die Leichen ab. Das Beerdigungskommando bestand aus Häftlingen. Hinter der Gefängnismauer soll sich in einem ehemaligen Splittergraben das Massengrab befunden haben. Ich erinnere mich an eine Pressemeldung über den Fund eines Massengrabes von Ostarbeitern in der Nähe von Bautzen Anfang der fünfziger Jahre. Waren es nun tatsächlich Opfer der Nazis oder Opfer der Stalinzeit?

Reiche Ernte hat der Tod in Bautzen gehalten, vor allem unter den älteren Häftlingen. Die Zahl der im »Gelben Elend« Inhaftierten dürfte sich auf zirka 5000 belaufen haben. Ständige Verlegungen innerhalb der Anstalt, unregelmäßige Zu- und Abgänge in andere Lager und in die Sowjetunion machten eine genaue Schätzung unmöglich. Auch die tatsächliche Anzahl der Umgekommenen wird sich schwerlich genau feststellen lassen.

Ende 1946 erfolgte meine Verlegung in das Frauenhaus. Wo die Frauen geblieben waren, haben wir nicht erfahren können. Im Frauenhaus gab es die ersten Untersuchungen auf Arbeitstauglichkeit. Das deutete darauf hin, daß bald wieder ein Transport abgehen würde. Im Zusammenhang mit den Untersuchungen liefen auch wieder Verhöre. Hauptsächlich ging es dabei um die Zugehörigkeit zur Waffen-SS. Die Verhöre wurden nicht mehr mit der gewohnten Härte geführt. Die verhörenden Offiziere sprachen sehr gut deutsch und kamen völlig ohne Dolmetscher aus. Die Verpflegung wurde etwas besser in diesen Tagen. War das die Vorbereitung auf die Entlassung nach Hause oder auf einen Transport? Da wir ausnahmslos junge Leute waren, lag die zweite Vermutung sehr nahe.

Anfang 1947 erfolgte unsere Verlegung in die Außenbaracken. Von hier gingen sämtliche Transporte ab, sowohl in die Sowjetunion als auch in die anderen Lager auf deutschem Boden.

Am 29. Januar 1947, meinem 18. Geburtstag, wurden uns sämtliche Haare abrasiert. Am 30. Januar empfingen wir aus ehemaligen Wehrmachtsbeständen Wintersachen (samt Mütze und Filzstiefel), Sommersachen und Bettwäsche. Am 1. Februar wurden wir so gründlich wie nur am ersten Tag der Haft gefilzt, und am 2. Februar ging es zum Bahnhof Bautzen. Wir wurden zu je vierzig Mann in Güterwaggons verladen. Rechts und links der Tür war eine Pritsche für je zwanzig Personen eingebaut. In der Mitte des Waggons stand ein sogenannter Bunkerofen. In einer der Türen befand sich eine Rinne zur Verrichtung der Notdurft. Noch am gleichen Tag setzte sich der Zug in Richtung Osten in Bewegung.

In der Zeit vom Februar 1947 bis zu meiner Entlassung durchlief ich die Lager Prokopjewsk, Nowo-Kusnezk und Kemerowo im Kusnezk-Becken. Ende Oktober 1947, also nach zwei Jahren, durfte ich das erste Lebenszeichen in Form einer Rückantwortkarte mit 25 Worten nach Hause senden. Antwort von Zuhause erhielt ich im Januar 1948.

Im selben Jahr erklärte man alle jungen Leute unseres Lagers, denen Mitgliedschaft oder Betätigung beim »Werwolf« angelastet wurde, zu Kriegsgefangenen.

Meine Rückkehr aus der UdSSR erfolgte im Oktober 1949.

Ich bin niemals verurteilt worden.

Hermann Pfennigwerth
»Ein Zeichen der Selbsterniedrigung«

Hermann Pfennigwerth, Jahrgang 1902, war bis zu seiner Einberufung zur deutschen Wehrmacht im Jahre 1943 zwei Jahrzehnte lang Redakteur für den Lokalteil der »Oberlausitzer Tageszeitung« in Neugersdorf. Im Oktober 1945 wurde er aus sowjetischer Kriegsgefangenschaft aus einem Lager im Ural nach Hause entlassen. Doch wenige Wochen später wurde er ein zweites Mal von seiner Familie getrennt: Deutsche Polizisten holten ihn ab und übergaben ihn dem NKWD in Neugersdorf.

Nach einigen Tagen führte man uns dem Lager in Bautzen zu, das in der dortigen Strafanstalt, dem »Gelben Elend«, eingerichtet worden war. In der Zeit vor uns war dieses Lager zu wiederholten Malen »entlastet« worden, vor allem durch Transporte nach dem Internierungslager Mühlberg. Nach welchen Gesichtspunkten die Auswahl hierfür erfolgt sein mag, ist nicht bekannt. Fest steht jedoch, daß Ende 1945 in Bautzen auch die kleineren Amtsträger der NSDAP und ihrer Gliederungen sowie die Leute vom »Volkssturm« und viele Jugendliche als Angehörige des »Werwolfes« untergebracht waren.

In Bautzen wurde ich in einen der Säle gebracht, die sonst wohl als Arbeitsraum dienten. Der Raum war mit vier langen Reihen von Doppelstock-Holzpritschen ausgestattet. Auf ihnen durften wir tagsüber nicht liegen, sondern mußten herumstehen oder auf dem Pritschenrand und der Fensterbank sitzen. Dabei waren wir 300 bis 400 Menschen in dem Raum. Nur abends zwischen 20 und 21 Uhr wurden wir für etwa zwanzig Minuten auf den Hof zum Rundgang geführt. Wenn unsere Wäsche und Kleidung gewechselt wurde, dann stammte der Ersatz meist von den im Lager Verstorbenen. Als ich für eine Zeit einem Arbeitskommando zugeteilt war, hatten wir einen ebenfalls internierten Sudetendeutschen als Aufseher, der sich wohl als Dolmetscher angebiedert hatte.

Des öfteren wurde ich zum Verhör geholt. Man wollte mit Hartnäckigkeit einen Offizier in einer Propagandakompanie aus mir machen, obwohl ich nur ein einfacher Gefreiter gewesen war. Einen

Haftbefehl gab es sowieso nicht, aber es wurden mir auch keine konkreten Anschuldigungen genannt. Lediglich die Tatsache, daß ich als Schriftleiter bei der »Oberlausitzer Tageszeitung« in Neugersdorf für den Heimatteil zuständig war, genügte als Internierungsgrund. Diese Tätigkeit übte ich seit 1921 aus und bin keineswegs durch die Nazis zu dieser Stelle gekommen. Ich war ihnen deshalb auch in keiner Weise bei meiner journalistischen Arbeit verpflichtet.

Doch zurück zu meinen Jahren in Bautzen. Wie sicher in jedem anderen Internierungslager auch, glich fast ein jeder Tag dem anderen und verlief monoton und stumpfsinnig. Das war auf die Dauer eine ungeheure seelische Belastung, der viele nicht standgehalten haben. Es kam zwangsläufig zu überreizten Nerven, was dann oft zu heftigen Auseinandersetzungen führte und schließlich mitunter in Tätlichkeiten ausartete, die nur durch das Eingreifen Besonnener geschlichtet werden konnten, ehe die Wachmannschaften eingriffen und Strafmaßnahmen verhängten.

Auch die Verpflegung ist wohl überall die gleiche gewesen. Jede Scheibe Brot war eine Kostbarkeit, und sie wurde für jede von anderen Internierten erbetene Gefälligkeit zum Tauschobjekt. So erhielt man – und das war ein Zeichen für die Selbsterniedrigung und den Abbau aller moralischen und ethischen inneren Werte – für eine Scheibe Brot für kurze Zeit das Neue Testament geliehen. Es war schlimm, wie weit der Mensch sich selbst verlieren konnte! Mit der Außenwelt gab es keinerlei Kommunikation.

Bei den Entlassungen 1948 war ich nicht dabei. Gründe dafür wurden natürlich nicht angegeben. Wir wurden in die Außenbaracken des Lagers verlegt, da man die Anstalt selbst wahrscheinlich für Kriminelle benötigte. Damit hatte für mich auch das Arbeitskommando ein Ende, und die Tage vergingen nun noch langsamer. Auch die Themen für die Gespräche untereinander waren längst erschöpft. Es setzte eine zunehmende Lethargie ein. Die Baracke, in der die internierten Frauen untergebracht waren, hatte man durch einen Zaun von dem übrigen Freiraum des Lagers getrennt.

1950 folgten dann die nächsten Entlassungen. Wer wiederum zurückbleiben mußte, wurde den deutschen Behörden übergeben. Von nun an war das Wachpersonal ebenfalls deutsch, in der Hauptsache

Hilfspolizisten aus der Bevölkerung, denen natürlich jede Unterhaltung mit uns untersagt war. Bei der Übergabe an die deutsche Justiz hatte man von russischer Seite für jeden Häftling auf einem Zettel kurz aufgeführt, was der Grund der Internierung gewesen war. Für die dann in Waldheim erfolgende Aburteilung ist das die einzige Unterlage gewesen.

Hermann Pfennigwerth wurde in den Waldheimer Prozessen zu zehn Jahren Zuchthaus verurteilt. Seine Entlassung erfolgte aufgrund einer Amnestie am 4. Oktober 1952.

Wolfgang Natonek

»Zu ihrem Ruhme«

Wolfgang Natonek, seit 1947 Jugendreferent der LDP in Mecklenburg, gehörte zu den schärfsten Kritikern des SED-Regimes an den Hochschulen. Im November 1948 wurde der 20jährige verhaftet und wegen »Unterlassung einer Anzeige« nach sowjetischem Recht zu 25 Jahren Zwangsarbeit verurteilt. Nach Internierungen in Torgau und Bautzen kam er 1956 frei und emigrierte in die Bundesrepublik. Das folgende Gedicht schrieb er 1950 in Bautzen:

Beschwört die Toten nicht zu falschem Zeugnis!
Das, was ihr tut, ist nicht mehr ihr Beruf.
Bedenkt, daß ihre Wirksamkeit gewiß
sich einen anderen Bezirk erschuf.

Sie bilden eine tiefere Gemeinschaft,
und ihre Sprache ist nicht, die ihr sprecht.
Seht sie in ihrem Spiegel gleichnishaft,
damit ihr ihre Art zu sein nicht brecht!

Beraubt sie nicht des einmalig Geprägten,
der Form, die Zeuge ihres Wesens war,

mit der sie ihre Einzigkeit belegten,
und sich verschwendend Bleibendes gebar.

Das rührt nicht an bei einer echten Preisung!
Verzerrt sie nicht zu sehn, wie's euch gefällt.
Bedenkt, ein solches Denkmal ist Entgleisung
und Störung ihrer Schlaf gewordnen Welt.

III. DIE AUFLÖSUNG DER LAGER

Entlassungen aus den Internierungslagern waren bis 1948 äußerst selten. Ausnahmen bildeten lediglich Mühlberg, wo im Sommer und Frühherbst 1946 einige hundert Häftlinge freigelassen wurden, und Buchenwald. Dort kamen im Frühjahr 1947 ungefähr 600 Gefangene ohne Angabe von Gründen auf freien Fuß. Wer ansonsten eines der Lager verließ, gehörte in der Regel zu jenen insgesamt ungefähr 25000 Menschen, die in die Sowjetunion verschleppt wurden. Ihr Weg führte von einem Sammelstützpunkt in Berlin-Lichtenberg nach Frankfurt/Oder und dann direkt über den russisch-polnischen Grenzort Brest-Litowsk in die Strafarbeitslager des GULAG.

Erst Mitte 1948 erfolgte die erste größere Entlassungsaktion. Nach einer Besprechung zwischen dem obersten Chef der SMAD, Marschall Sokolowski, und den DDR-Politikern Otto Grotewohl und Wilhelm Pieck am 28. April 1948 entschlossen sich die Sowjets, »die Personen, die in den Internierungslagern untergebracht sind, zu überprüfen, um einem großen Teil der Internierten die Freiheit wiederzugeben«. Nach amtlichen Angaben waren von dieser Aktion 28000 Häftlinge betroffen, knapp die Hälfte aller 1948 noch übriggebliebenen Internierten.

Die Hintergründe für diesen Schritt sind zum einen in dem Befehl Nr. 35 vom 26. Februar 1948 zu sehen, durch den die SMAD die Entnazifizierung in ihrer Besatzungszone für beendet erklärte. Zum anderen, und das fiel sicher mehr ins Gewicht, hatte sich die UdSSR zu einer Modifizierung ihrer Politik in Deutschland entschlossen. Sie wählte als Bundesgenossen der SED zunehmend Nazi-Renegaten aus, um dadurch die politische Basis der bürgerlichen Parteien CDU und LDP zu schmälern. Die befohlene Gründung der National-Demokratischen Partei (NDPD) im Mai 1948, der vor allem ehemalige kleinere NSDAP-Mitglieder und Wehrmachtoffiziere beitraten, deutete klar in diese Richtung. So ergab sich das bittere Kuriosum, daß 1948 vor allem einstige Nazi-Mitläufer freikamen, während Opponenten gegen das SED-Regime (darunter viele Sozialdemokraten, Christen und Liberale) weiter hinter Stacheldraht bleiben mußten.

Die Entlassungen aus den 1948 noch existierenden fünf Lagern – Bautzen, Buchenwald, Fünfeichen, Mühlberg und Sachsenhausen – erfolgten nach einem weitgehend einheitlichen Schema. Zunächst wurde über die meisten ausgewählten Häftlinge eine sogenannte Essensquarantäne verhängt. Sie erhielten Sonderverpflegung, damit sie nicht als lebende Zeugen der Unterernährung in den Lagern wirkten. Außerdem bekamen sie neue Kleidung, die meist in den Lagern selbst angefertigt worden war. Man gab ihnen Bescheinigungen über ihre Freilassung, die stets vom jeweiligen Chef der Landespolizei unterzeichnet waren – einer Behörde, die mit den Internierungslagern überhaupt nichts zu tun hatte. Gelegentlich gab es für die Häftlinge ein geringes Entlassungsgeld. Vor den Häftlingen des Lagers Mühlberg, für die sich die Tore endlich für immer öffnen sollten, hielt ein sowjetischer Offizier am 14. Juli 1948 folgende kurze Ansprache: »Im Auftrage der sowjetischen Militärregierung soll ich Ihnen mitteilen: Sie werden heute entlassen und sind von nun an frei und können gehen, wohin es beliebt. Sie kehren zurück in das Deutsche Reich als gleichberechtigte Bürger und können annehmen jede Stellung in Verwaltung und Ökonomie. Sie sollen teilnehmen nützlich am Wiederaufbau Ihres Vaterlandes. Sie sollen sich fernhalten von der Politik des Schumachers* und arbeiten für den Sozialismus. Sie sollen gut Freund werden der Sowjetunion.«

Nach dem August 1948, dem Höhepunkt der ersten Entlassungsaktion, tat sich zunächst nicht mehr viel. Im November 1948 wurden die Lager Mühlberg und Fünfeichen aufgelöst. Mehr als 6000 Häftlinge kamen nach Buchenwald und Sachsenhausen. Erst nach der Gründung der DDR am 7. Oktober 1949 schien es der sowjetischen Besatzungsmacht geraten, die Verantwortung für ihre Gefangenen der ostdeutschen Regierung zu übertragen. Die politische Herrschaft der

* Gemeint ist Dr. Kurt Schumacher (1895–1952), bis zu seinem Tod Führer der westdeutschen Sozialdemokratie und erbitterter Gegner des Stalinismus.

SED war inzwischen soweit gefestigt, daß auch die äußere Funktion der Lager – Einschüchterung oppositioneller Kreise – künftig »zivileren« Institutionen übertragen werden konnte, etwa dem im Frühjahr 1950 gegründeten Ministerium für Staatssicherheit (MfS). Außerdem war man im Westen schon seit längerem auf die unmenschlichen Lebensbedingungen in den ostdeutschen Internierungslagern aufmerksam geworden. Medienkampagnen und Appelle westdeutscher Politiker belasteten das Image der neugegründeten DDR.

Anfang 1950 begann die zweite Entlassungsaktion, die von großem Propagandaaufwand begleitet war. Die DDR-Illustrierte »Für Dich« veröffentlichte am 20. Januar 1950 eine Reportage über Sachsenhausen, die voller haarsträubender Unwahrheiten und Verniedlichungen war. »Ein Tagesablauf im Internierungslager entsprach durchaus dem Tagesablauf eines werktätigen Menschen. Außer dem Freiheitsentzug gab es für die Häftlinge keine besonderen Härten«, hieß es da. Unter Tränen hätten sich die Lagerinsassen von ihrem sowjetischen Wachpersonal (»in vielen Fällen Freunde«) verabschiedet. Die »Neue Berliner Illustrierte« hieb am 2. Februar in die gleiche Kerbe. Ein Bildbericht aus Sachsenhausen zeigte Entlassene »mit Sack und Pack, gesund und glücklich«. Von angeblich gezahltem Reisegeld bis zu 50 Mark war die Rede, und als Höhepunkt nachträglichen Hohns auf die Leiden der Opfer hieß es in einem Bildtext: »Ausreichend ernährt und gekleidet sind alle Insassen des Lagers . . . Die Rationen entsprachen der an die arbeitende Bevölkerung bis Dezember '49 ausgegebenen Karte 2.« Diese Berichte, einschließlich einer ebenso verharmlosenden Passage in der DDR-Wochenschau »Augenzeuge«, sollten der Bevölkerung suggerieren, »daß diese Lager dem internationalen Recht entsprachen«.

Am 10. März 1950 verließen die letzten acht Häftlinge Sachsenhausen. Damit war das Kapitel Internierungslager formell beendet. Dem ging eine Mitteilung des Vorsitzenden der Sowjetischen Kontrollkommission in Deutschland, General Wassili Tschuikow, voraus. Er schrieb am 17. Januar 1950 an Walter Ulbricht, den stellvertretenden Ministerpräsidenten der ein Vierteljahr zuvor gegründeten DDR und Ersten Sekretär des SED-Zentralkomitees. In seinem Brief, der drei Tage später veröffentlicht wurde, hieß es unter anderem:

»Ich habe die Ehre, Ihnen mitzuteilen, daß laut Beschluß der Regierung der UdSSR alle Internierungslager, die unter Kontrolle der sowjetischen Behörden in Deutschland standen – Buchenwald, Sachsenhausen und Bautzen – liquidiert werden.« Für den weiteren Weg der Lagerhäftlinge war Tschuikows Anweisung an Ulbricht schicksalsentscheidend: »Aus den Lagern werden 15038 Personen entlassen, einschließlich der 5504 Personen, die früher von Militärtribunalen zu verschiedenen Strafen verurteilt wurden. Dem Ministerium des Innern [der DDR – d. Verf.] werden 3432 Internierte übergeben zur Untersuchung ihrer verbrecherischen Tätigkeit und Aburteilung durch Gerichte der Deutschen Demokratischen Republik. Ebenso werden dem Innenministerium der Deutschen Demokratischen Republik 10 513 Verhaftete zur Verbüßung ihrer Strafen übergeben, die für von ihnen begangene Verbrechen von Militärtribunalen ausgesprochen worden sind. In den Händen der sowjetischen Behörden verbleiben 649 Verbrecher, die besonders große, gegen die Sowjetunion begangene Verbrechen begangen haben.«

Ob die Zahlen Tschuikows exakt waren, sei dahingestellt. Nach seinen Angaben wurden jedenfalls von den insgesamt noch 29632 politischen Häftlingen in sowjetischem Gewahrsam 15000 entlassen. Welches Schicksal den anderen Gefangenen bevorstand, war abzusehen. Fritz Göhler, Bundesbeauftragter des Waldheim-Kameradschaftskreises, erinnert sich an jene Tage im Frühjahr 1950:

»Unsere Erwartungen und Hoffnungen, wir würden in den Händen deutscher Menschen Recht und Gerechtigkeit finden, wurden vernichtet, als wir das Tor des sowjetrussischen Konzentrationslagers Buchenwald durchschritten und von den sowjetdeutschen Polizisten übernommen wurden, die von Bluthunden begleitet und mit Maschinenpistolen bewaffnet waren. Wir wurden wie Schwerverbrecher behandelt, obwohl keiner von uns eines Verbrechens bezichtigt, geschweige denn angeklagt war. Ein neuer unerträglicher Leidensweg begann, den uns unsere deutschen Mitmenschen bereiteten. Diese Erkenntnis traf jeden bis ins Mark. Wir sahen uns jedes Verständnisses für das uns bisher angetane Unrecht beraubt. Vielen Kameraden versetzte die Vorstellung der Unentrinnbarkeit aus den Fängen des Kommunismus den seelischen und körperlichen Todesstoß.«

Wie berechtigt die von Göhler geäußerten Befürchtungen waren, wird durch die Art und Weise einer Inspektion der späteren DDR-Justizministerin Hilde Benjamin im Zuchthaus Hoheneck Anfang der fünfziger Jahre belegt. Als sie das dortige Krankenrevier für politische Gefangene besichtigte, äußerte sie zu ihrer Begleitung, sie verstehe nicht, daß man »mit diesen Verbrechern solch Aufhebens« mache; sie verdienten, »an den Beinen aufgehängt« zu werden.

Bezeichnend ist auch eine Äußerung des damaligen Staatssekretärs im DDR-Innenministerium Hans Warnke (SED) auf einer Pressekonferenz am 17. Januar 1950. Als er nach den Totenlisten verstorbener Internierter gefragt wurde, entgegnete er, für die Hinterbliebenen »eines in Haft verstorbenen Verbrechers« sei es wohl nicht angenehm, »wenn dessen Name veröffentlicht würde«. Für Warnke galten Internierte, die nie vor Gericht gestanden hatten, ebenso als »Verbrecher« wie jene 3432 Häftlinge, die von den Sowjets den DDR-Behörden erst zur Prüfung ihrer Schuld übergeben werden sollten. Damit war das stalinistische Prinzip »Verhaftung ist gleich Verurteilung« auch im Osten Deutschlands regierungsoffiziell zum gültigen Prinzip erklärt.

Gefangenschaft und weitgehende Isolierung setzten sich auch nach dem Frühjahr 1950 für 14000 ehemalige Lagerhäftlinge in DDR-Gefängnissen fort. Die schon von sowjetischen Militärtribunalen Verurteilten kamen in die Strafvollzugsanstalten Torgau, Hoheneck, Untermaßfeld und Bautzen. Jene 3432 Personen, die durch DDR-Gerichte abgeurteilt werden sollten, fanden sich in den Gefängnissen von Brandenburg, Luckau und Waldheim wieder. Am gefürchtetsten wurde von diesen Orten das Zuchthaus Bautzen I (»das Gelbe Elend«), das wie alle anderen der DDR-Volkspolizei übergeben worden war. Dort kam es schon am 13. März 1950 zu einer Protestaktion hungernder Häftlinge, an der sich fast alle politischen Gefangenen beteiligten.

Die Verhältnisse in Bautzen glichen denen im Internierungslager auffallend. Hunger und Krankheiten grassierten. Von etwa 6000 Gefangenen litten allein 1640 an Tuberkulose. Dazu kamen noch Schikanen und Mißhandlungen durch das verrohte VP-Wachpersonal. Diese unerträgliche Situation führte am 31. März 1950 zu einer erneuten Revolte in Bautzen I. Mehrere tausend Häftlinge klammerten sich an die Fenstergitter und schrien aus Leibeskräften: »Wir haben Hunger!«, »Freiheit!« und »Wir rufen das Rote Kreuz!« Polizeieinheiten stürmten das Gefängnis eine halbe Stunde später, als längst alle wieder ruhig waren, und prügelten mit Gummi- und Holzknüppeln auf die Häftlinge ein. Dabei wurden einige so schwer verletzt, daß sie an den Folgen starben. Den Einsatzbefehl gab der VP-Oberrat Gustav Schulz (»Hundeschulz«), der dafür nie zur Verantwortung gezogen wurde.

Zwei Briefe aus dem Justizstraflager Bautzen

Die beiden Briefe wurden aus der Haftanstalt Bautzen herausgeschmuggelt und von Freunden der Gefangenen in den Westteil Deutschlands gebracht. Den zweiten Brief verlas der Abgeordnete Herbert Wehner (SPD) 1950 auf einer Sitzung des Deutschen Bundestages.

Bautzen, 22. März 1950
Im gelben Elendslager

Liebe Freunde!

Nachdem alle Protestschritte der Insassen des Lagers Bautzen keine Besserung der Verhältnisse bewirkt haben, richten wir diesen Notschrei und Hilferuf an die Weltöffentlichkeit. Wir, das sind mehr als 6000 Häftlinge, davon 1000 Tbc-Kranke, wenden uns an Euch und bitten, unseren Brief der Öffentlichkeit bekanntzugeben. Diese 6000 Menschen vegetieren unter unmenschlichen Verhältnissen und warten auf den Tod.

Folgende Zahlen sollen den Ernst unserer Lage beweisen. Bei Übergabe des Straflagers von der sowjetischen an die deutsche Verwaltung betrug die Belegschaftsstärke der acht Säle des Korpus I durchschnittlich 400 Mann. Diese Überbelegung der Säle, wobei jedem Insassen eine Schulterbreite von ca. 34 cm als Schlaffläche auf den Holzpritschen zugebilligt wurde, hat infolge der immer schlechter werdenden Ernährung zu einer Erhöhung der Tbc-Krankenziffer um 15 Prozent geführt. Der schon ohnehin geschwächte Körper ist, nachdem die Verpflegung unter deutscher Regie noch einmal wesentlich schlechter wurde, dem Verfall völlig preisgegeben. Die deutsche Lagerverwaltung verweist bei Protesten der Insassen darauf, daß die Ernährung den Rationssätzen der normalen Grundlebensmittelkarte entspricht. Diese Behauptung ist völlig unglaubwürdig. Der Häftling hat in den hiesigen Massenunterkünften bei diesen Hungersätzen keine Aussicht auf Erhaltung der Gesundheit und des Lebens. Die Tbc-Krankenziffern steigen täglich. Die Gebäudeteile II und III reichen bereits heute zur Aufnahme dieser unglücklichen, vom Tode bereits gezeichneten Menschen bei weitem nicht aus. Die Ansteckungsgefahr ist gewaltig. Die morgendliche und abendliche Zählung wird in Kehrtstellung, mit dem Rücken zum Zählenden vorgenommen, denn selbst die Aufsichten fürchten sich vor Ansteckung. Selbst die geringe Tbc-Zusatzverpflegung, die die Sowjets in den Konzentrationslagern in Einzelfällen gewährten, wurde hier gestrichen.

Am 13. März 1950 äußerte sich die Verzweiflung der Häftlinge in einer Verzweiflungstat. Die Mehrzahl verweigerte die übliche morgendliche Wassersuppe. Ohne Erfolg. Dieser Streik war ein Ausdruck der Angstpsychose, die in stetem Wachsen begriffen ist.

Lediglich eine Kommission des Verwaltungsstabes der Volkspolizei erschien. An der Spitze Volkspolizeirat Schulz aus Dresden. In seiner Begleitung ein Rudel von auf Menschen dressierten Hunden. Was sich dieser Polizeirat Schulz aus Dresden gegenüber den bereits halbverhungerten Menschen herausnahm, war so brutal, daß es die Häftlinge nicht vergessen werden. Leidensgenossen, die Polizeirat Schulz aus Dresden-Briesnitz erkannten, schilderten dessen Charakter als völlig haltlos und als einen typischen Vertreter des SEP-Regimes [gemeint ist die SED – d. Verf.]. Im Jahre 1945 ließ dieser Polizeirat Schulz ein Siedlungshaus für sich beschlagnahmen und trieb durch sein rücksichtsloses Verhalten den ehemaligen Eigentümer und dessen Ehefrau in den Selbstmord. In der Folgezeit betätigte sich dieser Polizeirat als Büttel der kommunistischen Machthaber. Jetzt aber, um von den Verhältnissen im Lager Bautzen und den Schuldigen abzulenken, erklärte er zynisch auf die Beschwerden und Proteste der Insassen, »die Deutsche Demokratische Republik sei ja nicht souverän und könne deshalb nichts in dieser Hinsicht unternehmen«.

Der verzweifelte Hungerstreik hatte keinen Erfolg, aber er war eine Demonstration gegen die Unmenschlichkeit, die in der Stadt Bautzen und der Umgebung ein starkes Echo auslöste, das sogar im Lager verspürt wurde. Dieses Echo in der Öffentlichkeit zwang die Regierung, sich der Form halber mit den Verhältnissen im Lager zu befassen. Am Dienstag, dem 14. März 1950, erschienen bereits in aller Frühe hohe Beamte der Regierung und am 15. März 1950 eine Kommission russischer Offiziere aus Karlshorst. An diesem Tag war erstmalig die Morgensuppe (Dreiviertel Liter) und mittags der Eintopf (ein Liter) etwas dicker.

Um von der Schuld an den Verhältnissen ablenken zu können, wurden zwei zu 25 Jahren verurteilte Mithäftlinge, die die Verteilung der Verpflegung in ihren Händen haben, in strenge Einzelhaft gesperrt, obwohl jeder einzelne Insasse weiß, daß diese beiden unschuldig sind und nur als Sündenböcke dienten.

Obwohl auch in der Folgezeit in mehrmaligen schriftlichen Eingaben darauf hingewiesen wurde, daß die gegenwärtige Verpflegung und die menschenunwürdige Unterbringung nicht länger zu ertragen seien, wurde durch den Bautzener Lagerkommandanten Reschke, den ehemaligen Polizeipräsidenten von Weimar, nichts unternommen, um die Übelstände zu beseitigen.

In der Landesstrafanstalt Bautzen, in der normalerweise ca. 1200 Häftlinge untergebracht waren, sind zur Zeit über 6000 Menschen zusammengepfercht, die unschuldig unter Vorgabe unsinniger Gründe und Verdächtigungen durch sowjetische Militärtribunale zu durchschnittlich 25 Jahren Zwangsarbeit verurteilt wurden. Alle wurden verhaftet oder entführt und sind, ohne daß die Angehörigen etwas über ihren Verbleib erfuhren, von einem Tribunal ohne Verteidiger, Staatsanwalt und ohne Zeugen, unter Hinzuziehung eines Dolmetschers, der kaum deutsch sprach, entgegen jeder Rechtsauffassung verurteilt worden.

Wir sind heute noch zu 350 bis 400 Häftlingen in Sälen von 33 × 12 Metern untergebracht, deren vergitterte Fenster bis oben hin mit Blechblenden verschlossen sind, die uns von Sonne und frischer Luft abschließen. Uns steht ein Waschraum von 3 × 4 Metern zur Verfügung. Als Waschschüsseln dienen alte Brotkästen. Seife gab es seit drei Monaten keine. Die Fingernägel müssen wir abbeißen oder an zersprungenen Fensterscheiben abschleifen. Für die Zehennägel steht (für alle) eine alte Kneifzange zur Verfügung. Drei Toiletten, die oft ohne Wasserzuführung sind, kein Toilettenpapier, keine Zahnbürste, kein Fieberthermometer im Saal. Wenig, fast gar keine Medikamente in einer offenen Pappschachtel. Bei greller Beleuchtung harren wir von Tag zu Tag auf eine Erlösung.

Die Kleidung zerfällt am Leibe. Nadeln, Faden, Flicklappen und Stopfzeug sind verboten. Die Ergänzung der unbrauchbaren Wäsche ist völlig ungenügend. Selbst die Zustellung von Ostzonenzeitungen, die zur politischen Umerziehung der Häftlinge geliefert wurden, ist seit dem 1. März 1950 unterblieben, von Papier, Bleistift oder Büchern ganz zu schweigen. Die Jugendlichen, die zum Teil mit 14 Jahren eingekerkert wurden, sind körperlich zurückgeblieben und geistig und moralisch verkommen. Sie haben keine Möglichkeit der Weiterbildung und sind mit ihrem unterernährten Körper den Seuchen und Krankheiten besonders ausgesetzt.

Die Verbindung mit den Angehörigen ist nicht mehr möglich. Am 12. Dezember 1949 ging die letzte Post von hier ab, nachdem seit Mai 1949 ein paar Briefe an die Angehörigen geschrieben werden durften. Die Wachtürme – neben der ca. fünf Meter hohen Mauer und dem vierfachen Stacheldraht, der elektrisch geladen ist – sind jetzt mit deutschen Volkspolizisten besetzt, die mit den Karabinern Anschlagübungen auf die Häftlinge vornehmen. Der tägliche Spaziergang von 30 Minuten muß in völligem Schweigen durchgeführt werden, zu je acht Mann eingehakt, in genau abgemessenen Entfernungen. Ein großer Teil der Insassen besitzt nur noch Reste von Schuhen und kann deshalb den Raum überhaupt nicht mehr verlassen. Das Essen muß mit uralten, z. T. durchlöcherten, übelriechenden Holzbottichen aus der Küche geholt werden und wird aus den verschiedenen Schüsseln mit rohen Holzlöffeln eingenommen. Das Brot wird mit Holzmessern zerkleinert. Als Liegestätten gibt es Reihenholzpritschen in unzureichender Anzahl. Die uralten dreckigen Strohsäcke sind nur noch mit Strohmehl gefüllt. Die Pritschen sind mit Ungeziefer, Wanzen und Flöhen verseucht. Eine Ungezieferbekämpfung gibt es nur dem Namen nach.

Mit größter Empörung haben wir in der »Täglichen Rundschau«, im »Neuen Deutschland« und in der »Nationalzeitung« im Januar die völlig falschen Berichte des Probst GRÜBER und des Bischof DIBELIUS* gelesen. Diese hohen geistlichen Würdenträger hätten hier allein in unserem Elendslager erscheinen sollen, um sich von dem himmelschreienden menschenunwürdigen Zustand überzeugen zu können. Die teilnehmenden Häftlinge waren für den angesetzten Gottesdienst ausgewählt, wie es uns von Häftlingen, die aus dem Konzentrationslager Sachsenhausen zu uns verlegt wurden, berichtet wurde. Das Rote Kreuz und andere internationale Organisationen, die das Streben nach Menschlichkeit als ihr oberstes Ziel ansehen, sollen

*Propst Heinrich Grüber (1881-1975) und Bischof Otto Dibelius (1880-1967) durften Weihnachten 1949 mit Erlaubnis der SKK im Lager Sachsenhausen Gottesdienst halten. Grüber, zugleich Bevollmächtigter des Rates der Evangelischen Kirche in Deutschland (EKD) bei der DDR-Regierung und unter Hitler wegen seiner Juden-Hilfe selbst Häftling dieses KZ, predigte vor internierten Frauen und sprach dann mit ihnen. Dibelius, gleichzeitig Ratsvorsitzender der EKD, wurden solche Gespräche verwehrt. Seine Lagereindrücke schilderte Grüber in einem kirchlichen Pressedienst. Dieser wohl etwas leichtgläubige Bericht, der den Einsatz der Kirche für die gefangenen Deutschen nicht durch »dramatisierte Greuelpropaganda« gefährden sollte, wurde von den ostdeutschen Zeitungen gekürzt wiedergegeben und für ihre Propaganda genutzt. So behauptete das »Neue Deutschland« am 5. Januar 1950: »KZ-Lager-Schwindel geplatzt«. Westliche Medien attackierten die beiden Berliner Kirchenmänner daraufhin heftig und sprachen von »bestellter Arbeit«. Beide hatten den Vergleich mit den Nazi-KZs abgelehnt. Grüber, der in Sachsenhausen schlimme SS-Grausamkeiten, darunter den Massenmord an russischen Kriegsgefangenen, erlebt hatte, vermerkte in seinem Bericht das Fehlen solcher Torturen und einer »Arbeitsüberlastung« der jetzigen Häftlinge, nannte deren Haltung »ungezwungen« und beschrieb sie als »gut angezogen«, »gut gepflegt und normal ernährt«. Er betonte aber auch, daß solche Lager mit dem göttlichen und menschlichen Gebot nicht vereinbar seien, und forderte öffentliche Gerichtsverfahren für alle Insassen. Bald darauf soll Grüber von einem sowjetischen Politiker vertraulich informiert worden sein, daß UdSSR-Minister Berija nach dieser Pressekampagne dem Vorschlag zugestimmt habe, die Lager in der DDR aufzulösen. (Vgl. Heinrich Grüber, Erinnerungen aus sieben Jahrzehnten, Köln – Berlin 1968, S. 295 ff.)

Zutritt zu diesem Elendslager fordern. Sie sollen Zutritt verlangen zum Korpus I, II, III sowie zu den Zellen im Ost- und Westflügel und vor allem zu den acht Sälen im Korpus I. Wir wollen mit ihnen sprechen, offen, da wir doch nichts mehr zu fürchten haben außer dem Tod, der nur bei manchen noch durch vollwertige Lebensmittel und Medikamente verhindert werden könnte.

In unserer heutigen Not, die mindestens dieselbe ist, wie sie seit fünf Jahren in den Konzentrationslagern der sowjetischen Besatzungszone bestand, wenden wir uns an die westdeutsche Öffentlichkeit und das Weltgewissen. Wir bitten alle Zeitungen und Rundfunkstationen, die Öffentlichkeit aufzuklären und uns in die Erinnerung aller freien Menschen zurückzurufen. Wir richten diesen Appell an die Menschlichkeit all derer, die sich dem unmenschlichen Regime, das hier am Tode und der Verzweiflung Tausender schuldig ist, nicht beugen wollen. Wir rufen die Menschen des Westens auf, denen zu helfen, die unschuldig in die Maschen der kommunistischen Terrorjustiz geraten sind.

WIR RUFEN DEN WESTEN! Hier sind völlig unschuldige Menschen hinter Kerkermauern eingesperrt. Angehörige der SPD, CDU und LDP, aber auch viele Parteilose erleiden durch den unmenschlichen Spruch eines brutalen Militärgerichtshofes ein furchtbares Schicksal. Fast alle diese Menschen haben eine Familie, Frauen, Kinder, die seit Jahren in bitterster Not leben, weil sich der Ernährer in kommunistischer Hand befindet.

DRINGENDE HILFE TUT NOT! Wenn nicht schnellstens geholfen wird, gehen wir alle zugrunde. 16-18000 Menschen hat dieses gelbe Elendslager bis heute an Todesopfern gekostet. Täglich kommen neue Opfer hinzu.

Wir rufen das Internationale Rote Kreuz und alle anderen internationalen Hilfsorganisationen! Wir rufen alle Vereinigungen, Verbände, Gruppen, Parteien! Wir rufen die kirchlichen und caritativen Verbände! Wir wenden uns an alle freien und hilfsbereiten Menschen.

Helft uns! Noch sind Tausende von unschuldigen Menschen zu retten. Wir hoffen auf Euch!

Bautzen, den 6. April 1950

Deutsche Männer und Frauen!

Zum zweiten Male rufen wir Euch, rufen wir jeden, der noch Anspruch auf die Bezeichnung Mensch erhebt, aus dem gelben Elendsbau in Bautzen um Hilfe. Erhört unseren dringenden Notschrei, denn wir haben nach der Absendung des ersten Berichtes Furchtbares erlebt!

Am 31. März, an dem wiederum von Tausenden unschuldiger Menschen in ihrer Angst vor dem Hunger, vor der Tuberkulose, in ihrer unermeßlichen seelischen Qual und Ungewißheit um das Schicksal ihrer Angehörigen ein Notschrei aus der äußersten Verzweiflung in die Öffentlichkeit hinausgeschrien wurde, wurden wir von der Meute der entmenschten Volkspolizei mit grausamster Brutalität niedergeschlagen.

Alte und Junge, Kranke und Invaliden, Opfer des Faschismus und Kriegsversehrte wurden derart mit Gummiknüppeln, Koppeln und Fußtritten bearbeitet, daß Hunderte mit schweren Kopfverletzungen, Knochenbrüchen, Blutergüssen und Verrenkungen darniederliegen. Die entmenschten Polizisten, die auch diesmal unter dem Kommando von Polizeirat Schulz standen und die durch Hinzuziehung einer an der tschechischen Grenze stationierten Alarmeinheit verstärkt worden waren, gingen bei dieser blutigen Aktion vollkommen planmäßig vor, indem sie jeweils in einen abgeschlossenen Saal eindrangen – in dem bis zu 400 Mann auf kleinstem Raum zusammengepfercht leben müssen – und dort in der allerbrutalsten, gemeinsten Art und Weise die kranken, von Hunger geschwächten Menschen durch die Gänge trieben, zur Tür hinausprügelten und die Treppe hinunterstürzten.

Selbst die diensthabenden Gefängnisärzte, die sich schützend vor die Gefangenen stellten, wurden rücksichtslos mit Gummiknüppeln niedergeschlagen, dann tobte sich der Mut der blauen Banditen selbst an den Schwerkranken in viehischer Weise aus.

Die Hilfeleistung der Saalärzte an bewußtlos im Saal und auf der Treppe liegenden Inhaftierten wurde von Polizeirat Schulz mit der satanisch-zynischen Bemerkung begleitet: »Laßt die Hunde verrekken!« Man darf die Anzahl der Verletzten mit etwa zwei Drittel der Gesamtbelegschaft annehmen.

Noch einmal, unter diesen Bedingungen vielleicht zum letztenmal, rufen wir die ganze zivilisierte Welt, wenden wir uns an die Gerechtigkeit und Menschlichkeit einer demokratischen, besseren, freien Welt, noch einmal entrollen wir vor der Öffentlichkeit die Vorgänge von Bautzen.

Nachdem in den ersten Tagen des Februar d. J. die deutsche Verwaltung das Gefangenenlager Bautzen übernommen hatte, in dem etwa siebentausend Unschuldige schmachten, begann sie ihr Regime mit einer Kürzung der Lebensmittelrationen. Die Verpflegung bestand nun: Früh morgens aus heißem Wasser mit vereinzelten Nudeln, mittags aus einer Futterrunkelbrühe, eingesäuerten Mohrrüben oder Kartoffelschalensuppe mit Sauerkrautfäden. Die Tuberkulose, die schon vorher als Schreckgespenst vor den Häftlingen gestanden hatte, wütete mit jedem Tage stärker, Medikamente waren praktisch nicht vorhanden, die sanitären Einrichtungen in einem Zustand, der es jedem erlaubte, sich auszurechnen, wann er dem würgenden Tod oder dem Hunger zum Opfer fallen würde. Wie unsagbar schlecht, wie katastrophal die sanitären Zustände und der Gesundheitszustand der Häftlinge waren und sind, geht wohl am eindeutigsten aus der traurigen Tatsache hervor, daß bei der Übernahme des Lagers kein Amtsarzt sich bereiterklärte, weder Behandlungen und Betreuung noch etwa gar die Verantwortung für diese sechstausend zum größten Teil schwerkranken, behandlungsbedürftigen Insassen zu übernehmen, und daß selbst heute noch die ärztliche Behandlung allein in den Händen von gefangenen Ärzten liegt, denen lediglich ein Sanitätswachtmeister beigegeben ist.

Schwebt den Amtsärzten der DDR vielleicht das Schicksal der Ärzte in den ehemaligen KZs der Nazis vor Augen?

Die Volkspolizei sperrt die Post; die Zeitungslieferungen wurden eingestellt; jede kulturelle Betätigung innerhalb der einzelnen Säle ist verboten. Wir Häftlinge wurden als Verbrecher beschimpft, die Zählungen in Kehrtstellung durchgeführt.

So wurde die Belegschaft des Lagers ganz systematisch in eine Angstpsychose hineingetrieben, die sich noch ganz erheblich steigerte, als selbst sechs Wochen nach der Übernahme durch die deutschen Organe sich keiner der zuständigen Offiziere oder Verwaltungsbeamten dazu hatte bewegen lassen, auch nur mit einem Wort sich über die rechtliche Lage der Inhaftierten zu äußern.

Die Saalältesten und die Vertrauensleute wiesen immer und immer wieder in dringlichen Meldungen und beschwörenden Appellen die verantwortlichen Stellen auf diese Angstpsychose vor Hunger und Tbc hin. In wiederholten Schreiben baten sie den Kommandeur, doch mit einigen aufklärenden Worten über den Fortgang der Dinge diese seelisch vollkommen zugrunde gerichteten Menschen zu beruhigen. Immer wieder wurde darauf hingewiesen, daß die jahrelange unmenschliche Haft mit ihren grausamen Bedingungen die Menschen vollkommen seelisch zermürbt und zerstört hatte.

Es war alles vergebens; es rührte und regte sich nichts. Hunger, Tbc und seelische Qualen trieben die Menschen zum Äußersten. Am 13. März rissen sie die Fenster auf und schrien ihre Not, ihre Angst und ihr Elend; schrien damit aber auch zugleich die Schande und die Schmach dieses Regimes in die Öffentlichkeit.

Diese Rufe mußten den Machthabern grausam in den Ohren gegellt haben, denn schon am nächsten Tage gaben Inspektoren, hohe Offiziere, Verwaltungsbeamte und Minister einander die Türklinke in die Hand, und am 16. März erschien in den einzelnen Sälen eine deutsch-russische Offizierskommission. Während die russischen Offiziere lediglich die Versicherung abgaben, nicht nur in Karlshorst, sondern auch den Herren Pieck und Grotewohl unsere Lage eingehend zu schildern und eine Klärung herbeizuführen, versprachen die deutschen Polizeioffiziere – vor allem der traurig berüchtigte Polizeirat Schulz – das Blaue vom Himmel. Aufbesserung der Verpflegung, Verlegung der Jugendlichen, Arbeitsmöglichkeit für alle, Erneuerung der Bekleidung, sofortige Postzustellung, die Möglichkeit, zu schreiben und unbeschränkt Pakete zu empfangen, Zahnbürsten, Kämme, Seife sollten ausgegeben werden usw. Bautzen schien sich mit einem Male in ein Erholungslager verwandeln zu wollen. Wer aber die Herren bei ihren Versprechungen ansah, konnte ihnen die befohlenen und bewußten Lügen vom Gesicht ablesen, und am deutlichsten dokumentierten sich die Wut und Angst in den Worten des

Polizeirats Schulz: »Sie sollen alles haben, aber schreien Sie um Gottes willen nicht wieder.«

Wir Häftlinge schrien nicht wieder. Wir hatten Verständnis mit verwaltungstechnischen Schwierigkeiten, wir waren auch nicht so gemein wie unsere Wärter; denn wir glaubten – sogar nach all den Jahren der Gemeinheit und der Quälereien – an das Wort eines deutschen Beamten.

Aber wiederum geschah gar nichts. Das Hungern ging weiter, Tuberkulose herrschte, die Lage verschärfte sich noch, als deutsche Volkspolizisten von den Wachtürmen herab Anschlagübungen auf uns Inhaftierte vornahmen, als das Essen sich von Tag zu Tag noch mehr verschlechterte und als laufende Neuzugänge die qualvolle Enge noch steigerten, die Seuchengefahr vergrößerten.

Diese armen Opfer, diese schwer Tuberkulosekranken, wurden auf offenen Lastwagen hier eingeliefert, so daß bei der Ankunft schon ein Toter zu beklagen war und am gleichen Tage noch zwei Inhaftierte verstarben.

Wieder waren es die Gefangenen selbst, die in zahlreichen schriftlichen und mündlichen Gesuchen um eine Unterredung mit einem der verantwortlichen Männer nachsuchten. Nichts geschah. Zum erneuten Male wurden die Menschen in einen Zustand getrieben, der ihnen den Genickschuß oder die Gaskammer als humanitärere, weil schnellere und schmerzlosere Methoden erscheinen ließ!

Um alle, aber auch restlos alle Möglichkeiten auszuschöpfen, wendeten sich die einzelnen Säle sogar an die höchsten Stellen in der DDR, unabhängig voneinander richteten sie auf dem Dienstwege an die verschiedenen Regierungsstellen der DDR Gesuche und baten um Abstellung der unmöglichen – weil zum Tode von Tausenden Unschuldiger führenden – Zustände; baten um Klärung ihrer rechtlichen Stellung und vor allem um ein ordentliches Gerichtsverfahren, das ja nur ihre Unschuld beweisen konnte.

Als wiederum Tage und Wochen vergingen, ohne daß das Geringste erfolgte, genügte nunmehr eine Geringfügigkeit, um aus dieser Situation eine spontane Kundgebung hervorgehen zu lassen.

Am 31. März d. J. schlug dann die Verzweiflungsstimmung um, wehrten sich die Tausende gegen den immer näher rückenden Würgeengel Tbc und den Hungertod, schrien sie zum zweiten Male ihre Angst, Not und Pein in die Welt hinaus.

Am Mittag hatte man uns wieder eine stinkende dünne Runkelbrühe vorgesetzt; zu gleicher Zeit »durfte« jeder Häftling eine Karte mit dem vorgeschriebenen Text schreiben: »Liebe(r) . . . ! Teile Euch mit, daß Ihr mir innerhalb acht Wochen einmal schreiben könnt und auch ich Euch in dieser Zeit einmal schreibe. Besuch- und Paketempfang zur Zeit noch nicht gestattet. Herzlichen Gruß! . . .«

Dieser neue Wortbruch, diese neue Gemeinheit führte endlich zu den Vorgängen des 31. März.

Wiederum wurden spontan die Fenster aufgerissen, wiederum gellten die tausendfachen Schreie und Sprechchöre den Kerkermeistern und Henkersknechten entgegen, wiederum schrien 6000 gequälte, halbverhungerte Menschen all ihre Not in eine Welt, von der allein sie sich Hilfe versprachen!

Und wenn auch weit über die Hälfte aller Häftlinge diesen Hilfeschrei mit schweren Verletzungen, mit Schmerzen und mit Blut bezahlen mußte, wenn auch die 172 Volkspolizisten mit ihren 16 Offizieren in Gegenwart höchster, goldbetreßter Herren, die sich dieses erhebende Schauspiel nicht entgehen lassen wollten, ihren Mut bewiesen und uns wehrlose Menschen derartig zusammenschlugen, daß noch heute die Opfer mit ausgeschlagenem Auge, bewußtlos und der Sprache beraubt mit zerschlagenen Knochen darniederliegen, ja, selbst wenn noch einige von uns diesen Einsatz mit ihrem Leben bezahlen müßten, da sie bei dieser Behandlung und Kost kaum den Blutverlust ersetzen können, so haben wir, so hat die gesamte Welt doch das Angesicht dieses Regimes als Fratze des Teufels erkannt.

Die Repräsentanten dieser Schandrepublik der DDR selbst stürmten mit Gummiknüppeln in der Hand die Säle und Zellen, in denen die Häftlinge ruhig auf ihren Pritschen saßen, sie selbst knüppelten alte, weißhaarige Männer nieder; sie schrien ihren Männern immer wieder zu: »Schlagt vor allem die Jugendlichen zusammen! Schlagt die Verbrecher tot!«

Freie Menschen in Deutschlands Westen! Wenn Ihr nur einen Blick in unsere Säle hättet werfen können, nur einen einzigen Blick während dieser schmachvollen Vorgänge, wenn Ihr gesehen hättet, wie alte Männer, blutüberströmt am Boden liegend, von dieser viehischen Soldateska weitergeschlagen und getreten wurden, wenn Ihr gesehen hättet, wie Männer, die ein Lebensalter schon im Dienste der Gemeinschaft standen oder für die sozialistische Bewegung sich eingesetzt hatten, nicht nur körperlich, sondern auch seelisch vollkommen zusammenbrachen, als sie von 18- bis 20jährigen politisch zuverlässigen Bestien den neuen Sozialismus eingeprügelt bekamen, wenn Ihr gesehen hättet, wie man die Kranken von den Liegestätten herunterwarf und blindwütig mit Gummiknüppeln auf sie einschlug, dann würdet Ihr, freie Menschen, mit grenzenlosem Entsetzen und namenloser Empörung vor diesem Verbrechen stehen, vor diesem Verbrechen gegen die Menschlichkeit, begangen fünf Jahre nach der Beseitigung des Regimes, dessen es würdig wäre.

Genossen und Parteifreunde!

Deutsche Menschen diesseits und jenseits der Grenzen! In unserer namenlosen Verzweiflung und Not wenden wir uns an Euch, wir wenden uns an alle Parteien und Organisationen! An die kirchlichen Verbände und Religionsgemeinschaften!

Wir wenden uns an den Kampfbund gegen die Unmenschlichkeit und das Ministerium für Wiedervereinigung!

Wir wenden uns an das Rote Kreuz und die Liga für Menschenrechte!

Wir wenden uns an alle Demokraten, an alle Menschen in einer freien Welt: Hört unseren Schrei!

Hört den Schrei der 6000 gequälten und hungernden Gefangenen, die in Euch ihre allerletzte Hoffnung sehen, die von Euch Rettung für sich und ihre Familien ersehnen.

Hört uns und helft uns! Helft den Tausenden von Unschuldigen, die als Opfer einer blutigen Tyrannei schon 20000 ihrer Kameraden in der Erde verscharren mußten!

Hört uns, Genossen der SPD! Tausende Eurer Genossen wurden von den Banditen der Einheitspartei ermordet, hört die Überlebenden und helft ihnen.

Hört uns, Freunde der CDU, LDP, FDP! Eure besten Mitglieder sind es, die hier brutal und systematisch zu Tode gequält werden, weil sie es gewagt hatten, für ihre Partei einzutreten!

Hört uns, ihr Menschen jenseits der deutschen Grenze!

In der allerhöchsten Not schreien wir zu Euch! Schon einmal habt Ihr Legionen Unschuldiger, Gequälter vom Tode errettet, duldet nicht, daß zum zweiten Male unersättliche Machtgier, niedrigste animalische Instinkte und teuflische Mordlust sich an aufrechten Menschen austoben! Menschen in allen Ländern! Erhört uns! Prangert diese Verbrecher und ihre viehischen Willkürakte an!

Ruft durch Eure gesamte Presse die anständigen Menschen auf zum Kampf gegen dieses Untermenschentum!

Schickt unseren Schrei der Not und Verzweiflung durch Draht und Radio an alle Welt!

Genossen! Freunde! Menschen! 6000 beschwören Euch! Hört den Aufschrei dieser Gemarterten!

Jeder Tropfen Blut, der hier vergossen wurde, muß brennen im Gewissen der Menschheit, muß brennen als Schandfleck eines Blutregimes! Duldet nicht länger, daß Verbrecher und Mörder ihre sadistischen Triebe an Unschuldigen austoben! Laßt es nicht zu, daß nach der braunen jetzt die rote Diktatur mit denselben Methoden jede Menschlichkeit niederknüppelt und finsteres Mittelalter nochmals zur Herrschaft gelangt!

Erhört unseren Notschrei! Hört ihn, alle, die Ihr noch Menschenantlitz tragt und die Ihr noch einer menschlichen Regung fähig seid! Hört und helft uns. Legt diesen Unmenschen, legt diesem Blutregiment das Handwerk! Genug des unschuldig vergossenen Blutes! Genug der Opfer, die im Kampfe gegen Willkür und Diktatur, gegen Sklaverei und Knechtschaft fielen! Genug der Opfer, die hinter Stacheldraht in elenden Baracken, in Zellen und Gaskammern, in Konzentrationslagern hingemordet wurden! Genug der Opfer, die Hunger, Seuchen und Tuberkulose grinsend hinwegrafften! Genug der unschuldigen Toten! Nicht mehr Tod und Vernichtung, Leben und Aufbau sollen regieren!

Wir rufen die gesamte zivilisierte Welt! Wir wollen nicht dem Hunger und der Tuberkulose zum Opfer fallen!

Wir wollen nicht langsam verrecken wie hilfloses Vieh!

Wir rufen die freien Menschen in aller Welt!

Wir wollen arbeiten, aufbauen, leben!

Wir wollen der Freiheit in der ganzen Welt zum Siege verhelfen!
Erhört uns, Brüder und Schwestern in der ganzen Welt!
Helft uns!

IV DIE »WALDHEIMER KRIEGSVERBRECHERPROZESSE«

Die Auflösung der letzten Internierungslager im Frühjahr 1950 rief in weiten Teilen Deutschlands die Hoffnung hervor, daß auch das Gros der an die DDR-Behörden übergebenen ehemaligen Lagerhäftlinge bald auf freien Fuß gesetzt werde. Damit, so glaubte man, würde dieses traurige Kapitel zumeist willkürlich entstandener deutscher Sühneopferschaft für die Verbrechen der Nazis ein Ende haben. Doch solche Wunschvorstellungen sollten sich nicht erfüllen. Die Lager-Hypothek, die ihre Verbündeten hinterlassen hatten, wog den neuen SED-Machthabern offenbar so schwer, daß die Legende konstruiert werden mußte, die »wirklich schweren Nazi-Täter« seien nach zähen und intensiven Ermittlungen des sowjetischen Geheimdienstes aus der Schar der Internierten herausgefiltert worden und erhielten nun ihre verdiente Strafe.

Die 3432 »zur Untersuchung ihrer verbrecherischen Tätigkeit und Aburteilung durch Gerichte der DDR« an das Ministerium des Innern übergebenen Personen wurden in die Strafanstalt Waldheim (Sachsen) übergeführt. Ihnen standen angeblich, wie das SED-Zentralorgan »Neues Deutschland« und die anderen DDR-Medien im Januar 1950 verbreiteten, »normale deutsche Untersuchungs-« und »ordentliche Gerichtsverfahren« bevor. Die Wirklichkeit sah wieder einmal anders aus. »In verdrahteten Viehwagen unter schärfster Bewachung der Vopo [Volkspolizei – d. Verf.], die mit Hunden, Pistolen, Karabinern, Maschinenpistolen und Scheinwerfern den Transportzug sicherte, trafen wir am 15. Februar 1950 nachts im Zuchthaus Waldheim ein. Als wir durch das Tor schritten, stürzten sich aus dunklen Ecken und Mauernischen Vopos auf uns, schlugen uns die Kopfbedeckungen herunter, entrissen uns Koffer und Aktentaschen und trieben uns mit Schlägen und Fußtritten in die Zellen.«[1] Diese Behandlungsweise deutete bereits darauf hin, daß in den »normalen deutschen Untersuchungsverfahren« die Schuld der nach Waldheim verbrachten Häftlinge von vornherein feststand.

Etwa 200 Volkspolizei-Angehörige, zur Hälfte Absolventen und Lehrer der VP-Schule für Kriminalistik in Arnsdorf, führten täglich bis zu 150 [!] dieser Verfahren durch. Jeder Häftling erhielt eine Registriernummer, mußte einen Fragebogen ausfüllen, einen Lebenslauf schreiben und eine Vermögenserklärung abgeben. Zusammen mit den sowjetischen Unterlagen – einem kurzen Vernehmungsauszug mit Hinweis auf den Internierungsgrund – sowie dem Vernehmungsprotokoll der VP bildeten diese Angaben die Grundlage für die Anklageschrift.

Die eigens für die Durchführung der Waldheimer Prozesse gebildeten Justizorgane nahmen ihre Tätigkeit im April 1950 auf. Beim Landgericht Chemnitz wurden zwölf große und acht kleine Strafkammern geschaffen. Nach Angaben des Militärgeschichtlichen Instituts der DDR vom Juni 1990 gehörten zu ihrem personellen Apparat 18 Staatsanwälte, 37 Richter, 29 Schöffen sowie 46 Schreib- und Verwaltungskräfte. SED-Führung und Justizministerium hatten »zuverlässige« und »parteiliche« Beamte ausgewählt, die durchweg der SED angehörten. Viele von ihnen verfügten aufgrund ihrer proletarischen Herkunft nur über eine ungenügende juristische Vorbildung.

Die Hauptverhandlungen wurden nicht durch das Gericht anberaumt, sondern durch ein eigens für die Prozeßdurchführung und -überwachung beordertes Organisationskomitee unter Vorsitz von Dr. Hildegard Heinze, Hauptabteilungsleiterin im DDR-Justizministerium, und Paul Hentschel, Chef der Abteilung »Staatliche Organe« beim SED-Parteivorstand. Chefinstrukteurin Dr. Heinze erklärte im Vorfeld der Prozesse, die Häftlinge müßten im Interesse des demokratischen Aufbaus von der menschlichen Gesellschaft ausgeschlossen werden. Aufgrund des unzureichenden sowjetischen Belastungsmaterials wurden die Untersuchungsbehörden vom Dresdner Polizeirat Kurt Beyer genau instruiert, in welcher Form die Anklageschriften zu erstellen seien. Zur Entlastung dienende Umstände wurden nicht ermittelt.

Die Vorbereitung der Prozesse unterlag strengster Geheimhaltung. Nachdem die »Aktion Waldheim« erfolgreich abgeschlossen war, äußerte sich Hildegard Heinze dazu folgendermaßen: »Die Sowjetische Kontrollkommission war auf Grund der jahrelang geführten Ermittlungen in der Lage, den deutschen Behörden ein so umfangreiches Belastungsmaterial zu übergeben, daß es möglich war, nach Abschluß der Arbeiten des volkspolizeilichen Untersuchungsorgans alsbald mit der Gerichtsverhandlung beim Landgericht Chemnitz zu beginnen.«[2]

Die formelle Handhabe zur Prozeßdurchführung bildete der Befehl Nr. 201 der SMAD vom 16. August 1947 über »Richtlinien zur Anwendung der Direktiven Nr. 24 und Nr. 38 des Kontrollrats« (deshalb wurden die Waldheim-Verurteilten später auch »Zweihunderteinser« genannt). In diesem Befehl heißt es unter anderem: »Die Prüfung der dem Gericht durch die Entnazifizierungskommissionen, Staatsanwaltschaften oder anderen entsprechenden Organe übergebenen Fälle zur Feststellung der Schuld und zur Bestrafung der Kriegsverbrecher, ehemaligen Nazis, Militaristen, Schieber und Industriellen, welche das Hitlerregime inspirierten und unterstützten, ist von deutschen Gerichten unter Anwendung der in der Direktive Nr. 38 des Kontrollrats vorgesehenen Sanktionen durchzuführen.« Entsprechend diesem Befehl hatten auch die Untersuchungsorgane der Volkspolizei die Anklage zu erheben.

In Waldheim wurde nicht einmal ansatzweise versucht, den Vorschriften des Gerichtsverfassungsgesetzes und der Strafprozeßordnung der DDR zu entsprechen. Schon die Bildung von Ausnahmegerichten verstieß sowohl gegen die Kontrollratsproklamation Nr. 3 (Artikel III: »Sondergerichte sind abzuschaffen. Ihre Wiedereinsetzung ist verboten.«) als auch gegen Artikel 34 der Verfassung der DDR. Dort hieß es: »Kein Bürger darf seinen gesetzlichen Richtern entzogen werden.« Die in Waldheim unter dem Namen des Landgerichts Chemnitz eingesetzten Richter und Staatsanwälte waren durchweg nicht diesem Gericht zugehörig.

Die Strafsenate begannen am 26. April 1950 mit ihrer Tätigkeit. Prozeßgebäude war das zur Strafanstalt gehörende umgeräumte Häftlingskrankenhaus. Nach Aussagen eines Beteiligten »wurden alle abgestellten Richter und Staatsanwälte durch Hildegard Heinze mündlich darüber instruiert, daß jeder Fall ›parteimäßig‹ zu entscheiden und jedes Verfahren ›beschleunigt‹ abzuwickeln wäre«[3]. Bis zum 14. Juni tagten die Kammern alle zwei Tage. Mit Ausnahme einiger gegen Ende der Justizfarce abgehaltener Schauprozesse wurde unter strengem Ausschluß der Öffentlichkeit verhandelt. Erst am 16. Juni 1950 – als die Urteile bereits gefällt waren – verbreitete das Amt für Information bei der DDR-Regierung eine Verlautbarung, daß seit einem nichtgenannten Zeitpunkt Strafkammern des Landgerichts Chemnitz in Waldheim mit der Durchführung der Prozesse gegen 3432 ehemals in sowjetischen Lagern internierte Kriegsverbrecher begonnen haben. Im Wortlaut las sich das so: »In den Verhandlungen entrollt sich vor den Zuhörern ein Bild unsäglicher Grausamkeit, Folterungen und bestialischer Mordtaten, die von den Angeklagten an deutschen Antifaschisten, an Juden und an der Bevölkerung in den von den deutschen Faschisten zeitweise besetzten Gebieten Polens, der Tschechoslowakei, der Sowjetunion, Frankreichs usw. begangen wurden. [. . .] Indem die Gerichte der Deutschen Demokratischen Republik diese Verbrecher, die den Namen Deutschlands in der ganzen Welt geschändet und namenloses Unglück auch über unser Volk gebracht haben, der harten und gerechten Strafe zuführen, leisten sie einen wichtigen Beitrag zur Demokratisierung Deutschlands und zur Festigung des Friedens.« Mit dieser Erklärung erfuhr die ostdeutsche Bevölkerung erstmals vom »Nürnberg der DDR«.

Das »Neue Deutschland« berichtete anschließend zwischen dem 22. Juni und 1. Juli über sieben der zehn öffentlich durchgeführten Prozesse. Es handelte sich dabei um Fälle, wo den Angeklagten eine tatsächliche persönliche Schuld an Nazi-Verbrechen nachgewiesen werden konnte und die mit dem Todesurteil oder hohen Zuchthausstrafen endeten. Das traf beispielsweise für den stellvertretenden Kommandanten des KZ Hohenstein, Ernst Heinicker, zu, der wegen Verbrechen gegen die Menschlichkeit zum Tode verurteilt wurde. Der Öffentlichkeit sollte mit solchen nachträglich herausgestellten Exemplarfällen suggeriert werden, sie seien für alle Angeklagten typisch.

Doch dem war nicht so. Bei der großen Mehrheit der Waldheim-Verurteilten handelte es sich um »kleine Fische« und Mitläufer, denen strafrechtlich nichts nachzuweisen war und auch nicht nachgewiesen wurde. Ihre Prozesse fanden hinter verschlossenen Türen statt. »Bei der großen Zahl der zu Verurteilenden war es nicht möglich, alle Verfahren in erweiterter Öffentlichkeit durchzuführen«, behauptete Hildegard Heinze später.[4]

In Wirklichkeit scheuten die Gerichte die Öffentlichkeit aus anderen Gründen: »Die Hauptverhandlungen wurden unter Mißachtung selbst elementarer Rechtsgrundsätze buchstäblich in Minutenfrist durchgepeitscht.«[5] Ihre Anklageschrift und die Vorladung zur Hauptverhandlung erhielten die Häftlinge erst am Tag vor dem Prozeß. Die Anklageschrift mußte nach der Durchsicht wieder zurückgegeben werden. Am Verhandlungstag wurde der Angeklagte mit Handschellen in den Gerichtssaal geführt. Allen Häftlingen, Männern wie Frauen, hatte man zuvor die Haare kurz geschoren. Nach Eröffnung der Hauptverhandlung durch den Vorsitzenden erhielt der Staatsanwalt das Wort zum Verlesen der Anklage. Danach trat das Gericht in die sogenannte Beweisaufnahme ein, die meist darin bestand, daß dem Angeklagten einige belanglose Fragen im Zusammenhang mit dem angewendeten Prinzip der Kollektivschuld – also beispielsweise nach NSDAP-Zugehörigkeit – gestellt wurden. Anschließend folgte das Plädoyer des Staatsanwalts, und zum Schluß erhielt noch einmal der Angeklagte das Wort, allerdings mit der Weisung, sich kurz zu fassen und lediglich zu den Ausführungen des Staatsanwalts Stellung zu nehmen. Danach zog sich das Gericht zur »Beratung« über das bereits feststehende Urteil zurück, um es wenig später zu verkünden. Die Verhandlungen dauerten einschließlich Urteilsverkündung oft nicht länger als eine halbe Stunde.

Es war diese Art der Prozeßvorbereitung und - durchführung, die den westdeutschen »Untersuchungsausschuß freiheitlicher Juristen« nach Bekanntwerden der näheren Umstände vom »größten Justizverbrechen der Neuzeit« sprechen ließ. Die Angeklagten konnten sich – mit Ausnahme der Kandidaten für ein Todesurteil, die einen Pflichtverteidiger erhielten – auf keinen Rechtsbeistand stützen. Entlastungszeugen waren nicht zugelassen, und die bereits in sowjetischen Lagern verbüßte Haftzeit wurde beim Strafmaß nicht angerechnet. Die Anklagepunkte bezogen sich fast nie auf eine persönliche Schuld des Angeklagten, sondern auf die »Kollektivschuld« der Zugehörigkeit zur NSDAP, Wehrmacht, SS, SA, Polizei, Justiz und dergleichen mehr. So befanden sich unter den Waldheim-Verurteilten überwiegend Offiziere, Juristen, Polizei- und Verwaltungsbeamte, Journalisten und Lehrer. Ihr Vermögen wurde per Gerichtsbeschluß eingezogen – schließlich handelte es sich um »überführte Nazis«.

Zur barbarischen Art der Prozeßführung gehörte auch, daß dem erbarmungswürdigen Gesundheitszustand vieler Angeklagter keinerlei Beachtung geschenkt wurde. Die Häftlinge hatten zum Teil bereits viereinhalb Jahre Internierung hinter sich, sie waren schwach und ausgemergelt, und über die Hälfte von ihnen litt an Tbc. Manche waren infolge hochgradiger Tbc oder Schlaganfall-Lähmungen so entkräftet, daß sie auf Tragen in den Gerichtssaal gebracht werden mußten, andere litten an Kehlkopf-Tbc und wurden durch fortwährende Hustenanfälle am Antworten gehindert. Aber das scherte das Gericht wenig. Die Protokollantin Gertrud Mielke, die sich während der Prozesse in den Westen abgesetzt hatte, gab dort folgendes zu Protokoll: »Die Prozesse waren eine abscheuliche Komödie. Während vor unseren Augen unschuldige Menschenleben willkürlich vernichtet wurden, saß ein Teil der weiblichen Mitglieder des Gerichts teilnahmslos dabei und manikürte sich die Fingernägel.«[6]

»Der Öffentlichkeit zugängliche Gerichtsverhandlungen hätten die Richter bloßgestellt, nicht die Angeklagten«, zog Karl Wilhelm Fricke Bilanz, der in seinen Arbeiten über die Waldheimer Prozesse auch eine Reihe detaillierter Beispiele für die haarsträubenden Urteilssprüche lieferte: »Ein Volksschullehrer etwa wurde angeklagt, weil er – ohne daß ein individueller Schuldvorwurf erhoben worden wäre – die Schulkinder ›im nazistischen Ungeist erzogen‹ haben sollte: Zwölf Jahre Zuchthaus. Ein Journalist, Wirtschaftsredakteur der Wochenzeitschrift ›Das Reich‹, wurde nur darum verurteilt, weil er das gewesen war: Zwölf Jahre Zuchthaus. Ein Pfarrer wurde bezichtigt, ›die Nürnberger Rassengesetze gefördert‹ zu haben, indem er Kirchenbuchauszüge für den von Nazibehörden geforderten sogenannten Ariernachweis ausgefertigt hatte: Fünfzehn Jahre Zuchthaus. Ein Angehöriger der Waffen-SS, Kriegsfreiwilliger, an Kriegsverbrechen nicht beteiligt, wurde nach vier Jahren Internierung

›wegen Zugehörigkeit zu einer verbrecherischen Organisation‹ verurteilt: Fünfzehn Jahre Zuchthaus. Einem als Treuhänder nach Polen verpflichteten Wirtschaftsjuristen wurde ›Ausplünderung der polnischen Wirtschaft‹ vorgeworfen: Fünfundzwanzig Jahre Zuchthaus. Ein ehemaliger Landrat in Ost-Pommern und späterer Bürgermeister in Mecklenburg erhielt ›wegen Unterstützung der Naziherrschaft‹ lebenslanges Zuchthaus, ohne daß ein konkreter Schuldnachweis auch nur versucht worden wäre. [...] Der ehemalige Oberstaatsanwalt Wilhelm Rode, der niemals mit politischen Strafsachen befaßt war, teilte seine Verurteilung in einem Brief aus Waldheim [ab März 1950 durften die Waldheim-Insassen Briefe schreiben – d. Verf.] unter dem 19. Juni 1950 mit folgenden Worten mit: ›Bin wegen außerordentlicher Unterstützung der Nazigewaltherrschaft und Mittäterschaft an den insgesamt begangenen Verbrechen gegen die Menschlichkeit zu 20 Jahren Zuchthaus, Vermögenseinziehung und anderen Nebenfolgen unter Einstufung als Hauptverbrecher verurteilt worden. Konkrete eigene Vorkommnisse sind mir nicht vorgeworfen.‹ Der Stempel der Zuchthauszensur machte den Brief zu einem gleichsam amtlich beglaubigten Dokument dafür, bis zu welchem Exzeß in den Waldheimer Prozessen das Kollektivschuldprinzip getrieben worden war.«[7]

Die Urteile glitten auch ins völlig Groteske ab. Ein von Fricke zitierter Erlebnisbericht liefert dafür folgende Beispiele:

> »Der Leiter einer großen Hypothekenbank von Berlin, von Quistrop (der dem Nationalsozialismus ablehnend gegenüberstand), wurde als Reichsbankpräsident angeklagt; der Hinweis auf Schacht und Funk nutzte nicht viel. Auf die Frage Quistrops, ob unter diesen Umständen eine Verteidigung noch Zweck habe, verneinte der Richter. So konnte sehr rasch das Urteil von achtzehn Jahren Zuchthaus gefällt werden. Ein alter Offizier hatte in Polen eine Gutsbesitzerin geheiratet und war dorthin übergesiedelt. Im Kriege wurde er als Dolmetscher eingestellt. Ihm wurde vorgeworfen, daß er durch seine Tätigkeit den Feinden des Nazismus geschadet habe. Als er die Frage, ob er auch an der Kristallnacht in Berlin mitgewirkt habe, verneinte mit dem Hinweis, daß er ja in Polen gelebt habe, erklärte der Richter: ›Entscheidend ist,

daß Sie – wenn Sie in Berlin gewesen wären – bestimmt sich daran beteiligt hätten.‹ [. . .] Wilhelm Hochstetter, der als Fabrikdirektor in Leipzig Ehrenkonsul von Haiti war, wurde vorgeworfen, daß er diese Stellung dazu benutzt habe, in Haiti für den Nazismus zu werben. Die Antwort, daß er nie in Haiti war und daß dieser Negerstaat sich kaum für den Nazismus geeignet hätte, schützte ihn nicht vor fünfzehn Jahren Zuchthaus. Ein Volkssturmmann wurde nach dem sowjetischen Protokoll angeklagt, daß er eine bestimmte Brücke in Görlitz gesprengt habe; auf seinen Hinweis, daß zahlreiche in Waldheim anwesende Kameraden bezeugen könnten, daß diese Brücke noch intakt sei, erklärte der Richter: ›Dann haben Sie jedenfalls eine andere gesprengt.‹«[8]

Laut Abschlußbericht des Untersuchungsorgans der Deutschen Volkspolizei fanden in Waldheim 3324 Verfahren statt. 72 Personen wurden wegen Verhandlungsunfähigkeit nicht verurteilt, 43 Inhaftierte verstarben in der Untersuchungshaft (diese beiden Gruppen überschneiden sich). Die Waldheimer Strafkammern verhängten insgesamt rund 56000 Jahre Zuchthaus, was einem Durchschnitt von 16 Jahren je Verurteiltem entspricht. Die ausgesprochenen Strafen gliederten sich, folgt man den Angaben des Militärgeschichtlichen Instituts der DDR vom Juli 1990, im einzelnen wie folgt: bis zur vier Jahren – fünf Personen; fünf bis neun Jahre – 290 Personen; zehn bis vierzehn Jahre – 947 Personen; 15 bis 25 Jahre – 1901 Personen; lebenslänglich – 146 Personen; Todesstrafe – 33 Personen; Einweisung in eine Heilanstalt – zwei Personen. Nach westlichen Angaben endeten vier der Prozesse mit Freispruch.

Ab Ende Mai 1950 wurden in Waldheim Revisionsanträge bearbeitet. Ihre Behandlung unterschied sich in keiner Weise von den zuvor veranstalteten Verurteilungen. Von über 1300 Anträgen verwies man 159 zur erneuten Verhandlung. Vier Todesurteile wurden in der Revision in lebenslängliches Zuchthaus umgewandelt, 154 Häftlingen bescherten ihre Revisionsanträge sogar eine Verschärfung des Strafmaßes. Auf Gnadengesuche durch Verurteilte oder ihre Angehörigen wurde – nachdem Staatspräsident Wilhelm Pieck sich für nicht zuständig erklärt und die Gesuche an das DDR-Justizministerium beziehungsweise an den Justizminister des Landes Sachsen weitergeleitet hatte – in der Regel nicht einmal geantwortet.

Von den 33 Todesurteilen wurden 24 in der Nacht vom 3. zum 4. November 1950 durch den Strang vollstreckt. Einer anderen Version zufolge trat bei der Hinrichtung die Guillotine in Aktion. Am Sachverhalt ändert das nichts.

Zwei der zum Tode Verurteilten waren vor der Vollstreckung verstorben, die anderen wurden in der Nacht vor der Hinrichtung zu lebenslänglichem Zuchthaus begnadigt. Damit fanden die Waldheimer Prozesse ihren Abschluß.

Im Westen stieß die unmenschliche Justizfarce auf heftige Proteste. Unmittelbar nach Prozeßende beschuldigten der »Untersuchungsausschuß freiheitlicher Juristen« und die später zur Hilfsorganisation des amerikanischen Geheimdienstes herabgesunkene »Kampfgruppe gegen Unmenschlichkeit« in einer in Westdeutschland verbreiteten Denkschrift die Verantwortlichen der Rechtsbeugung. Das Bundesjustizministerium und das Bundesministerium für gesamtdeutsche Fragen veröffentlichten am 4. September 1950 eine Erklärung, in der sie sich »mit Abscheu von diesen Terrorakten der sogenannten Deutschen Demokratischen Republik« abwandten. Der im amerikanischen Exil lebende Schiftsteller Thomas Mann forderte in einem Brief an Walter Ulbricht vom Juli 1950 den SED-Führer auf, einen »Gnadenakt, großzügig und summarisch«, eine »der Hoffnung auf Entspannung und Versöhnung dienende Geste« herbeizuführen und den Verurteilten die Freiheit zu schenken (vgl. den Wortlaut des Briefes auf S. 226). In einem Beschluß vom 15. März 1954 bezeichnete das Kammergericht von Berlin (West) die in Waldheim gefällten Urteile als »absolut nichtig«, da sie »jeglicher Rechtswirksamkeit« entbehrten. Durch die allen Rechtsprinzipien Hohn sprechende Verfahrensweise sei kein Schuldnachweis für die Angeklagten erbracht worden.

Aber auch in der DDR hatten die Prozesse ein Nachspiel. Der damalige Staatssekretär im Ostberliner Justizministerium, Dr. Helmut Brandt (CDU), war nach mehreren vergeblichen Versuchen Zeuge einiger der Gerichtsverhandlungen geworden. Unter diesem Eindruck hatte er nach seiner Rückkehr aus Waldheim den damaligen Vorsitzenden der DDR-CDU und stellvertretenden Ministerpräsidenten Otto Nuschke von der Notwendigkeit überzeugt, mit Unterstützung der CDU-Minister gegen die Waldheim-Urteile zu intervenieren.[9] Wie heikel jenes Anliegen war, erhellt allein daraus, daß selbst Justizminister Max Fechner (SED/vormals SPD) sich nicht in diese Frage einmischen wollte, weil er sich, wie er Brandt gegenüber erklärte, nicht »die Finger zu verbrennen gedenke«.

Als Nuschke auf einer Regierungssitzung Anfang Juli 1950 unter Berufung auf Brandts Informationen die CDU-Forderung nach »öffentlicher und ordnungsgemäßer« Wiederholung der Verfahren stellte, kam es zum Eklat. Ulbricht verlor die Nerven und schrie Nuschke an, er habe sich nicht wahrheitsgemäß informieren lassen, und Ministerpräsident Grotewohl konnte die drohende Spaltung des Regierungsblocks nur dadurch verhindern, daß er die Entscheidung über den CDU-Antrag von Regierungssitzung zu Regierungssitzung vertagte.

Um sein Anliegen zu untermauern, schrieb Nuschke am 18. August 1950 einen vertraulichen Brief an Grotewohl, den er parallel dazu auch an Justizminister Fechner sandte.[10] Darin hieß es unter anderem: »Nach der Aufhebung der Interniertenlager durch die SKK wurden ca. 3900 Internierte den deutschen Behörden zur weiteren Behandlung überantwortet. Es war klar, daß eine Aburteilung in diesen Massen durch deutsche Gerichte in kürzester Zeit ordnungsgemäß nicht durchzuführen war. Ich hatte darum auch seinerzeit im Ministerrat angeregt, diese Häftlinge zu überprüfen und nach Absprache mit der Besatzungsmacht alle diejenigen zu entlassen, auf die etwa der gleiche Tatbestand zutraf, wie bei den von der Besatzungsmacht entlassenen 15000 Häftlingen.«

Die Häftlinge seien statt dessen in Verfahren »abgeurteilt« worden, »welche die Vorschriften der Strafprozeßordnung und den SMAD-Befehl 201/47 verletzten«, schrieb Nuschke. »Die Urteile erwecken in ihrem Strafmaß einen uniformen Eindruck und stehen in der Höhe des Strafmaßes in keinem Verhältnis zu gleichgelagerten Fällen, die früher auf Grund des Befehls 201 vor Gerichten der DDR zur Aburteilung gelangten. Es ist selbstverständlich, daß ich nicht etwa gegen die Urteile Stellung nehme, in denen

Kriegs- und Naziverbrecher in Waldheim ihre gerechte Strafe erhalten haben.«

Weiter führte der CDU-Chef aus: »Es besteht die Gefahr, daß durch die in Waldheim von Volksrichtern gefällten Urteile das Ansehen der Institution des Volksrichters schwer beeinträchtigt wird. Gerade wer, wie ich es tue, die Einrichtung des Volksrichters aus Überzeugung und Grundsatz bejaht, muß die Anlage der Waldheimer Prozesse bedauern, weil sie im Volke als ein Versagen der Volksrichter empfunden werden. Vielleicht hat die Erwägung bei den Gerichten vorgewaltet, daß die Tribunale der Besatzungsmacht gleichfalls harte Urteile gefällt haben, und daß man befürchtete, daß ein geringeres Strafmaß als Kritik jener Urteile empfunden werden könne. [...] Es erscheint nötig, besonders auch im Hinblick auf die Volkswahlen vom 15. Oktober, den Komplex Waldheim einer Überprüfung zu unterziehen. Ich schlage deshalb vor, daß der Ministerrat einen Prüfungsausschuß einsetzt, der die ergangenen Urteile nachprüft, die beteiligten Staatsanwälte, Richter und sonstige Personen vernimmt und bestimmte Richtlinien erarbeitet, die geeignet sind, die erregte Öffentlichkeit zu beruhigen.«

Als Anlage fügte Nuschke dem Schreiben dreizehn Beispiele fragwürdiger Waldheim-Verurteilungen bei. Unter diesen Fällen befanden sich nach Angaben des CDU-Vorsitzenden Antifaschisten wie der Kriminalkommissar beim Berliner Polizeipräsidium Herbert Michalke, der während der Nazi-Zeit einem illegalen Kreis um Nuschke und den ersten LDP-Vorsitzenden Dr. Wilhelm Külz angehörte und nun von den DDR-Richtern wegen »Förderung der Nazi-Herrschaft« zu vierzehn Jahren Zuchthaus verurteilt worden war, oder der Kaufmann Hermann C. Starck, der sich trotz wiederholter Terrorisierung durch die Nazis nicht von seiner jüdischen Frau trennte und ein guter Bekannter von Wieland Herzfelde und Ilja Ehrenburg war. Starck erhielt 20 Jahre Zuchthaus wegen »Verbrechen gegen die Menschlichkeit«, weil in seinen Betrieben – die seit Kriegsbeginn allerdings dem Rüstungskommando unterstellt waren – rund 250 ausländische Häftlinge Zwangsarbeit verrichten mußten. Entlastungszeugen wurden nicht gehört.

Aufgrund der strikten Geheimhaltung dessen, was in Waldheim

tatsächlich geschah, ist Nuschkes Unterstellung einer »erregten Öffentlichkeit« vermutlich eher als taktische Formulierung zu werten. Erregt war weniger die Öffentlichkeit als vielmehr Ulbrichts politischer Spielball Grotewohl. Auf der Regierungssitzung am 31. August ließ er plötzlich über die Forderung der Christdemokraten abstimmen. Während die CDU-Minister geschlossen für die Ungültigkeitserklärung der Waldheim-Urteile stimmten, lehnten die SED-Minister bei Stimmenthaltung der Liberalen ab. Damit war die Angelegenheit vom Tisch.

Aber Ulbricht und Genossen waren noch lange nicht zufrieden. Um eine Wiederholung derartiger Unbotmäßigkeiten ein- für allemal auszuschließen, wurde die CDU in der Folgezeit massiv unter Druck gesetzt. Am 6. September verschwand Staatssekretär Brandt hinter Gittern. Der auf Linie gebrachte Politische Ausschuß des CDU-Hauptvorstandes beschloß sechs Tage später eilig, Brandt aller Ämter zu entheben und ihn aus der Partei auszuschließen.

Die CDU-Revolte war niedergeschlagen. Nuschke versteckte sich fortan hinter seinen Beispielfällen und ließ die Finger vom Gesamtkomplex. Am 24. November ließ ihm Ulbricht telefonisch mitteilen, er sei mit der Begnadigung von zwei »Nuschke-Fällen« einverstanden, »vorausgesetzt, daß sie von deutschen Gerichten verurteilt worden sind«. Wenn die Verurteilung durch sowjetische Tribunale erfolgt sei, verkündete der SED-Gewaltige, dann werde einer Begnadigung nicht stattgegeben. Wie aus dieser Mitteilung ersichtlich wird, hatte sich Ulbricht nicht einmal die Mühe gemacht, Nuschkes Schreiben überhaupt zu lesen. Ob Nuschke tatsächlich in zwei Fällen erfolgreich war, ist den Verfassern nicht bekannt.

Einen Monat zuvor, am 21. Oktober, hatte ein Genosse Hentschel (wahrscheinlich identisch mit Paul Hentschel, dem Waldheim-Stellvertreter von Chefinstrukteurin Heinze) im Namen Grotewohls ein vor Tatsachenverdrehungen und machtgeschützter Häme nur so strotzendes Antwortschreiben auf Nuschkes Brief entworfen. Darin wurde unter anderem behauptet, die Öffentlichkeit sei »zu den Verhandlungen gegen die Nazi-Verbrecher zugelassen« gewesen: »Es wurden Einlaßkarten für die Besucher der einzelnen Strafkammern verabfolgt.«

»Mit der Durchführung der Gerichtsverhandlungen waren Volksrichter beauftragt, die bereits in mehrjähriger praktischer Tätigkeit als Richter oder Staatsanwalt unter Beweis gestellt haben, daß sie die demokratische Gesetzlichkeit richtig anzuwenden verstehen«, fabulierte der Verfasser weiter. »Der Vorschlag, einen Prüfungsausschuß durch den Ministerrat einzusetzen, der die ergangenen Urteile nachprüft, die beteiligten Staatsanwälte, Richter sowie die geschäftsführenden Angestellten vernehmen soll, muß als verfassungswidrig abgelehnt werden. Bekanntlich heißt es im Artikel 127 der Verfassung: ›Die Richter sind in ihrer Rechtsprechung unabhängig und nur der Verfassung und dem Gesetz unterworfen.‹ [...] Gegen die Verfassung oder gegen die Gesetze ist vom Landgericht Chemnitz oder von einem Richter nicht verstoßen worden, so daß eine Nachprüfung der erfolgten Rechtsprechung in der vorgeschlagenen Form unmöglich ist.«

Am härtesten bekam Ex-Staatssekretär Dr. Brandt die Rechtsauffassung der SED-Genossen zu spüren. Nach fast vier Jahren Untersuchungshaft wurde er am 5. Juni 1954 gemeinsam mit Angehörigen der sogenannten »Verschwörergruppe Dertinger«* vor dem 1. Strafsenat des Obersten Gerichts der DDR angeklagt und wegen »schweren Verrats an den nationalen Interessen des deutschen Volkes« zu zehn Jahren Zuchthaus verurteilt. Brandt war bis 1958 inhaftiert und ging später – nach einer neuerlichen Festnahme – auf dem Wege des Häftlingsfreikaufs in die Bundesrepublik.

Doch die internen Unruhen wegen des »größten Justizverbrechens der Neuzeit«, wie der »Untersuchungsausschuß freiheitlicher Juristen« die Waldheimer Prozesse nannte, ebbten auch nach der Knebelung der CDU nicht ab. Selbst in Moskau stießen die Urteile auf Ablehnung. Die Rechtsabteilung der Sowjetischen Kontrollkommission in Berlin-Karlshorst unterzog die Arbeit der ostdeutschen Justiz nach

* Georg Dertinger (CDU) war von 1949 bis Anfang 1953 der erste DDR-Außenminister. Er wurde im Frühjahr 1953 gemeinsam mit seiner Frau und neun weiteren »Mittätern« verhaftet und wegen »feindlicher Tätigkeit gegen die DDR« zu fünfzehn Jahren Zuchthaus verurteilt, von denen er mindestens sieben absaß.

Einsichtnahme in die Prozeßunterlagen einer niederschmetternden Kritik. Anders jedenfalls ist es nicht zu erklären, daß die beiden Hauptverantwortlichen, Frau Dr. Heinze vom Justizministerium und ZK-Mitarbeiter Paul Hentschel, 1951 von ihren Posten abgelöst und versetzt wurden. Hildegard Heinze stand kurz zuvor noch als Erste Stellvertreterin von Generalstaatsanwalt Melsheimer zur Disposition.

Im Jahre 1952 hatten die Waldheimer Prozesse noch ein zweites Nachspiel. Eine Untersuchungskommission aus Vertretern des Ministeriums für Staatssicherheit (MfS), des Justizministeriums, der Generalstaatsanwaltschaft und der Hauptverwaltung der Deutschen Volkspolizei überprüfte 3014 Prozeßakten. Bei der SED-Führung hatten sich immer mehr Beschwerden von zahlreichen Rechtsanwälten, Angehörigen von Verurteilten und Persönlichkeiten des In- und Auslandes angesammelt, in denen auf die Unschuld zahlreicher Verurteilter und auf die Unzulänglichkeiten bei der Prozeßdurchführung hingewiesen wurde. Wie das Militärgeschichtliche Institut der DDR im Jahre 1990 ermittelte, mußten daraufhin 997 Verurteilte ihre Strafe nicht weiter verbüßen, während bei 1024 Inhaftierten das Strafmaß herabgesetzt wurde.

Die Waldheim-Insassen wurden nach ihrer Verurteilung in die Zuchthäuser Brandenburg-Görden und Bautzen, die Frauen unter ihnen nach Hoheneck verlegt. Später brachte man auch Häftlinge in die Gefängnisse nach Halle (in den »Roten Ochsen«) und Torgau.

Im Oktober 1952 kam es zur bereits genannten ersten großen Entlassungsaktion, weitere schlossen sich im Juli 1954 und in den Jahren 1955 bis 1957 an. Bis Ende der fünfziger Jahre waren nahezu alle Waldheim-Verurteilten auf freiem Fuß. Ihre vorzeitige Entlassung war ein indirektes Schuldgeständnis der SED-Machthaber und zugleich das Ende des dunklen Kapitels Stalinscher Internierungslager auf deutschem Boden.

ANMERKUNGEN

1 Fritz Göhler, Das Gesicht der Volkspolizei, in: »Der deutsche Polizeibeamte«, H. 7/1956, S. 73.

2 Hildegard Heinze, Kriegsverbrecherprozesse in Waldheim, in: »Neue Justiz«, Nr. 7/1950, S. 250.
3 Karl Wilhelm Fricke, Politik und Justiz in der DDR, S. 207.
4 Heinze, S. 250.
5 Karl Wilhelm Fricke, Geschichte und Legende der Waldheimer Prozesse, in: »Deutschland-Archiv«, H. 11/1980, S. 1176.
6 Zitiert nach: »Unrecht als System«, hg. vom Bundesministerium für Gesamtdeutsche Fragen, S. 42.
7 Fricke, a. a. O., S. 1178.
8 Fricke, Politik und Justiz, S. 211/12.
9 Vgl. dazu: Hinter den Kulissen der Waldheimer Prozesse. Brief des ehemaligen Staatssekretärs im DDR-Justizministerium Dr. Dr. Helmut Brandt an den Bundesbeauftragten des Waldheim-Kameradschaftskreises, Fritz Göhler.
10 Eine Kopie des Briefwechsels zwischen Otto Nuschke und Otto Grotewohl befindet sich im Privatbesitz der Verfasser.

Der Brief Thomas Manns an Walter Ulbricht

An den Herrn
Stellvertretenden Ministerpräsidenten
Walter Ulbricht

Juli 1950

[. . .] Aus meinen Schriften geht hervor, und meine öffentliche Haltung auch außerhalb dieser Schriften mag Ihnen, Herr Ministerpräsident, Kenntnis davon gegeben haben, daß ich ein überzeugter und gelegentlich kämpferischer Anhänger des Friedensgedankens bin und diesem Glauben schon manches Opfer an persönlicher Ruhe, an ungestörter künstlerischer Arbeitsstimmung und an sogenannter Popularität gebracht habe. Wenn ich vom Frieden spreche, so meine ich den einen, unteilbaren, der das Gebot der Weltstunde ist, und unter dem allein die Völker die Aufgaben erfüllen können, die ihnen heute gestellt sind. [. . .]

Wenn auch der Kommunismus den Frieden will – und ich glaube, daß er ihn will –, so sollte er alles tun, um einem Humanismus Vorschub zu leisten und Rechtfertigung zu gewähren, der, ohne an das kommunistische Credo gebunden zu sein, sich dem militanten Antikommunismus verweigert und für den Frieden einsteht, indem er es der Zeit – der von der sittlichen Arbeit der Völker an sich selbst erfüllten Zeit – anheimgibt, die Gegensätze auszugleichen und zu höherer Einheit aufzuheben, die heute in scheinbarer Unversöhnlichkeit zwischen den Welthälften klaffen, während doch die sie bewohnenden Völker im Grunde alle den gleichen Problemen und Aufgaben verpflichtet sind.

Der Kommunismus, sage ich, sollte alles tun, diesem friedenswilligen Humanismus Hilfe zu leihen und so weit nur immer möglich alles zu vermeiden, was seinen Einfluß lähmen könnte. Der Kommunismus hat – das ist die Wahrheit – mit dem Faschismus die totalitäre Staatsidee gemeinsam, aber er will doch wahrhaben, daß sein Totalitarismus sich von dem faschistischen himmelweit unterscheidet, einen ganz anderen ideologischen Hintergrund, ganz andere Beziehungen zum Menschheitsgedanken hat, und darum sollte er Sorge tragen, jede Möglichkeit der Gleichsetzung und geflissentlichen Verwechslung auszuschließen, sollte – so lange nach vollendeter Revolution – Kruditäten und formlose Grausamkeiten meiden, die ihn äußerlich, für das Auge, aber das heißt: praktisch, auf das Niveau des Faschismus herabsetzen und nach ihrer innersten Natur, ihrer psychologischen Wirkung, nicht dem Frieden dienen, sondern nur helfen, eine ohnehin schon weitgehend demoralisierte, seelisch abgestumpfte und verhärtete Menschheit zum Kriege vorzubereiten. [. . .]

In diesen Zusammenhang, Herr Ministerpräsident, möchte ich die Angelegenheit stellen, von der ich mir erlaube, Ihnen zu sprechen. Es handelt sich um die Prozesse – wenn dieses Wort am Platz ist –, die im April und Mai dieses Jahres in Waldheim (Sachsen) gegen 3000 oder mehr Personen geführt worden sind, welche vorher Jahre lang – fünf Jahre zum Teil – in Konzentrationslagern der deutschen Sowjetzone verwahrt waren. Zur Rechtsprechung über sie wurden vom Landgericht Chemnitz zwölf große und acht kleinere Strafkammern zusammengestellt – Sondergerichte (obgleich meines Wissens nach einer gewissen Kontrollratsproklamation die Wiedereinsetzung von Sondergerichten verboten ist), bei denen es an jedem Einschlag juristischer Vorbildung fehlte und fehlen sollte, Volksgerichte also, deren Verfahren das summarischste war.

Zehn Verhandlungen etwa fanden in einer Stunde statt. Kein Verteidiger wurde zugelassen, kein Entlastungszeuge gehört. Gefesselt, obgleich den wenigsten eigentlich kriminelle Taten zur Last gelegt waren, wurden die Angeklagten, die im voraus Verurteilten, dem Gericht vorgeführt, das nach Vorschrift Zuchthausstrafen von 15, 18, 25 Jahren, auch lebenslängliche über sie aussprach. Die in den Lagern von Waldheim, Bautzen und Brandenburg hingebrachte langjährige Haftzeit, in deren Verlauf schon viele an Tuberkulose erkrankt waren, wurde in keinem Falle angerechnet.

Diese unglückseligen, schon zertretenen, seelisch zerbrochenen und blutspuckenden, einem schnellen oder langsamen Tode anheimgegebenen Menschenreste waren angeklagt – und damit auch schon überführt – der Kollaboration mit dem nationalsozialistischen Herrschaftssystem, – und wie ich über den Nationalsozialismus und den Faschismus im allgemeinen denke, brauche ich hier nicht zu wiederholen. Ich tauge schlecht zum Verteidiger derer, die es mit ihm hielten und ihm zur Hand gingen, was übrigens mehr oder weniger, mit ehrenvollen Ausnahmen, das ganze deutsche Volk getan hat.

Aber ich frage Sie, Herr Ministerpräsident, – nicht rhetorisch »vor aller Welt«, sondern von Mensch zu Mensch: Hat es irgendeinen Sinn, diese armen Kreaturen, schwache, anpassungsbedürftige Durchschnittsmenschen, die es nicht anders wußten, als daß man den Mantel nach dem Wind hängen muß und zweifellos heute wieder bereit wären, ihn nach dem neuen Winde zu hängen –, hat es einen Sinn, sie ganz im wildesten Stil des Nazismus und seiner »Volksgerichte«, ganz im Stil jenes zur Hölle gefahrenen Roland Freisler, der genau so seine Zuchthaus- und Todessprüche verhängte, aburteilen zu lassen und damit der nichtkommunistischen Welt ein Blutschauspiel zu geben, das ein Ansporn ist allem Haß, aller Furcht, aller Propaganda für die »Unvermeidlichkeit« des Krieges – und eine moralische Niederlage für alle, die diesen Krieg für das größte Unheil halten, das die Menschheit treffen könnte? [. . .]

Da ist ein gewisser Walther Backmeister, über dessen Sohn in Waldheim 18 Jahre Zuchthaus ausgesprochen worden sind »wegen außerordentlicher Unterstützung der nationalsozialistischen Gewaltherrschaft«. In welcher Form mag er dem Regime diese »außerordentliche« Unterstützung gewährt haben? Durch denunziatorische Vorteilsjägerei? Die ist sehr verbreitet in politisch bewegten Zeiten, und wer steht Ihnen, wer steht mir dafür, daß er nicht selber das Opfer einer nutzbringenden Angeberei geworden ist? Dies ist ziemlich bestimmt der Fall bei dem Bruder einer gewissen Anna-Maria Löh, der in Waldheim 15 Jahre Zuchthaus bekommen hat, weil er »Gestapo-Agent« gewesen sein soll. Das Volksgericht hat sich davon überzeugen lassen; wie und durch wen, das weiß man nicht, aber seine Schwester schwört, daß eine infame Anschwärzung vorliegt.

Es sind da auch die Schwestern Ursula Fritz und Hedwig Fuchs, geb. Fritz, deren Bruder Adolf Fritz sich im Zuchthaus Waldheim befindet, wo er 20 Jahre verbüßen soll, weil er durch seine Tätigkeit als Oberstaatsanwalt die nazistische Gewaltherrschaft unterstützt hat. Das tat man freilich, wenn man kurzsichtig oder charakterlos genug war, unter Hitler Staatsanwalt zu bleiben. Aber diese Charakterlosigkeit haben unzählige besessen, nahezu alle, und für Charakterschwäche sind 20 Jahre Zuchthaus (nach einigen Jahren Konzentrationslager) eine wahrhaft drakonische Strafe. Ob Oberstaatsanwalt Fritz den Nazistaat nicht vielleicht nur in Kriminalfällen vertreten, ob er je politische Prozesse geführt und wie er sie geführt hat, die Frage bleibt mangels Verteidigung und Entlastungszeugenschaft offen.

Fritz mit Nachnamen heißt auch ein anderer Mann, dessen Stand ich nicht kenne, und der, wie seine Schwester mir klagt, in Bautzen zu 25 Jahren Arbeitslager verurteilt wurde wegen »westlicher Propaganda«. Wie wohl hat er sie praktiziert? Als Straßeneckenredner doch kaum. Hat er am Biertisch in Hörweite eines Aufpassers gesagt, in Marshall-Plan-Ländern hätten arme Leute es besser als in der deutschen Sowjetzone? Damit hätte er Unsinn geredet. Aber mit 25 Jahren Arbeitslager ist eine so massenhaft verbreitete Erscheinung wie das Unsinnreden wohl übertrieben bestraft. [. . .]

Herr Ministerpräsident! [. . .] Sie wissen vielleicht nicht, welches Grauen und welche Empörung, geheuchelt oft, aber oft tief aufrichtig, jene Prozesse mit ihren Todesurteilen – denn es sind lauter Todesurteile – auf dieser Weltseite hervorgerufen haben, wie nutzbar sie sind dem bösen Willen und wie abträglich dem guten. Ein Gnadenakt, großzügig und summarisch, wie die Massenaburteilungen von Waldheim es in nur zu hohem Grade waren, das wäre eine solche gesegnete, der Hoffnung auf Entspannung und Versöhnung dienende Geste, eine Friedenstat.

Nutzen Sie Ihre Macht, um diesen Gnadenakt herbeizuführen! Darum bittet, das rät Ihnen ein alter Mann, in dessen Denken und Dichten die Idee der Gnade längst bestimmend hineinwirkt. Das deutsche Wort »gnadenlos« hat einen eigentümlich doppelten Sinn. Es bedeutet zugleich »unbarmherzig« und »unbegnadet«. Unbegnadet ist der starre Wahn, allein die ganze Wahrheit und das Recht auf unerbittliche Grausamkeit zu besitzen. Wer aber Gnade übt, der wird Gnade finden.

Ihr sehr ergebener
Thomas Mann

Dieser Brief wurde von Alfred Kantorowicz am 15. Juni 1963 in der »Welt« veröffentlicht.

V VIERZIG JAHRE VERDRÄNGUNG – DAS SCHICKSAL DER EHEMALIGEN INTERNIERTEN IN DER DDR

Die SED hatte die Waldheimer Prozesse inszeniert, um ihren antifaschistischen Mythos zu untermauern und die Existenz der von ihren Verbündeten geschaffenen Internierungslager nachträglich zu rechtfertigen. Vor den Augen der westlichen Öffentlichkeit war dieser Versuch zwar durch die jeder demokratischen Rechtsauffassung spottenden Prozeßpraktiken gescheitert, im eigenen Land hatte die Propaganda in Verbindung mit den herrschenden Informationsdefiziten jedoch zumindest Teilerfolge gezeitigt. Danach erfüllten die in den Gefängnissen dahinvegetierenden Opfer keine Funktion mehr. Ihre Entlassung erfolgte freilich nicht in Verbindung mit auch nur angedeuteten Rehabilitierungsmaßnahmen, sondern unter dem Vorzeichen, daß sie sich nunmehr in der »neuen demokratischen Ordnung« zu »bewähren« hätten. Fortan war Stillschweigen verordnet über dieses Kapitel der Nachkriegsgeschichte: Eine vierzigjährige Friedhofsruhe hielt Einzug.

Für alle jene ehemaligen Lagerhäftlinge, die nach der Freilassung in ihre ostdeutschen Heimatorte zurückgekehrt waren und sich nicht in den Westen abgesetzt hatten, wog diese offizielle Nichtexistenz ihrer Leidensjahre schwer. Wie eine große Verhöhnung mußten ihnen die in den folgenden Jahren unentwegt ausgestreuten Parolen von der »antifaschistisch-demokratischen Umwälzung« und der »historischen Befreiungstat des sowjetischen Brudervolkes« erscheinen. So viele von ihnen auch geneigt waren, angesichts der Nazi-Greueltaten in der UdSSR den Sowjets gegenüber eine verständnisvolle Haltung zu zeigen – den bestallten SED-Ideologen und -Historikern haben sie diese Tatsachenverdrehungen und Lügen nie verziehen. Das erzwungene Totschweigen der eigenen leidvollen Vergangenheit hat die Opferlandschaft im Ostteil Deutschlands entscheidend geprägt. Viele haben bis zu ihrem Tode schweigen müssen.

Kein DDR-Bürger durfte jemals darauf hoffen, daß seine Internierungsjahre beziehungsweise die darauffolgende Haftzeit bei seiner Berentung oder eventuellen Frühinvalidisierung angerechnet wurden. Von materieller Entschädigung für Enteignung oder ausgefallene Berufsjahre war ohnehin keine Rede. Während die Opfer des Faschismus erhielten, was ihnen an Entschädigung zustand, gingen die Opfer des Stalinismus leer aus. Bezeichnend dafür ist folgender Vorgang: Hubert Polus (vgl. S. 99) wollte sich seine Lagerjahre bei der zuständigen Behörde für eine notwendig gewordene Frühinvalidisierung anrechnen lassen. Als der Name »Sachsenhausen« fiel, war man auch sofort bereit, ihm dies zu bewilligen. Bis man bemerkte, *wann* Polus in Sachsenhausen eingesessen hatte – und der Antrag wurde hinfällig.

Im Westen Deutschlands lagen die Dinge anders. Die freigekommenen NKWD/MWD-Häftlinge wurden als Opfer des Stalinismus anerkannt und entschädigt. Sie wurden durch Organisationen wie die »Kampfgruppe gegen Unmenschlichkeit« oder den »Untersuchungsausschuß freiheitlicher Juristen« unterstützt und gründeten selbst Organisationen wie die »Vereinigung der Opfer des Stalinismus« oder den »Waldheim-Kameradschaftskreis«. Im Zuge des Kalten Krieges und der Verdrängung deutscher Kriegsschuld waren hier allerdings Tendenzen zu erkennen, die die sowjetstalinistischen Verbrechen in Deutschland mit wenig Rücksicht auf den Ursache-Wirkungs-Zusammenhang denen der Nazis formell gleichzusetzen und die ganz anderen Dimensionen der NS-Verbrechen zu ignorieren suchten.

Die seit der ersten Entlassungsaktion im Sommer 1948 schubweise und zum Teil unverhofft wieder daheim auftauchenden ehemaligen Häftlinge boten ihren Angehörigen in der Regel das gleiche Bild: Als von der Haft gezeichnete, körperlich und seelisch gebrochene menschliche Wracks kehrten sie in die Gesellschaft zurück. Neben den körperlichen Langzeitgebrechen – Organschäden, Allergien, nicht auskurierten Infektionskrankheiten – waren vor allem die psychischen Folgen verheerend. »Die Angst, wieder in einem Lager zu verschwinden, war riesengroß. Ich erinnere mich, daß ich mich die erste Zeit nicht allein auf die Straße wagte« – »Jahre nach der Entlassung habe ich noch unter Verfolgungswahn und der Angst vor einer neuerlichen Verhaftung gelitten» – »25 Jahre lang habe ich nachts vor meinen Verfolgern keine Ruhe gefunden«: solche und ähnliche Äußerungen tauchen dutzendfach in den Erlebnisberichten und Briefen auf.

Bei den Familien derer, die nicht mit den anderen heimgekehrt waren, herrschte mitunter über Jahre eine quälende Ungewißheit über den Verbleib der Angehörigen. Offizielle Todeserklärungen gab es nicht. Viele erfuhren durch freigekommene Mithäftlinge vom Schicksal ihrer Nächsten. Im Flüsterton, hinter vorgehaltener Hand, bei heimlichen Treffen ehemaliger Gefangener, kursierte die Wahrheit.

An den Orten der inzwischen abgerissenen Lager und der mutmaßlichen Massengräber legten Angehörige bis weit in die fünfziger Jahre Blumen nieder und stellten Holzkreuze auf – so zum Beispiel in Ketschendorf und Fünfeichen –, doch die nimmermüden Schergen des Ministeriums für Staatssicherheit ließen alle Zeichen des Gedenkens wieder beseitigen. Nicht nur die Lager verschwanden, auch jegliche Erinnerung daran sollte getilgt werden. Aus dem Lager Ketschendorf wurde wieder eine Wohnsiedlung, und über den Massengräbern befindet sich, wie eingangs erwähnt, ein »Platz der Freiheit«. An der ehemaligen Lagerstraße von Jamlitz, die heute »Straße der Freiheit« heißt, stehen nicht mehr Lagerbaracken, sondern Einfamilienhäuser. Dort, wo die Jamlitzer Toten liegen, befand sich bis Anfang 1990 ein militärisches Sperrgebiet – genau wie in Fünfeichen, wo bis vor kurzem noch Panzer der Nationalen Volksarmee rollten und Artilleriegeschütze donnerten. In Buchenwald und Sachsenhausen ehrte man Jahr für Jahr die Opfer der Nazi-Diktatur, ohne die Opfer der Stalinschen Lager auch nur einmal zu erwähnen. In Bautzen war man bei Bauarbeiten am Rande der Haftanstalt Mitte der fünfziger Jahre auf Skelette gestoßen und hatte eiligst alles wieder zugescharrt.

Allenthalben wurden die Überreste der Lager bis auf die Grundmauern abgetragen und alle Spuren beseitigt. Über das Gelände des ehemaligen Lagers Mühlberg wuchs buchstäblich Gras: Niederholz und dichtes Gestrüpp bedecken heute das Terrain. Als man dort in den sechziger Jahren zufällig auf einige Skelette stieß, wurden diese Toten eilfertig zu Nazi-Opfern erklärt.

Mit dem allmählichen Aussterben der an den jeweiligen Orten ansässigen Zeitzeugen verschwand die Erinnerung aus dem Gedächtnis der Einheimischen. Nur die Betroffenen selbst vergaßen nicht, und wie unter einem magischen Zwang haben nahezu alle von uns befragten ehemaligen Häftlinge die Stätten ihrer Leidensjahre später noch einmal aufgesucht.

Die Wiedereingliederung ins zivile Leben bereitete den ehemaligen Internierten – vor allem jenen, die einen Teil ihrer Jugend im Lager verbringen mußten – erhebliche Schwierigkeiten. Zu den erlittenen individuellen Schädigungen gesellten sich anfänglich oftmals soziale und berufliche Nachteile sowie Schikanen durch Behörden. Anfeindungen, Zurücksetzungen, Demütigungen und Verleumdungen gehörten für viele von ihnen in den ersten Jahren der Freiheit zum Alltag. »Das Leben ist mir erhalten geblieben, aber der Makel, im ›Zuchthaus‹ gesessen zu haben, blieb an mir haften«, berichtet der Waldheim-Verurteilte Hermann Pfennigwerth, der seinen Journalistenberuf nicht ausüben durfte und dessen Tochter aufgrund der väterlichen Vergangenheit die Studienerlaubnis entzogen wurde.

Aber auch in diesem Zusammenhang sind Verallgemeinerungen unstatthaft. Die behördlichen Repressalien (zum Beispiel Meldepflicht, Berufsverbot, Entzug des Wahlrechts) betrafen nur einen Teil der Entlassenen und erstreckten sich über einen begrenzten Zeitraum. Davon betroffen waren vornehmlich SMT- und Waldheim-Verurteilte sowie ehemalige Wehrmachtsoffiziere. Insgesamt läßt sich aber feststellen, daß in den seltensten Fällen dauerhafte berufliche Nachteile als Folge der Internierung entstanden.

Das belegt auch der Werdegang der zehn aus der ehemaligen DDR stammenden Augenzeugen, die im vorliegenden Buch zu Wort kamen: Zwei von ihnen haben später promoviert, zwei wurden private Geschäftsleute, einer arbeitete jahrelang als leitender Angestellter in der Flugzeugindustrie, einer als mittlerer Parteifunktionär in der LDPD und ein weiterer als Bürgermeister einer kleinen sächsischen Ortschaft. Wenn man so will, war dies die positive Seite des staatlich verordneten Stillschweigens über das Lagerkapitel: Niemand durfte in der DDR auf längere Dauer infolge von Ereignissen benachteiligt werden, die offiziell eigentlich gar nicht stattgefunden hatten. In Personalbögen und Kaderakten tauchten freilich die Lagerjahre immer wieder auf – »Im Lebenslauf konnte man ja drei Jahre nicht einfach verschwinden lassen«, schrieb Konrad Wächter –, doch wurde darüber normalerweise weder gesprochen, noch zog es Konsequenzen nach sich.

Unterschiedlich sind die Aussagen über eine den Entlassenen auferlegte Schweigepflicht. Die später beim DDR-Staatssicherheitsdienst übliche Methode, den Häftling durch seine Unterschrift die »ordnungsgemäße Behandlung« während der Haft bestätigen zu lassen, kam für die etwas weniger gründlichen Sowjets ohnehin nicht in Frage. Gelegentlich wurden mündliche Instruktionen erteilt. Sie waren im Grunde völlig überflüssig, weil die Angst vor einer neuerlichen Verhaftung sowieso den meisten Freigelassenen die Zunge lähmte. Die spätere Tabuisierung des Lagerthemas in der DDR kriminalisierte automatisch alle, die das Verbot übertraten. Es sind sogar Fälle bekannt, daß der Staatssicherheitsdienst Westberliner Bürger entführte und den DDR-Gerichten überantwortete, weil sie den alliierten Behörden detaillierte Auskünfte über ihre Lagerzeit geliefert hatten.

Viele in der DDR lebende ehemalige Internierte sprachen auch deshalb nicht von ihrem Schicksal, weil sie nicht im Gefolge der SED-Propaganda einfach für Nazis gehalten werden wollten. Mit dem Wechsel der Generationen und unter dem ständigen Einfluß der realsozialistischen Ideologie entstand in der DDR das Phänomen, daß einem ehemaligen Häftling sein Lagerschicksal in vielen Fällen nicht mehr geglaubt worden wäre. Drangen aus dem Westteil Deutschlands schon einmal Informationen darüber in die DDR, wurden sie schlichtweg als »Propaganda des Klassenfeindes« abgetan. Die raffinierte wie brutale ideologische Arbeit mit den deutschen Schuldgefühlen gegenüber der Sowjetunion erstickte von vornherein jede Diskussion darüber, daß es im Gegenzug auch zu Unrechtsaktionen der sowjetischen Besatzer gekommen sein könnte. Differenzieren war nicht erwünscht im monolithischen SED-Staat. Und kam das Thema zwischen Besserinformierten doch einmal zur Sprache, siegte der Zynismus derer, die die Macht auf ihrer Seite wußten. Bezeichnend dafür ist die Auskunft, die ein ehemaliger Buchenwald-Insasse (nach 1945 versteht sich), der beim SED-Zentralorgan »Neues Deutschland« arbeitete, diesbezüglich von leitenden Parteikadern erhielt. Sie lautete schlicht: »Kollege, Sie hatten im Zuge des Zusammenbruchs einfach Pech!«

Unsäglich hart traf das Schicksal die Angehörigen jener Häftlinge, deren »Pech« so weit ging, daß sie nie aus den Lagern zurückkehrten. Aus der Vielzahl der Briefe, die der »Morgen« als Resonanz auf seine Berichterstattung erhielt, seien hier zwei auszugsweise zitiert:

»Auch mein Vater wurde in Folge einer Denunziation unschuldig im September 1945 durch die Leute des NKWD ›abgeholt‹. Von Überlebenden haben wir nur noch erfahren, daß er in den Lagern Ketschendorf, Jamlitz und Buchenwald war. In Buchenwald soll er 1947 gestorben sein. Eine offizielle Mitteilung über seinen Tod haben wir nie erhalten, obwohl sich meine Mutter sehr um Aufklärung bemüht hat. Mein Vater war schwer lungenkrank und hatte deshalb unter den von Ihnen geschilderten Lagerbedingungen keine Überlebenschance. Ich habe die Verhaftung meines Vaters als Siebenjähriger erlebt. Sein Schicksal lastete wie ein Schatten auf meiner Familie. Aus Angst wurde außerhalb der Familie nicht über ihn gesprochen. Die schulische Erziehung führte dazu, daß ich zusätzlich mit Schuldgefühlen beladen wurde. Ihre Aufklärung empfinde ich deshalb als eine Befreiung . . .« Eberhard R., Potsdam

»Am Sonnabend, dem 24. Februar 1990, habe ich geweint. Ich konnte es einfach nicht fassen, daß ich noch einmal die Zeit erleben darf – ich bin jetzt 60 Jahre alt –, in der man über den Verbleib unserer Väter, Mütter und Freunde sprechen oder schreiben darf. . . . Auch mein Vater wurde von der damaligen GPU im Spätsommer 1945 abgeholt und kam nicht wieder. Es war Sommer, und man kann sich denken, was von den Sachen, die mein Vater auf dem Leib trug, in den Wintern der folgenden Jahre noch wärmte. Die Menschen sind unsagbar elendig umgekommen.

Auch mein Vater gehörte zu den Unschuldigen, denn er war weder ein Kriegsverbrecher noch ein gefährlicher Deutscher.

Für meine Mutter und mich begannen furchtbare Jahre der Angst und Ungewißheit, wußten wir doch nur durch illegale Informationen, daß mein Vater nach Buchenwald transportiert worden war und dort verstorben sein sollte, denn er war nicht bei den entlassenen Männern und Frauen, die ab 1948 nach Hause kamen.

Meine Mutter ist über die furchtbaren Jahre hinweg gestorben, immer mit der Angst, nie Verbleib und Tod ihres Mannes erwähnen zu dürfen.«

Käthe W., Heringsdorf

Deutlicher als jeder Kommentar geben diese Äußerungen Kunde vom unermeßlichen Leid, welches das lautlose Verschwinden ihrer Angehörigen über die Familien zu Hause brachte.

Die gemeinsam durchlittenen Jahre hatten auch bei den in der DDR lebenden ehemaligen Lagerhäftlingen ein dauerhaftes Gemeinschaftsgefühl erzeugt. Natürlich war die Bildung offizieller Vereinigungen wie in der Bundesrepublik nicht möglich, doch man traf sich, besuchte gemeinsam die ehemaligen Leidensorte, schrieb und ergänzte Totenlisten, tauschte Erinnerungen aus. »Wir haben uns immer bemüht, mit vielen Leidensgenossen von damals in Verbindung zu bleiben«, berichtet eine Mühlberg-Insassin. »Noch im letzten Jahr trafen wir mit drei Ehepaaren zusammen, die wir bei der Mühlberger ›Kultura‹ kennengelernt hatten. Sie sind nun alle alt geworden, aber beim Wiedersehen gab es kein bißchen Fremdheit zwischen uns. Die Jahre der Not haben uns geprägt und zusammengeführt, und sie halten uns zusammen – auch heute noch.«

Die Jahre des offiziellen Schweigens zogen sich erbarmungslos hin. Die meisten der ehemaligen Internierten waren längst gestorben, und bei vielen anderen hatte das normale Leben scheinbar die Erinnerung überlagert, als im Herbst 1989 die Herrschaft der SED zusammenbrach. Am 24. Februar 1990 berichtete »Der Morgen« als erste DDR-Zeitung vom Schicksal der Häftlinge in den NKWD-Lagern. Dieser Beitrag und eine sich anschließende Artikelserie lösten unter den Betroffenen, den hinterbliebenen Angehörigen und bei den anderen DDR-Medien eine Kettenreaktion aus. Der Bann war gebrochen, endlich durften sich die Opfer zu Wort melden. Und kaum einer der Überlebenden vergaß, den Gedanken aufzuschreiben, der am Schluß dieses Buches stehen soll:

Möge sich dergleichen nie wiederholen!

VI ANHANG

Zeittafel

1945

Ende April:	Sowjetische Militärbehörden errichten die Internierungslager Fünfeichen und Ketschendorf.
Mai:	Die Lager Frankfurt/Oder, Berlin-Hohenschönhausen und Weesow werden in Betrieb genommen.
31. Mai:	Erstes Todesurteil eines sowjetischen Militärtribunals (SMT) in Berlin.
9. Juni:	Die Sowjetische Militäradministration in Deutschland (SMAD) wird gebildet und Marschall Schukow zu ihrem Chef ernannt.
13. Juni:	Das Lager Bautzen wird auf dem Gelände der ehemaligen Landesstrafanstalt errichtet.
27. Juli:	Auf Befehl der SMAD wird die »Deutsche Zentralverwaltung der Justiz« gebildet.
8. August:	Viermächte-Abkommen in London über die Verfolgung und Bestrafung der Hauptkriegsverbrecher.
10. August:	Das KZ Sachsenhausen wird von der sowjetischen Geheimpolizei (NKWD) wieder mit Häftlingen belegt.
12. August:	Auch das KZ Buchenwald wird erneut in Betrieb genommen.
16. August:	Das Lager Weesow wird aufgelöst.
September:	Das Lager Jamlitz wird errichtet.
8. September:	Die Lager Mühlberg und Torgau werden errichtet.
3. Dezember:	SMAD-Befehl Nr. 160 gegen »Saboteure und Attentäter«. Er ist Grundlage für Hunderte von ungerechtfertigten Festnahmen und Verurteilungen.

1946

5. Januar:	Das Lager Landsberg/Warthe wird aufgelöst. Die Häftlinge kommen ins KZ Buchenwald.
März:	In der UdSSR werden die Volkskommissariate durch Ministerien ersetzt. An die Stelle von NKWD und NKGB treten MWD (Innenministerium) und MGB (Staatssicherheitsministerium).
10. April:	General Sokolowski folgt Schukow als SMAD-Chef.
22. April:	Gründung der SED.
30. Juli:	Zentralisierung der Polizeigewalt in der SBZ durch Bildung der »Deutschen Verwaltung des Inneren«.
Oktober:	Das Lager Hohenschönhausen wird geschlossen. Ab März 1951 dient es der DDR-Staatssicherheit als Untersuchungsgefängnis.
12. Oktober:	Direktive Nr. 38 des Alliierten Kontrollrates über die Verhaftung und Bestrafung von Kriegsverbrechern. Die Direktive bleibt bis 1955 in Kraft.

1947

17. Februar:	Das Lager Ketschendorf wird aufgelöst.
24. März:	Auch das Lager Torgau wird aufgegeben.
April:	Das Lager Jamlitz wird aufgelöst.
25. Mai:	Die UdSSR schafft die Todesstrafe ab. Das gilt auch für die SBZ.
September:	Das Lager Frankfurt/Oder wird aufgelöst.
29. Oktober:	Die katholischen Bischöfe Deutschlands ersuchen den Alliierten Kontrollrat, die Internierungspraktiken in der SBZ zu untersuchen.
16. Dezember:	Die evangelische Kirche spricht mit der SMAD über das Schicksal der politischen Häftlinge.

1948

7. April:	Der Ostberliner Rundfunk kündigt »Erleichterungen« für politische Häftlinge an.

Juli/August:	Erste große Entlassungsaktion aus den Lagern Buchenwald, Sachsenhausen und Bautzen.
August bis November:	Die Lager Mühlberg und Fünfeichen werden aufgelöst.
30. November:	Die letzten 160 Häftlinge werden von Fünfeichen nach Sachsenhausen verlegt.

1949

29. März:	General Tschuikow löst Sokolowski als SMAD-Chef ab.
16. Juni:	Das Zuchthaus Brandenburg wird der ostdeutschen Justiz übergeben.
7. Oktober:	Gründung der DDR.
10. Oktober:	Die SMAD überträgt ihre Verwaltungsfunktionen der DDR-Regierung. Deren Tätigkeit wird künftig von der Sowjetischen Kontrollkommission in Deutschland (SKK) beaufsichtigt.

1950

12. Januar:	Die UdSSR führt die Todesstrafe wieder ein. Sie gilt auch für die SMT in der DDR.
14. Januar:	General Tschuikow teilt dem stellvertretenden DDR-Ministerpräsidenten Ulbricht die beabsichtigte Auflösung der Lager Bautzen, Buchenwald und Sachsenhausen mit. Fast 14000 Internierte werden den DDR-Behörden übergeben.
9. Februar:	Die letzten Häftlinge verlassen Buchenwald und werden ins Zuchthaus Waldheim gebracht.
15. Februar:	Das Lager Bautzen wird der Volkspolizei übergeben.
10. März:	Die letzten Internierten verlassen das Lager Sachsenhausen.
31. März:	Aufstand der Häftlinge im Gefängnis Bautzen I.

26. April:	In Waldheim beginnen die sogenannten Kriegsverbrecherprozesse. Sie dauern bis zum Juli. Mehr als 3000 Personen werden zu harten Strafen verurteilt.
5. Mai:	Die UdSSR gibt die Entlassung von 17538 deutschen Kriegsgefangenen bekannt. In der Sowjetunion verbleiben noch mehr als 13000 Gefangene.

1951

21. März:	Gnadenerlaß des DDR-Präsidenten Pieck: 600 SMT-Verurteilte werden aus der Haft entlassen.

1952

Oktober:	Rund 1000 Waldheim-Verurteilte werden vorfristig entlassen.

1953

17. Juni:	Volksaufstand in der DDR. Bis März 1954 werden 23 Beteiligte zum Tode verurteilt.

1954

September:	Das SMT Potsdam fällt das letzte Todesurteil gegen einen DDR-Bürger.
Oktober:	Der sowjetische Hochkommissar in Deutschland teilt der Regierung in Ostberlin mit, daß SMT-Verurteilte in deutschem Gewahrsam künftig der Zuständigkeit der DDR unterstellt sind.

1955

September:	Letztes bekanntes Urteil eines sowjetischen Militärtribunals in der DDR.

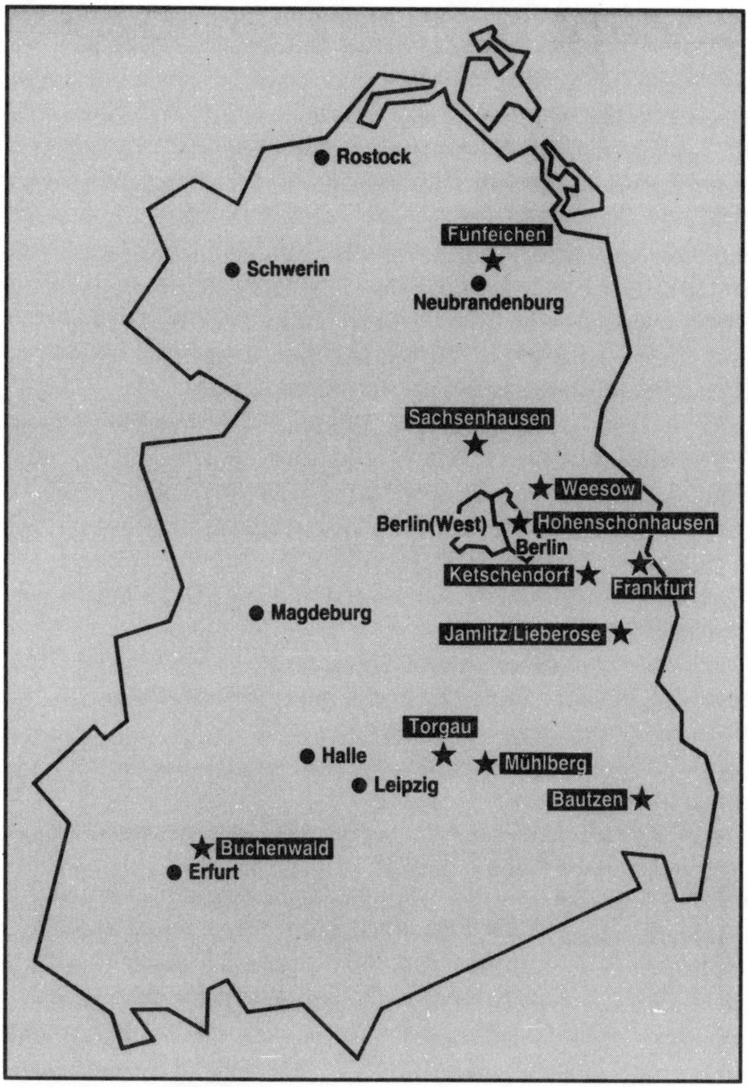

NKWD/MWD-Speziallager auf dem Territorium der ehemaligen Sowjetischen Besatzungszone

Quellen- und Literaturverzeichnis

Helmut Anders/Hilde Benjamin/Kurt Görner: Zur Geschichte der Rechtspflege der DDR 1945-1949, Berlin (Ost) 1976

Günther Birkenfeld: Der NKWD-Staat, in: »Der Monat«, Heft 18/1950

James Bacque: Der geplante Tod, Berlin–Frankfurt/M. 1989

Stefan Doernberg: Kurze Geschichte der DDR, Berlin (Ost) 1969

Erklärung des Bundesjustizministeriums und des Bundesministeriums für gesamtdeutsche Fragen zu den Waldheimer Prozessen, Bonn, 4. September 1950

Gerhard Finn: Die politischen Häftlinge in der Sowjetzone 1945–1958, Berlin 1958

Karl Wilhelm Fricke: Politik und Justiz in der DDR, Köln 1979

ders.: Geschichte und Legende der Waldheimer Prozesse, in: »Deutschland-Archiv«, Heft 11/1980

ders.: Das Prinzip der ›sozialen Prophylaxe‹, in: »Der Morgen« vom 11. April 1990

Fritz Göhler: Das Beerdigungskommando in Buchenwald, in: »Bundesnachrichtenblatt des Waldheim-Kameradschaftskreises«, Nr. 34/1970

ders.: Das Gesicht der Volkspolizei, in: »Der deutsche Polizeibeamte«, Heft 7/1956

ders.: Die Zweihunderteinser, Sonderdruck des Waldheim-Kameradschaftskreises, Essen o. J.

Volker Hagen: Sibirien liegt in Deutschland, Berlin 1958

Hildegard Heinze: Kriegsverbrecherprozesse in Waldheim, in: »Neue Justiz«, Nr. 7/1950

Hinter den Kulissen der Waldheimer Prozesse, Brief des ehemaligen Staatssekretärs im DDR-Justizministerium Dr. Dr. Helmut Brandt an den Bundesbeauftragten des Waldheim-Kameradschaftskreises, Fritz Göhler, o. O. 1965

In den Fängen des NKWD. Deutsche Opfer des stalinistischen Terrors in der UdSSR, hg. vom Institut für Geschichte der Arbeiterbewegung, Berlin 1991

Alfred Kantorowicz: Nur wer Gnade übt, wird Gnade finden. Ein unbekannter Brief von Thomas Mann an Walter Ulbricht, in: »Die Welt« vom 15. Juni 1963

Robert Payne: Stalin – Macht und Tyrannei, Stuttgart 1985

Kurt Pförtner/Wolfgang Natonek: Ihr aber steht im Licht. Eine Dokumentation aus sowjetischem und sowjetzonalem Gewahrsam, Tübingen 1962

Hans-Peter Range: Das Konzentrationslager Fünfeichen 1945–1948, Ratzeburg 1989

Christa Schick: Die Internierungslager, in: Martin Broszat/Klaus-Dietmar Henke/Hans Woller: Von Stalingrad zur Währungsreform. Zur Sozialgeschichte des Umbruchs in Deutschland, München 1988

Die Waldheimer Kriegsverbrecherprozesse. Denkschrift des Untersuchungsausschusses freiheitlicher Juristen der Sowjetzone und der Kampfgruppe gegen Unmenschlichkeit,o. O. u. J.

Dimitri Wolkogonow: Stalin, Düsseldorf 1989

Sowjetische Straflager in der ehemaligen Sowjetischen Besatzungszone. Materialien zur Pressekonferenz des stellvertretenden Ministerpräsidenten der DDR und Ministers des Innern, Dr. Peter-Michael Diestel, vom 26. Juli 1990

Das System des kommunistischen Terrors in der Sowjetzone. SPD-Informationsdienst/Denkschriften 28, Hannover 1950

Verfolgt – verhaftet – verurteilt. Demokraten im Widerstand gegen die rote Diktatur, hg. von Günther Scholz, Berlin/Bonn 1990

Verzeichnis der Abkürzungen

BDM	Bund Deutscher Mädel
DVP	Deutsche Volkspolizei (»Vopo«)
FDJ	Freie Deutsche Jugend
FDGB	Freier Deutscher Gewerkschaftsbund
GPU	Staatliche Politische Verwaltung (sowjetische Geheimpolizei bis 1937)
GULAG	Staatliche Verwaltung der (sowjetischen) Lager
HJ	Hitler-Jugend
K5	Kommissariat 5 (Vorläufer des Ministeriums für Staatssicherheit der DDR)
KZ	Konzentrationslager (auch KL)
LDPD	Liberal-Demokratische Partei Deutschlands (in den ersten Jahren: LDP)
MfS	Ministerium für Staatssicherheit der DDR
MGB	Ministerium für Staatssicherheit der UdSSR (ab 1946)
MWD	Ministerium für Innere Angelegenheiten der UdSSR (ab 1946)
NDPD	National-Demokratische Partei Deutschlands
NKGB	Volkskommissariat für Staatssicherheit der UdSSR (bis 1946)
NKWD	Volkskommissariat für Innere Angelegenheiten der UdSSR (bis 1946)
NS	nationalsozialistisch
NSDAP	Nationalsozialistische Deutsche Arbeiterpartei
POW	Kriegsgefangener (engl.)
SA	Sturmabteilung der NSDAP
SBZ	Sowjetische Besatzungszone
SD	Sicherheitsdienst der SS
SED	Sozialistische Einheitspartei Deutschlands
SKK	Sowjetische Kontrollkommission in Deutschland
SMAD	Sowjetische Militäradministration in Deutschland
SMT	Sowjetisches Militärtribunal
SS	Schutzstaffel der NSDAP
Ufa	Universum-Film AG

Personenregister

Bildnachweis

(Die Numerierung bezieht sich auf die Reihenfolge der Bilder)
ADN-Zentralbild, Berlin 24–26, 28
Bildarchiv »Der Morgen«, Berlin 4–8, 10–18, 20, 22, 29–31
Sören Stache, »Der Morgen«, Berlin 1–3, 21, 23
Ullstein Bilderdienst, Berlin 9, 19, 27